中青年经济学家文库
"广州市宣传文化出版资金"资助

劳动力流动视野下的中国区域经济增长研究

周晓津 著

经济科学出版社

图书在版编目（CIP）数据

劳动力流动视野下的中国区域经济增长研究/周晓津著.—北京：经济科学出版社，2011.8

（中青年经济学家文库）

ISBN 978 – 7 – 5141 – 0898 – 9

Ⅰ.①劳… Ⅱ.①周… Ⅲ.①劳动力流动 – 关系 – 区域经济 – 经济增长 – 研究 – 中国　Ⅳ.①F249.21②F127

中国版本图书馆 CIP 数据核字（2011）第 153322 号

责任编辑：段　钢
版式设计：齐　杰
技术编辑：邱　天

劳动力流动视野下的中国区域经济增长研究

周晓津　著

经济科学出版社出版、发行　新华书店经销
社址：北京市海淀区阜成路甲 28 号　邮编：100142
总编部电话：88191217　发行部电话：88191540
网址：www.esp.com.cn
电子邮件：esp@esp.com.cn
北京汉德鼎印刷有限公司印刷
德利装订厂装订
710×1000　16 开　12.75 印张　238000 字
2011 年 8 月第 1 版　2011 年 8 月第 1 次印刷
印数：0001—2000 册
ISBN 978 – 7 – 5141 – 0898 – 9　定价：32.00 元
（图书出现印装问题，本社负责调换）
（版权所有　翻印必究）

前　言

本书尝试为中国 1978 年以来省区和更大区域的经济增长与人均经济差距提供一个统一的分析框架。具体而言，本书着重探讨四个问题：(1) 改革开放 30 多年来中国人口跨省区流动规模；(2) 带动我国经济增长的省级乃至更大区域的增长中心及其区域增长溢出效应；(3) 中国区域不平衡增长与省区经济以及城乡人均收入增长演进及其分布；(4) 中国整体失业率在改革开放 30 多年以来的变化与波动。

在第三章中，我们开发了区域人口规模估计的多种方法，为全书研究提供了有力的实证数据支持。在第四章的省区增长的比较研究中，我们利用刚性数据对省区 GDP 这一重要指标进行数据恢复和重构，通过分析省区 GDP 在 1985～2007 年占全国份额的百分比变动，找出了带动中国经济持续增长的省级增长中心和区域增长中心，从崭新的途径找出了中国经济的增长极。第五章建立省区增长溢出效应模型来进一步探讨区域增长中心的带动作用，从理论和实证的角度研究了中国省区增长的推动效应。

第六章利用已有增长收敛理论与方法，注重考察劳动力的跨省区流动规模因素对省区增长收敛的影响。我们认为，加入劳动力等生产要素的流动因素，中国省区经济长期而言是收敛的，地区差距和城乡收入差距是逐步缩小的。第七章以现代经济增长理论为依据，将城市人均收入的资本所得概念扩大化，从而更加准确地把握城乡收入差距的实质和趋势。对 1985～2004 年中国城乡人均收入差距的实证研究表明，中国城乡人均收入差距是逐步缩小的。

失业问题在增长研究中占有十分重要的地位，总失业率的高低直接影响本书前述的实证研究结果的信度与效度。第八章的研究表明，在中国经历 30 多年的以市场化为导向的改革之后，无论是否将剩余劳动力计入失业人口，中国的整体失业率都保持 6%～10% 的范围之内，中国正日益由城乡二元经济走向一元经济。第九章作为结语，主要综合讨论由本书引出的国家区域经济政策。

目 录

第一章 绪论 ··· 1
  第一节 提出问题 ·· 1
  第二节 研究的意义与方法 ··· 2
  第三节 数据来源 ·· 3
  第四节 创新之处 ·· 4
  第五节 结构框架 ·· 6

第二章 文献评述 ··· 8
  第一节 中国流动人口及其规模研究综述 ······································· 8
  第二节 人口流动理论与模型研究综述 ··· 24
  第三节 经济增长与区域差异研究综述 ··· 31
  第四节 中国总失业率研究综述 ··· 37

第三章 劳动力流动规模 ·· 39
  第一节 中国流动人口规模 ··· 39
  第二节 区域人口规模估计 ··· 44
  第三节 主要劳动力输出省份 ·· 59
  第四节 主要劳动力流入省份 ·· 65
  第五节 劳动力流动速率与经济增长率关系 ·································· 71

第四章 劳动力流动与区域经济增长中心 ······································· 75
  第一节 刚性经济数据 ·· 77
  第二节 真实GDP ·· 78
  第三节 省区经济增长变动 ··· 81
  第四节 省级区域增长中心 ··· 88

第五章　劳动力流动与区域增长效应 …… 94
- 第一节　省区增长溢出效应模型 …… 94
- 第二节　跨区域外部性：空间计量模型 …… 98
- 第三节　区域空间相关估计与检验 …… 100
- 第四节　省区增长效应：实证模型设定与检验 …… 102
- 第五节　模型估计与结论 …… 108

第六章　劳动力流动与省区增长收敛 …… 114
- 第一节　经济转型：增长理论模型 …… 114
- 第二节　增长收敛实证研究：模型与方法 …… 119
- 第三节　劳动力流动视野下的增长收敛性 …… 126

第七章　劳动力流动与城乡收入差距 …… 134
- 第一节　劳动力流动与地区差距 …… 134
- 第二节　城乡收入差距：理论模型 …… 141
- 第三节　城乡收入分布的演进 …… 154
- 第四节　缩小城乡差距对策：统筹发展 …… 158

第八章　劳动力流动、失业与增长 …… 162
- 第一节　剩余劳动力：流动与沉淀 …… 163
- 第二节　中国总失业率测度 …… 173
- 第三节　总失业率与奥肯定律 …… 178

第九章　结语 …… 184
- 第一节　创新贡献 …… 184
- 第二节　政策建议 …… 185
- 第三节　进一步研究方向 …… 186

参考文献 …… 188
后记 …… 198

第一章

绪　　论

　　1978年，中国开启了由计划经济向市场经济转型的大门。随着这扇大门的开启，中国城乡积蓄的数以亿计的剩余劳动力资源如滚滚洪流在沉睡30多年的神州大地上激扬流荡，在演义无数的故事的同时推动着中国经济社会快速向前发展。劳动力资源要素的非政治强制式的自由流动，这种人口变迁恰是中国经济30多年来成长的缩影。将中国经济增长研究置于人口大流动的背景下，有助于我们深刻认识和把握30多年来中国经济增长与发展的脉搏。

第一节　提出问题

　　本书尝试为探索中国1978年以来省区和更大区域的经济增长与经济差异（省区差距和城乡收入差距）提供一个统一的分析框架。具体而言，本书着重探讨如下几个问题：

　　问题1：中国以劳动力为主的人口流动，它的规模有多大？中国农村劳动力已经转移了多少？还有多少需要转移？有什么样的宏观转移规律？不同文献的有关劳动力流动规模有什么联系和区别？

　　问题2：在考虑劳动力流动的情形下，中国发达省区增长是否能够带动周边乃至全国增长？第四章通过刚性数据来研究省区经济增长指标的一致性和可比性，通过研究省区经济占全国百分比的变动来找出省区经济增长中心和全国性的区域增长中心。第五章将构建省区增长中心的增长溢出模型。

　　问题3：省区增长会趋同吗？已有文献局限于跨省劳动力流动数据的缺失，在省区增长趋同的实证研究时很难根据实证结果来证实或者证伪增长趋同理论。

　　问题4：中国城乡人均收入差距是否继续扩大？第七章并不简单地以数据计算来进行实证研究，而是在构建理论模型的基础下进行分析，系统地考察劳动力流动等因素对城乡人均收入差距的影响。

　　问题5：中国经济在改革开放的30多年以来高速增长是一个不争的事实，

但统计机构提供的仅是"城镇登记失业率",中国的总失业率究竟是多少?失业与增长的趋势如何?第八章在构建理论模型的基础上研究中国总失业率变化及与经济增长的关系。结果表明,中国的总失业率基本上在6%~10%的区间波动,以劳动力数据直接代入前述章节的实证中并不会对实证分析结果造成很大的影响。

第二节
研究的意义与方法

"三农"问题是中国目前最重要、最基本和最迫切需要解决和缓和的问题,关系到国家稳定与发展,关系到构建和谐社会的战略目标实现。在外来人口占相当比例的城市和地区,掌握比较真实、准确、可信的区域人口数据,是坚持以人为本的具体体现,是实现区域可持续发展研究的出发点。在此基础上,城市和经济发达地区才能更好地为农村产业结构调整、劳动力转移和农民增收创造条件,才能逐步建立城乡统一的劳动就业制度、户籍管理制度、义务教育制度和税收制度等,逐步形成有利于城乡相互促进、共同发展的体制和机制。

基于户籍人口的指标与各地政府的政绩观有非常大的关系。无论是经济指标、社会指标、人文指标还是环境指标,都会用到人口数据。在各地方政府领导还没有树立正确政绩观之前,作为研究工作者,照搬某些人口统计数据,研究的结果往往会出现相当大的差异,使得省区经济的对比研究不具有可信性。

中国的流动人口规模举世罕见,计生委公布的2004年全国流动人口高达14000万,专家学者估计我国流动人口每年10%左右的速度增长。毛盛勇(2009)根据国家统计局进行过相关调查指出,目前全国有2.2亿农民工外出打工,其中跨省的约有1.2亿,这一数量还在不停地增长。将整个中国区域经济增长研究置于比较准确的人口流动研究框架下,有助于深刻把握问题的实际。

数以亿计的以农村外来劳动力为主的流动人口对中国的增长来说既是一个宏观经济问题,也是一个发展战略问题。就全国各省区和重要城市的外来劳动力规模研究而言,本书将具有重要的后续研究参考价值。在人口迁移理论的指导下,本书重新构建出中国各省区和重要城市自改革开放以来的历年的流动人口规模。

本书从理论分析和实证分析相结合的角度研究中国区域经济增长。在理论上,本书在现代经济理论的指导下,构建多个模型来研究30年来区域经济增长的重大问题,并利用相对可靠的数据来进行实证研究,通常本书往往给出如何促进区域经济增长的区域经济政策。

特别地，本书强调的是如何正确地理解和把握区域经济增长问题，而不是综合地考察劳动力或人口经济学及其政策运用的诸多领域。在本书中既没有过多的关于劳动技能、职业和教育等异质性的讨论，也没有讨论不同就业的机构因素、劳动力集体议价或岗位培训等问题，很少关注不同劳动力群体的年龄、性别、民族等问题，对劳动力市场和个体迁移决定的微观基础理论也不讨论。这种简化，有助于本书投入更多的精力探讨劳动力流动对中国经济增长的影响。需要特别指出的是，人口与劳动力并非两个相同或等价的概念，出于中国的人口迁移主要表现为以劳动就业为主的流动，本书在这两个概念上并不做明确的区分。

第三节

数据来源

实证分析是本书的一个非常重要的组成部分。数据的来源显然关系到实证分析结论的真实性、可靠性和可信性。本书基础数据来源主要由以下三部分组成：统计年鉴、网络数据库和其他研究文献、资料。统计年鉴是本书最重要的基础数据来源。本书的研究涵盖了中国大陆所有省、自治区、直辖市从1978~2007年30年之间的人口流动情况。本书的数据来源于权威的出版物，包括国家、省、自治区、直辖市及国内主要城市的统计年鉴（1978~2007）。使用官方资料并非因为它完美无缺，而是因为别无选择，本书无法找到比它更好的数据来源。事实上，我国官方所提供的数据往往招致各方怀疑。然而笔者坚持认为数据有问题是一回事，发现更好的方法是另一回事。

网络数据库主要指中经数据库、中宏数据库、省市数据网和统计公报论坛。由于学校条件及本人能力与时间的限制，无法查阅海量的统计年鉴数据。学校图书馆除广东省的统计年鉴可以追溯到1984年以外，其他省区和重要城市的年鉴数据最早也只能查到1997年。而统计公报论坛中的数据主要用来补充统计年鉴和网络数据库中最近几年的数据。这些网络数据几乎全部来源于国家权威统计机构的出版物。

其他数据包括：《全国百村劳动力情况调查资料集：1978~1986》[1]和《中

---

[1] 庾德昌主编，中国统计出版社1989年9月出版。该书是中国社会科学院农村发展研究所国家社会科学"七五"规划重点研究课题——"农村剩余劳动力利用和转移研究"所取得的阶段性成果。该书汇集了上海、江苏、浙江、福建、河北、山西、内蒙古、黑龙江、广西、宁夏、青海等省、自治区、直辖市的59个县、84个乡、222个村、708个村民小组在1978~1986年间劳动力的利用和转移情况资料，是我国第一次对农村劳动力利用和转移情况所作的比较系统和详细的典型调查。通过对这些资料的分析和研究将有助于了解中国农村劳动力变化的一般规律和大致趋势。

国农村社会经济典型调查（1985）》[①]。这两本书中的数据及描述，有助于本书恢复1978~1986年中国流动人口数据。此外，还包括由广州市流动人口研究课题组编著的《广州流动人口研究》[②]（中山大学出版社，1991年4月第1版）和由八大城市政府调研机构联合课题组《中国大城市流动人口问题及对策研究》[③]。

值得注意的是，相当一部分看似与本书有关的数据只是作为本书的参考和验证。如劳动和社会保障部培训就业司、国家统计局农村社会经济调查总队提供的联合研究开发农村劳动力就业和流动状况的数据（1997~2000年报告）；统计年鉴中有关各省区的劳动力转移数据等。这些数据在后面的讨论中会提及。对于权威流动人口数据，本书并非全盘照收，而只采用百分比数据进行分析。

第四节

创新之处

自20世纪80年代中国改革开放以来，伴随着中国经济高速增长的是数以亿计的人口大流动。与之相对应，经济学家、人口学家等社会科学研究工作者为中国人口的世纪迁移留下了数以万计的研究文献和资料。本书作者试图穷多年的研究分析，从浩如烟海的文献资料中整理出可以利用相应理论重构出中国各省区和重要城市自1980年以来的人口流动规模，以此为起点，构建中国经济增长研究的框架。

对中国自改革开放以来劳动力大规模迁移总量进行综述性回顾和重构，这需要查阅海量数据和深入地对比分析。这种以跨区域劳动力流动规模为对象跨越30年的系统研究，在国内尚属首创。劳动力实际数量的改变而带来各种宏观经济指标实际意义的改变，将对以人均指标为研究对象和研究基础的学术研究带来革命性的影响。这一研究的最大难点在于海量人口数据的分析、对比和处理，需要查阅数以万计的各类与流动人口有关的文献和数以十万计的互联网搜索，研究的工作量可想而知。希望本书关于中国各省区和重要城市的流动人口规模可以成为后续研究的基础性参考资料。

"三农"问题是中国目前最重要、最基本和最迫切需要解决和缓和的问题，关系到国家稳定、发展、构建和谐社会的战略目标实现。数以亿计的农村外来人

[①] 中国社会科学出版社1987年出版，该书汇集了1984~1985年全国农村典型调查报告30篇，各篇报告都有数据、事例、分析和论证。

[②] 广州市流动人口研究课题组. 广州市流动人口研究［M］. 广州：中山大学出版社，1991年出版。该书对研究广州乃至广东省早期跨省流动人口研究具有重要的参与价值。

[③] 中国城市经济社会出版社出版发行，1990年7月第1版。该书的数据用于恢复1987~1990年京津沪三个直辖市的流动人口数据。

口流入城市，不能因为农民流动到城市而忽略城市外来农民工的各种问题。不解决好城市"三农"问题，就会加大农村"三农"问题的解决难度。掌握各地外来工实际人口数据是解决这些问题的钥匙和第一步，城市和经济发达地区才能更好地为农村产业结构调整、劳动力转移和农民增收创造条件，才能逐步建立城乡统一的劳动就业制度、户籍管理制度、义务教育制度和税收制度等，逐步形成有利于城乡相互促进、共同发展的体制和机制。

1958年颁布了《中华人民共和国户口登记条例》，中国开始实行严格的户籍管理制度，人口的统计基本上以户籍人口为主。户籍管理制度对中国的人口管理做出了重要的贡献，但户籍管理对流动人口的制约越来越大，人们要求户籍改革的呼声日高。国家统计局一年一度发布的基于户籍所在地的人口统计数据被广泛引用，特别是人均指标和各地对比分析研究中更是如此，企业的营销决策大部分也是依赖政府的统计数据。在人口流动性不大或者流动人口所占总人口的比例较低的情况下，利用政府公布的户籍人口或常住人口数据来计算各种人均指标、衡量地区国民经济和社会发展水平、对各地区进行比较分析是可行和可信的。在外来人口占相当高的比例的情况下，政府公布的基于户籍人口的统计数据使得相当多的人均指标失实、地区对比失信。

多年来，我国在经济快速发展的同时，也积累了不少矛盾和问题，主要是城乡差距、地区差距、居民收入差距持续扩大，就业和社会保障压力增加，教育、卫生、文化等社会事业发展滞后，人口增长、经济发展同生态环境、自然资源的矛盾加剧，经济增长方式落后，经济整体素质不高和竞争力不强等。这些问题必须高度重视而不可回避，必须逐步解决而不可任其发展。以农村外来劳动力为主的流动人口对中国来说绝对是一个宏观和战略问题，上述矛盾和问题在外来流动人口当中尤其明显和严重，如果处理得不好，就会出现贫富悬殊、失业人口增多、城乡和地区差距拉大、社会矛盾加剧、生态环境恶化等问题，导致经济社会发展长期徘徊不前，甚至出现社会动荡和倒退。

中国省区经济30多年来高速增长是一个不争的事实。在省区增长的比较研究中，利用刚性数据对省区GDP这一重要指标进行数据恢复和重构，从而有效地"挤出"了部分省区GDP中所包含的"水分"，然后通过分析1985～2007年各省区GDP占全国比例的变动，找出了带动中国经济持续增长的省级和区域增长中心，从崭新的途经找出了中国经济的增长极。在第五章中，本书通过建立省区增长溢出效应模型来进一步探讨省级和区域增长中心的增长带动作用，从理论和实证角度研究了中国省区增长的推动效应。

我们发现，在考虑了劳动力等生产要素的流动规模和城市化进程之后，中国省区经济长期而言是收敛的，地区差距和城乡收入差距是逐步缩小的。经济增长收敛性理论和实证表明初期的静态指标（人均产出、人均收入）和其经济增长速度之间存在负相关关系，即落后地区比发达地区有更高的经济增长率，从而导致各经济单位期初的静态指标差异逐步消失的过程。20世纪90年代以来，经济增长的收敛性问题逐步成为发展经济学和国际经济学的热点问题之一。对于我国自改革开放以来经济增长是否收敛，不同的学者从不同的角度得出不同的结论，但他们没有考虑中国宏大的流动人口即劳动力迁移问题，所用的数据只是根据国家人口普查做出一般性的解释。本书的研究表明，中国经济不但在改革开放前十年有着快速收敛，20世纪90年代以后的省区经济进一步收敛。在城乡收入差距的分析中，本书以现代经济增长理论为依据，将城市人均收入的资本所得概念扩大化，即城市人均年收入的资本所得不仅仅看做是可见资本所得，也将因教育、医疗、保险、城镇基础设施、居民补贴等影响人均差距的因素看做是城镇拥有资本的必然结果，这突破了一般文献的分析只能考察这些影响因素的一个或几个的缺陷，从而更加准确地把握城乡收入差距的实质和趋势。

本书最后从劳动力流动角度全面考察中国的整体失业率。通过观察和计算历年的劳动力流动，中国经济中的剩余劳动力实际已经显性化为流动劳动力，在此基础上，本书建立两阶段模型和Logistic模型估算中国改革30多年来的整体失业率，这在国内外尚属于首创。利用本书的方法可以比较准确地估计中国总失业的变化，更可以为应对金融危机提供比较准确的判断和预测支持。

第五节

结构框架

全书由九章构成，分为三大部分：绪言、主体和结论。

绪言部分包括第一章绪论和第二章的文献综述，是本书的背景、铺垫和简介。其中，绪论是对本书的一个鸟瞰，主要阐述本书研究的主要问题、视角、方法、意义和贡献，同时还详细地说明了本书的数据来源情况。第二章是文献综述部分，从理论和实证两个方面详细地扫描了中国经济增长的有关文献，并通过国内外文献的比较，来确定本书的出发点。

主体部分包括第三、四、五、六、七、八章，是本书关键内容之所在。第三章探讨劳动力转移（流动）规模，形成部分基础研究数据。第四、五、六、七章是实证分析的主体。在第四章中，以统一的标准来判定和形成省区GDP这一重要指标的可比性，进而把握省区经济占全国份额30多年动态变化规律。第五章在找出省区增长和区域增长中心的基础上，研究核心增长省区是如何对周边乃至全国造成影响的。第六章讨论考虑劳动力等生产要素流动的情况下的省区经济收敛性。第七章在经济增长理论的指导下构建城乡人均收入差距模型,探讨中国城乡人均收入差距的动态演变及其影响因素。第八章考察将农村劳动力计算在内的中国整体失业率问题,并研究失业与增长之间的关系。

最后一章是结论部分,包括本书的贡献、政策建议和进一步研究的方向。

本书的结构框架见图1–1。

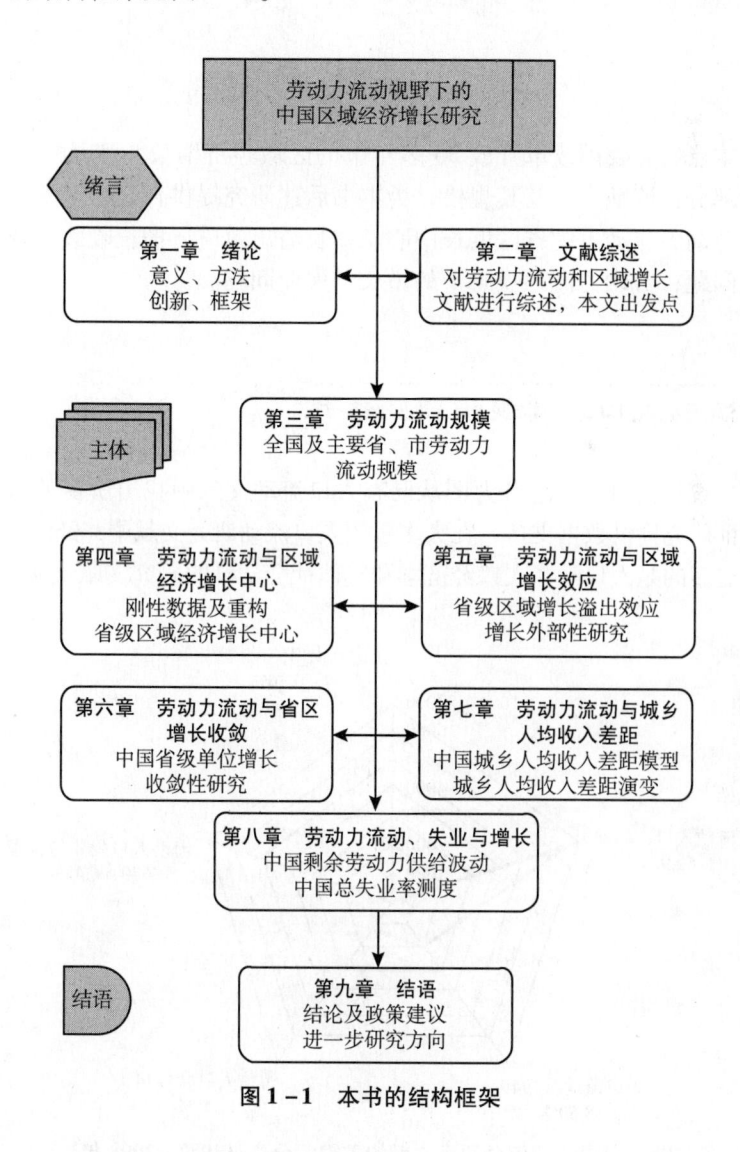

```
                    劳动力流动视野下的
                    中国区域经济增长研究

   绪言
              第一章  绪论              第二章  文献综述
              意义、方法               对劳动力流动和区域增长
              创新、框架               文献进行综述,本文出发点

   主体
              第三章  劳动力流动规模
              全国及主要省、市劳动力
              流动规模

              第四章  劳动力流动与区域    第五章  劳动力流动与区域
              经济增长中心              增长效应
              刚性数据及重构             省级区域增长溢出效应
              省级区域经济增长中心        增长外部性研究

              第六章  劳动力流动与省区    第七章  劳动力流动与城乡
              增长收敛                  人均收入差距
              中国省级单位增长           中国城乡人均收入差距模型
              收敛性研究                城乡人均收入差距演变

              第八章  劳动力流动、失业与增长
              中国剩余劳动力供给波动
              中国总失业率测度

   结语
              第九章  结语
              结论及政策建议
              进一步研究方向
```

图1–1 本书的结构框架

第二章

文 献 评 述

本书重点研究我国改革开放 30 多年来的区域经济增长。涉及的主要文献共分为三个部分：流动人口及其规模，为本书后述研究提供补充数据支持；区域增长，研究劳动力流动下的省区增长中心、增长溢出效应、增长收敛与及城乡人均收入差距问题；劳动力流动视野下的增长与失业问题。

第一节
中国流动人口及其规模研究综述

除官方统计资料外，笔者力图从已有人口流动文献中找出所要的数据，以便为本书实证研究提供数据支持。在大多数的人口流动研究文献中，经济学只占极少一部分，更多的是人口学、人口经济学和其他社会学科的研究文献（见图 2-1）。

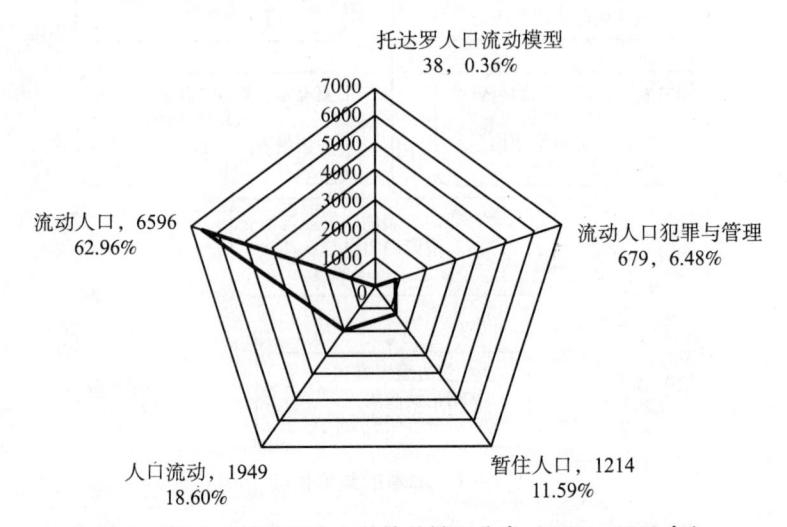

托达罗人口流动模型 38, 0.36%
流动人口, 6596 62.96%
流动人口犯罪与管理 679, 6.48%
人口流动, 1949 18.60%
暂住人口, 1214 11.59%

图 2-1 人口流动研究文献的关键词分类（1980~2008 年）

注：利用中国智网（http://www.cnki.net）搜索时可得到按关键词分类文献的数量。

经济学主要关注人口流动模型，国内有关托达罗人口流动模型研究的文献极为丰富。城市管理主要研究流动人口的犯罪并探讨管理流动人口的方法。大多数文献对于"流动人口"或"人口流动"的概念并没有严格限定，一般认为两者的内容完全相同，只有词序上的差别，此外，"暂住人口"一词也广为使用。需要指出的是：凡是对政府统计机构的人口数据进行分析的文献，由于可以直接从有关的年鉴和统计资料检索到，因而此类文献并不在本书的综述范围。

一、以省内为主的劳动力流动

傅政德（经济研究，1982）认为，世界人口城市化和农业劳动力转向非农业生产是中国今后发展的必然趋势，对我国农业劳动力转移的模式、农业剩余劳动力吸收和转移的可能途径进行了早期研究。1984年有关流动人口的研究文献明显增加。马侠（人口与经济，1984）、靳步（经济问题探索，1984）和樊恭嵩（经济问题探索，1984）对暂时性农业人口流动进行了探索。王清海（1982）在对上海市外来购买力的调查中认为上海市经常有四五十万的流动人口。曲恒昌（人口与经济，1984）考察了暂时性农业人口流动原因。1984年11月在成都召开的全国大城市人口问题和对策讨论会是这一阶段人口流动研究的总结①。面对日益增长的流动人口，学者们在1985年掀起了在各地进行流动人口调查风潮。郑桂珍等（城市规划，1985）展开了对上海市流动人口调查。杨秀石（人口学刊，1985）以浙江省的调查资料为基础，对城市的流动人口进行初步的分析探讨。张自德（人口学刊，1985）调查了福建省惠安县的人口流动。郭策（中国农村经济，1985）山西雁北地区的农村劳动力流向。这些调查结果表明，无论人均土地多寡，农村流动人口在1984年年底竟然占到农村总劳动力的1/3以上。

流动人口的高增长引起了城市管理者和学术研究的日益关注。1986年的流动人口研究是在调查与论争中进行的。崔青林（财经科学，1986）、李慧京（宏观经济研究，1986）认为过多的流动人口会带来严重的社会问题。张敬淦（城市问题，1986）提出要借鉴国外经验建设卫星城镇，控制首都城市规模。王树新和杜午禄（人口与经济，1986）指出1985年北京八个城区（含四个近郊区）流动人口有66.2万。陈升（农业经济问题，1986）提倡城乡间劳动力合理流

---

① 达即至. 全国大城市人口问题和对策讨论会综述［J］. 城市问题，1985（01）。1984年11月24日至30日，"全国大城市人口问题和对策讨论会"在成都召开。会议由北京市、天津市、上海市、成都市人民政府和中国城市科学研究会、北京大学社会学系联合发起。来自全国25个百万以上人口的大城市代表、国务院主管部门的代表和特邀代表共150多人参加了大会。大会领导小组就我国城市发展总方针、控制大城市市区人口规模、大城市人口的合理分布、城市暂住流动人口等四个主要问题，组织代表进行了广泛深入的讨论。

动,开放农村劳动力市场。曹中德(南开经济研究,1986)认为城市改革的根本措施在于职工的自由流动。公安部的张庆五(人口与经济,1986)对1985年中国流动人口规模做了估计,认为全国流动人口总量已经从1982年的3000万上升到1985年的4000万左右,流动人口占大城市常住人口的14%。

王茂修(人口与经济,1987)认为,到1985年年底,从农村转移到乡镇企业的从业人员达到6416万,占农村劳动力总数的18%。李建立(宏观经济研究,1987)认为城乡剩余劳动力有1.7亿,其中农村有1.5亿,城市企业、机关约0.2亿。马侠(1987)认为1977~1984年中国年均迁入迁出量为1700万。许政洋(江苏商论,1987)指出,城区人口只有70万的徐州有流动人口20万。张作兴(中国农村观察,1987)指出1979~1984杭州市农村以年均约4%的速度转移农村劳动力。冯珊(华中科技大学学报自然科学版,1987)建模讨论了人口增长与经济发展。贵州省伴随农业人口的转移,更多的是大中城市的人才的大流失,如肖才俊(贵州社会科学,1987)援引统计资料指出,贵州1980~1983净迁出跨省人口75601人,至1982年第三次人口普查时,流失大中专人才5.8万人。1977~1981年外省院校在贵州招收高中毕业生有7978人,1982~1985年高校毕业后返回贵州工作的只有3016人,返回率44.1%。刘宪(世界经济文汇,1986)对上海市城市化问题进行了理论探索。许学强(城市问题,1988)认为,1987年年底广州有流动人口110万,占常住人口比例的32.16%。韩常森(辽宁大学学报,1988)认为至1986年年末,沈阳市流动人口约31.4万人。胡德恒(浙江大学学报农业与生命科学版,1988)探讨了农业适度经营规模,他的结论表明我国剩余劳动力的估计可能存在很大的误差。林壁符(福建论坛社科教育版,1988)认为福州流动人口有20万~25万,较三年前有关研究增加一倍。贾秀高(河北师范大学人口研究所,1988)推算了天津市每日流动人口。对比三年前的大城市流动人口问题与对策讨论会,可以看出学术界和政府对流动人口规模的把握是混乱的(孙洪铭,城市问题,1988)。

1989年学术界注重以国外较成熟的人口流动模型和理论对国内情况进行分析与比较研究。人口从农村流入城市、劳动力从农业部门转移到非农业部门,是发展中国家经济发展的必然,人口流动与经济发展的关系是西方发展经济学家研究的一个重要课题。郭熙保(世界经济,1989)对发展经济学中四个著名的人口流动模型:刘易斯模型、拉尼斯—费模型、乔根森模型和托达罗模型作了简要的论述,并且对它们各自的特点、意义和缺点进行了分析和比较。刘伟、平新乔(经济研究,1989)从理论和政策选择上考察了我国流动人口。文章从费希尔—克拉克假设讨论中国流动人口产生的必然性,提出解决我国"流民"问题的若干政策选择。辜胜阻(武汉大学学报哲学社会科学版,1989)估计全国有5500

万流动人口。石祥记（南方人口，1989）探讨了珠江三角洲地区的人口流动和管理。杨中新（人口研究，1989）探讨了外来人口对宝安县经济发展的影响。毛宗维等（中国人口科学，1989）利用调查资料得出上海1988年10月流动人口有124.6万。缪洪勋（人口与经济，1989）认为到1987年年末，温州地区转移农村劳动力101万，占农村劳动力的37.41%。廖世同（中国人口科学，1989）研究了广东省流动人口趋势，指出1989年广东省约有500万流动人口，其中300万人来自省外的广大农村。吴怀连（人口学刊，1989）通过调查认为1988年农民进城镇人数为1.85亿，中国的城市化率已经达到37.5%。

鉴于流动人口的迅猛增长，第四次全国人口普查新增了流动人口调查项目（刘利民，中国经贸导刊，1990年10月），农村劳动力转移依旧是学者研究的热点（陈冰，人口学刊，1990年2月），各大城市想尽办法控制人口增长，无锡市提出控制人口增长的五条办法（王纯一，宏观经济管理，1990年3月），胡兆量（城市问题，1990年5月）预测了我国百万人口城市发展趋势。

由于政府将流动人口纳入普查范围，发表在核心期刊的文献日益依靠政府统计部门提供资料，以往的深入调查风气渐稀，如赵世利（深圳大学学报，1990）分析了深圳市的人口迁移与流动，认为深圳1988年只有93万流动人口。向庆发（软科学，1990）通过对成都市区农村流动人口的调查角度分析农村剩余劳动力流入城市的利弊及对策。由上海市人口学会、城市科学学会、人口控制办公室、人口普查办公室联合发起的"流动人口问题研讨会"，于1989年12月26~28日在上海社会科学院内举行。周大鸣（社会科学战线，1990）研究了广东的流动人口。盛朗（中国人口科学，1990）提及至1988年年末中国乡镇企业吸收劳动力6718.9万。

陈一夫（城市问题，1991）认为在严格控制北京实际负担人口总量的情况下，北京人口总量仍以自然增长、迁移增长和流动人口增长三种形式急剧膨胀。针对农村剩余劳动力问题，李振国（经济经纬，1991）、李光荣（福建论坛（社科教育版），1991）、侯晓虹（经济经纬，1991）分别作了不同程度的探讨，他们的观点在现在看来是错误的。陈国权（国际商务研究，1991）就上海市高密度人口问题探讨了上海浦东新区的人口模式。辜胜阻（中国农村观察，1991）从农村流动人口趋势出发阐述中国城镇化的理论支点和发展观。江小群（城市问题，1991）运用层次分析方法来确定传统大城市流动人口的适度规模。张庆五（人口与经济，1991）测算1990年全国流动人口接近7000万，但流动规模没有超过1988年高峰值。孙建生（地域研究与开发，1991）指出1989年年末在郑州城区滞留的流动人口有37.4万。张坚（社会学研究，1991）在八大城市流动人口问题研讨会作了综合报告。日本学者皆川勇（国外社会科学文摘，1991）

在其《中国人口问题》第六章"人口流动化和小城镇政策"中引用中国统计局数据指出1982年中国的城市人口为2.1亿,1987年增加至5亿,而农村人口从8亿减少到5.8亿。

二、中国入世前的跨省劳动力流动

1992年邓小平的南行讲话发表后,压抑近乎三年之久的中国人口流动及其研究有了新气象和新进展。如北京每天有140万流动人口(侯建章,城市问题,1992)。对城市化政策倾向于政府干预型而非市场导向型(城市化政策研讨会综述,曲喻,城市问题,1992),谢晋宇(城市问题,1992)探讨了我国特大城市人口疏散问题。由中国农业部经济政策研究中心的郭书田、刘纯彬、徐加、王桂新、许建中、曹阳和美国东西方人口研究中心的金原培(Won Bae Kim)、斯托尔(Charles W. Stahl)撰写了中国沿海四省(广东、江苏、浙江、河北)农村劳动力转移与迁移调查报告(世界经济文汇,1992)。彭发强(南方人口,1992)根据全国第四次人口普查资料对广东流动人口数据进行了分析。

1993年与1994年与流动人口有关的研究全部依赖于分析人口普查的资料,而中国的实际情况是流动人口规模远远高于普查情况,基本为普查数据的3倍。有关大城市的流动人口研究主要集中于沪、京(155万)、穗,而省区研究主要集中于广东省(特别是该省的新兴城市深圳)和江苏省。比较有价值的研究倒是一些名不经传的期刊,如王广生等(大庆社会科学,1993年增刊)考察了大庆市流动人口发展趋势、特征与对策;罗先敦(1993)阐述了流动人口对格尔木市发展的影响和对策;能了解当时中国庞大的农村流动人口的是李昌亮的《山外精彩又无奈——鄂西南下打工潮》。社会杂志资料室(1994)据抽样调查资料推算,1993年年末上海有流动人口331万(其中流入281万,流量50万)。郑观海(福建论坛,1994)根据福州流动人口调查指出该市流动人口规模为50万。韦玉明(城市问题,1994)指出南宁有近25万的流动人口。

1995年有几篇文献的眼光令人叹服。龚树民、伍理(社会科学,1995)关于上海人口规模可达3000万和地域分布应以城市群为指导思想的论述在今天看来依旧合理和适用。随着中国人口流动再次大规模出现,有关人口迁移的理论模型及政策含义研究再次进入学术研究者的视野。左学金(学术季刊,1995)讨论了现代人口迁移与发展的几种理论的模型,如新古典增长理论、托达罗模型、凯利—威尔逊模型和微观理论模型等,并结合我国实际,分析和评价了人口迁移对社会经济发展的影响。蔡昉(中国人口科学,1995)认为,中国人口迁移的特殊动力是长期推行重工业优先发展战略而形成扭曲的产业结构和人口分布格局，而改革开放以来扩大了的城乡和地区收入差距为迁移提供了动力。对人口迁移特征的分析表明，这个迁移过程是符合经济发展和市场发育规律的。根据国家计划生育委员会进行的"38万人口抽样调查"，1992年在现住人口中无户口外来人口的比例为8.1%。据此推算，1992年共有流动人口9490.9万。李潘（1994）对农村外出劳动力数量进行了估计，认为这个数字为5000万，其中70%~80%流入城市，跨省区流动的劳动力占全部流动劳动力的20%~30%。

温生辉等（柴达木开发研究，1995）的调查对研究青海省农村剩余劳动力流动状况具有重要的参考价值。洛公（河南公安高等专科学校学报，1995）指出洛阳市流动人口突破10万大关。刘秀花（投资北京，1995）根据北京市计委、市统计局、市公安局、市计生委等部门组织实施的以1994年11月10日为标准时间，在全市范围内进行了流动人口调查指出北京流动人口有329.5万。江西省1994年农村劳动力跨地区流动情况调查数据（农村发展论丛，1995年）表明农村外出劳动力占农村总劳动力的28.07%，其中跨省流动占55.52%。

湖南劳动力转化与人口流动课题组（1995）的研究为弄清湖南乃至广东1994年流动人口规模提供了关键资料，因为湖南省流动人口主要流向广东。1992年以来，湖南省每年约有400万~500万以上乡村劳动力外出"打工"，占乡村剩余劳动力的40%左右。1994年全省在省内外从事第二、第三产业的农村劳动力达1000万，占农村劳动力总数的35%。1994年，通过劳动力输出转移了农村劳动力400多万，占农村劳动力的15%，占农村剩余劳动力的28%，其中跨省转移的占84%，向广东转移的占57%。1994年有农村劳动力2712万，传统农业最多只能容纳1100万。1994年在县域内小城镇流动或在本乡、村向第二、第三产业转移610万，跨县、跨省流动约400万，全省共计转移劳动力1000万，农村尚有富余劳动力600万。1995年应力争将对外输出扩大到500万，争取"九五"计划期间扩大到年输出劳动力650万。李小平（农村经济与技术，1995）的古蔺县农村劳动力跨地区流动的调查对了解另一个劳动力输出大省四川提供了极为重要的资料。古蔺县剩余劳动力占农村劳动力的41%，1994年外出务工者占农村劳动力的25%，占剩余劳动力的61%，到外省区的占93.7%，半年以上的占68%。赵曼（中南财经大学学报，1995）根据武汉市有关部门对城区范围内流动人口所作的联合调查统计资料测算了武汉市的流动人口。全国政协经济委员会和国务院发展研究中心、中国农村劳动力资源开发研究会以"农村剩余劳动力转移与劳动力市场"为题，在1994年组织了一次调查（1995）指出，1988年9月开始的治理整顿，城市基建和农村乡镇企业受到影响，1989年乡镇企业回流人员和城市清退农民工合计约1000万。

20世纪80年代末以来，四川省跨地区流动农民以每年100万以上的人数增加，目前已超过1000万，占四川省农村劳动力的1/5，全国流动农民的1/6，川军已成为各路流动农民大军之冠，中国"民工潮"的主要源头（表2-1，上海经济研究资料室，1995）。1994年11月到1995年4月，张晓辉、赵长保、陈良彪（战略与管理，1995）在全国范围内进行了一次农村劳动力跨区域流动情况的抽样调查共获得有效数据251万个。调查人口流动率为8.47%，劳动力流动率为14.41%。

表2-1　　　　　　　　1994年全国部分省市流动人口情况

	流动人口规模（万人）	备　　注
全国	13000	60%为农民
北京	300	100万民工，60%左右河北招进
上海、天津	>100	
广东	1200	本省57%
江苏	>100	淮安83%青年外流
四川	1150	跨省近1000万，850万进乡镇企业，其他300万
河南	650~700	乡镇企业1000余万
河北	60	省内100多万，省外60多万（1993）
湖北	>100	有组织地流出85万
湖南	500	跨省

1996年的流动人口研究亮点纷呈。王莉（数量经济技术经济研究，1996）较系统地概述了1994年中国流动人口情况。重庆市有关部门对城区范围流动人口的联合调查表明，市区流动人口日均量呈上升趋势，1983年为12万，1984年22万，1985年56.7万，1990年骤增为101.6万，1994年126.6万，1995年约130万（重庆大学学报社会科学版，1996）。辜胜阻、刘传江（人口研究，1996）从农村发展与人口流动、城镇化（包括农村城镇化）同步发展及其相互关系的视野，较系统地探讨了中国城乡、乡乡人口流动与城镇化的发展战略与政策选择，总结了农业剩余劳动力转移的选择渠道、流动机制、制度创新、宏观调控、据点—网络二元城镇化及其非平衡布局、一县一市型农村城镇化发展模式与对策思路。朱义泉（公安研究，1996）指出江苏常熟市流动人口超过10万。邓文国、鲁阳俊（四川省公安管理干部学院学报，1996）对通江县实施流动人口延伸式调查。上海浦东新区流动人口调查组（学术季刊，1996）指出1994年新区登记在册的流动人口有20万。王志远、赵萍（中共乌鲁木齐市委党校学报，1996）指出乌鲁木齐市暂住的人口约17.2万。张立明、马勇（南方人口，1996）指出1994年武汉市流动人口有120万。

魏津生（中国人口信息研究中心，1996）估计自20世纪80年代至今，中国农村人口迁移规模约为21100万。而辜胜阻、成德宁（理论月刊，1996）则认为1984～1988年，我国乡镇企业平均每年吸纳农村劳动力1260万，而1989～1992年，平均每年只吸纳了260万。全卓伟（财经研究，1996）根据《中国统计年鉴（1995）》第106页整理计算得出1991～1994年中国乡镇企业新增劳动力2752万，其中80%来自农村。中国社会科学院招标课题组对全国流动人口规模作了综述性的研究（中国农村观察，1996）。何菁等（1994）的估计为8000万；中央书记处政策研究室估计1992年的总规模为6000万～7000万（潘盛洲，1994），按10%的年增长率推算，1994年也接近8000万；石述思和晓京（1995）从不同渠道获得的估计数分别为9000万和8000万～10000万；中国社会科学院和国务院的估计为8000万～12000万（Chan，1995），并继续以10%的年均增长速度递增（袁风雷，1995）。在农村外出劳动力中，出国劳务人员约13万，占外出劳动力总数的0.16%（陈宗胜，1995）。蔡昉（1996）领导的课题组根据1990年公安部流动人口统计资料以及国务院人口普查办公室、国家统计局人口统计司编《中国1990年人口普查资料》第四册资料，以东、中、西部不同的流动人口增长率推算1995年全国流动人口规模为8393万，跨省流动规模为2213万。

1997年流动人口规模研究以城市为主流。林文毅等（南京人口管理干部学院学报，1997）估计1997年温岭外出人口规模已达20万之众，外来人口也大量增加，据估计已达10万之多。黄美珠（南京人口管理干部学院学报，1997）指出厦门1995年有流动人口42.77万。李游群（经济前沿，1997）指出，珠海工业10年间从外地引进民工40余万。台州市委宣传部课题组（社会主义研究，1997）组织有关部门对该市50个乡镇的农村外流劳动力进行典型调查，截至1996年年底，地处浙江中部沿海地区的台州，农村实有劳动力290.28万，外流劳动力38.27万，占13.2%。留在县内的占23.4%，留在省内的占33.1%，换言之，有56.5%的农村劳动力实现了就地和就近转移。在43.5%的跨省流动劳动力中，留在沿海地区的占62.3%，留在内地的占37.7%；留在各类城市的占96.7%，留在农村的占3.3%。东北重型工业城市齐齐哈尔也有流动人口6.3万（张海鹰，人口学刊，1997）。1994年年末，太原市流动人口有36.5万（张春祥等，城市研究，1997）。据开县公安局对开县农村剩余劳动力外出务工犯罪情况调查（四川警官高等专科学校学报，1997），地处大巴山南麓的开县，农村剩余劳动力有48.1万左右。每年外出务工人员约为28.5万，劳务输出挣得的收入为10亿元左右。王伟武等（浙江经济，1997）指出，1995年年末杭州市有登记的流动人口就有29万多。吕瑞华（人口与计划生育，1997）估计福建省流动人口数量接近300万。茅于轼、贺菊煌（浙江社会科学，1997）对中国从1978～1994年期内从农村流向城市的常住人口作了估计，得到的结果是平均每年800万、总数达1.28亿。林维远（南方农村，1998）的研究可以作为了解中国沿海发达地区的人口流动的有价值的参考资料。马林英（西南民族学院学报哲学社会科学版，1998）的研究则帮助人们了解西部地区人口流动。程茂吉（城市问题，1998）对南京市流动人口进行了推算。黄能胜（广西社会科学，1998）指出，南宁市区登记在册的流动人口，到1997年年底已达近26万。黄志法（上海教育科研，1998）认为上海市实际流动人口在500万～600万之间。任强等（人口研究，1998）认为关于新疆流动人口的调查，最全面的是1990年进行的人口普查。贾绍凤（人口学刊，1999）根据1997年夏天在格尔木市调查访问的结果，对格尔木市的流动人口和外来人口的特点和成因进行了分析。据1997年年底的统计，江西省流出人口达400多万，占全省总人口的10%强。周忠伟（公安大学学报，1999）指出，江西省北部的都昌县流出人口占全县总人口的16%；1999年已突破12万人大关，占全县总人口的18%，其中64%流向广东、上海等发达地区。

李丹丹等（南京人口管理干部学院学报，2000）指出，作为全国农业大省的安徽1997年流动人口总量达383.7万，占当年全省总人口的6.32%，其中流动时间在一年以上的有304.6万，约占流动人口总数的80%。安徽省流动人口主要流向省外，1997年全省流向省外人口达236.1万，占全部流动人口的77.5%，而流向省外的人口又主要集中于经济较发达的江苏、浙江、上海、广东、北京五省市，流向上述五省市的人口合计179.6万，占该省流向省外人口的70%以上。周联盟等（公安学刊—浙江公安高等专科学校学报，2000）所提供的数据较能客观地反映浙江省的流动人口情况。1995年、1996年、1998年、1999年公安机关各年度登记的暂住人口分别为264万、288万、296万和325万。张巍（江苏统计，2000）根据江苏省公安厅有关流动人口的统计资料指出，截至1999年6月，全省流入人口约为500万左右，其中在公安部门登记的人数约为350万左右。在登记的流入人口中，省外流入148万左右，省内流入195万左右，港澳台及国外等流入7万人左右。邱伯莉（湖南经济，2000）根据湖南省公安厅1999年6月月末时点调查统计，全省流动人口为102.05万。

2000年的全国人口普查对地区流动人口的调查有相当大的负面影响。熊思远、王文兵（经济问题探索，2001）根据云南省统计局1998年全省农村劳动力抽样调查考察了该省的劳动力流动与人力资源开发问题。云南省的流动人口比例在全国范围内算是比较低的，1998年劳动力流动比例只有8%左右。朱传耿等（地理学报，2001）利用公安部1996年流动人口统计数据对中国流动人口的影响要素和空间分布进行了分析和研究。张润朋等（小城镇建设，2001）指出，1998年东莞唐厦镇常住人口32549人，外来暂住人口77143人，而根据他们自己的调查，认为该镇外来人口不少于25万，是政府公布的三倍多。根据1999年全国少数民族工作座谈会报告，1998年上海少数民族流动人口近10万人，而据上海浦东统战部统计，少数民族只占该地区流动人口总数的1%。2000年11月进行的全国第五次人口普查，上海登记的流动人口为387.11万。冯健等（城市规划，2001）利用多种方法推算了南京市的流动人口规模达到70万。厦门1994年流动人口普查有66.53万，而2000年官方公布流动人口却只有60万（刘观海，福州党校学报，2001）。福建省公安厅的傅镛堃（福建公安高等专科学校学报，2001）指出，2000年福建省有流动人口500万，登记在册的只有167万。

三、加入WTO之后的跨区域劳动力加速流动

曾桂盛等（职业与健康，2001）对深圳市宝安区流动儿童计划免疫现场的调查对了解深圳流动人口规模有相当重要的参考价值。2002年重庆市政府统计的农村外出务工人员198万（重庆市人民政府公报，2002），2005年年末常住人口2798万（重庆市人民政府公报，2005），而2003年重庆市户籍人口为3115万，意味净流出317万。东部地区吸纳大量的外来人口，光浙江省义乌县级市2001年暂住人口就有67万，日流量15万（蔡杨蒙，中国刑事警察，2002）。截至2007年6月30日止，义乌市登记发证的暂住人口突破100万，达到1002381人，超过本地人口近30万，成为浙江省外来暂住人口最多的县级市，其中来自外省的占83.86%，以江西、安徽、河南、贵州等地居多（义乌政府网，2007）。来自河南、湖南、江西三省的农村留守子女调查报告表明50%以上的农村孩子成为留守儿童（李庆丰，上海教育科研，2002）。据江苏省公安部门统计，全省有流动人口900万。据杭州市公安局1998~2000年的不完全统计，作为省会城市的杭州市近几年来流动人口逐步增长：1998年为38万余人，1999年为40余万人（其中外来民工9万余人），2000年为50余万人（其中外来民工14万余人），2001年为70余万人。李禄胜（宁夏社会科学，2002）对银川、石嘴山、吴忠三市流动人口生存状况的调研报告指出，2001年三市流动人口为202752人。

黄春红（广西右江民族师专学报，2002）的黄村调查是研究广西壮族农村流动人口的一个极好参照。云南省流动人口主要集中分布于昆明市，2000年昆明市流动人口达1771328人，占昆明市人口总数的30.64%，占全省流动人口总数的45.75%。云南跨省流入比例占50%以上（骆华松等，云南地理环境研究，

2003)。外来人口与厦门经济社会发展研究课题组（厦门科技，2003）指出1988年厦门市仅有外来流动人口1.2万，1992年发展到8万多人，1994增加到18万多人，1996年即达到40.61万，2001年登记的外来人口规模为498347人。而根据温州市统计局五普资料，温州有流动人口133.97万人。对于第五次人口普查，黄润龙（人口研究，2003）认为数据准确性是相当值得怀疑的。青岛市社会科学院外来劳动人口调查课题组（人口学刊，2003）估计青岛外来人口为86.9万。1990年乌鲁木齐市流动人口数量为156465人，1998年达251458人，1999年达到264850人，到2000年达到295301人（安瓦尔·买买提明等，新疆师范大学学报自然科学版，2003）。湖南南部偏远山村清塘村，2001年年底该村流动人口有400人，占全村总人口的36%，长年在外的有300余人，占流动人口总数的75%（谭同学，社会，2003）。至2002年11月底，江苏昆山市登记的流动人口已达34万（林晓红等，人口与计划生育，2003）。2000年年底，广西登记在册的流动人口仅70万（莫仲宁、刘文娟，经济与社会发展，2003）。杨军昌等（贵州大学学报社会科学版，2003）根据贵阳市计生统计口径，1985年全市流动人口16.8万，1999年30万，2002年达到41.09万。

2003年8月份，上海市政府决定在全市开展外来流动人口抽样调查工作，结果表明上海市2003年外来人口调查统计表明全市外来人口高达499万（王瑾，上海统计，2003）。卢永军（重庆三峡学院学报，2004）根据重庆市统计年鉴（2000~2002），指出重庆农村年流出劳动力537万，其中20万在重庆主城区从业。郭开怡（重庆师范大学学报哲学社会科学版，2004）根据同样的信息指出重庆外来人口100万，其中69.6万在城乡结合部从业。胡学郡（吉林公安高等专科学校学报，2004）在湖北孝感地区的汉川市调研时发现，该市城关镇广场社区实有人口1.1万，而在社区居住10年以上却没有落户的有4000多人，整个孝感市在城镇生活多年而不能在城镇落户的人户分离约15万人。李成虎（贵州财经学院学报，2004）以贵州省福泉市为个案对西部欠发达地区农村剩余劳动力转移进行实证研究。他指出福泉市54.78%农村劳动力向省外转移，63.45%长年在外，而高石乡75.3%向省外转移。王谦等（人口研究，2004）对"非典"期间全国农村地区跨省流入人口调查数据分析后认为全国农村跨省流动人口为5761万。这个数据显然被低估了，因为当年五一节后农村返乡民工回流已经被流入流出地施加了相当多的限制；此外，经过多年的人口流动，外流人口已经在流入地居住，其流动大为降低。

刘清兰等（人口与经济，2004）的研究对了解内蒙古自治区人口流动具有相当的参考价值。胡苏云等（中国农村经济，2004）对安徽省霍山县与山东省牟平县进行了调查与比较分析。戴振祥（宁波教育学院学报，2004）指出，

1995年宁波市流动人口仅有十几万，但到2002年年底，流动人口急增到136万，随之而来的流动人口子女数量也呈爆炸式增长，1999年有适龄外来民工子女2000多人，2004年达到8.2万多人，约占全市小学生的17%。金伯中（思想战线，2004）指出，2002年6月底，绍兴县共有常住人口72.41万，登记发证的暂住人口16.0254万人。李晓等（福建师范大学学报哲学社会科学版，2004）利用第五次人口普查较翔实的基础资料和实地抽样调查数据，分析研究了福建省流动人口的基本特点和流动规律。马晓微等（人口研究，2004）将合作博弈中Sharpley值方法引入经济贡献量化计算，并结合北京市建筑业外来劳动力数据进行了实证分析，研究表明流动人口对城市经济增长的贡献比例相当高。邱镇沪（建材经济，2004）指出广东潮州有常住人口246万，流动人口300万。金强一（东疆学刊，2004）指出约20%的朝鲜族人流向国外。鄂人（知识就是力量，2004）认为武汉市外来人口有200万。

韩文丽（西北人口，2005）利用全国第五次人口普查数据分析成都市213.15万外来人口并提出一些管理建议。赵波等（云南地理环境研究，2005）研究云南居住1年以上的176.39万外来人口的特征、效应与管理。冯晓英（人口研究，2005）指出，北京流动人口总量由2001年的328.1万、2002年的386.6万、2003年的409.5万，发展到2004年的430余万。沈毅（市场与人口分析，2005）指出，苏州吴江市有70余万常住人口，而外来人口就有30多万。王承宽等（人口学刊，2005）通过对昆山市流动人口调查研究指出，至2003年年末，昆山市户籍人口60万，登记的外来人口也有近60万，其中居住一年以上的外来人口18.55万。李永浮等（2006）采用Logistic曲线拟合和等维递补灰色预测理论，预测"十一五"期间北京流动人口的增长情况。

李晓梅（南京人口管理干部学院学报，2006）采用修正了的"等维灰数递补动态预测"模型验证和检验了成都市流动人口的变动。唐鹏（四川建筑，2006）探讨了成都平原城市群流动人口特征及影响。马成俊（西北民族研究，2006）的西宁市流动人口调研报告表明西宁流动人口2000~2004年保持在12万左右。高红艳（新疆农垦经济，2006）通过对宁夏某村的实地研究考察了西北贫困回族社区农业劳动力流动的方式和特点，结果表明回族人口流动较汉族为低，以该村为例只占回族劳动力总人口的12.41%。李燕凌等（湖南社会科学，2006）对湖南省8位"革命前辈"故乡村的实证研究表明，湖南农村不同乡村外出劳动力占总人口的比例差异显著（1.87%~42.95%），离区域中心城市越远，流动比例越高。唐胡浩（湖北民族学院学报哲学社会科学版，2006）对鄂西南边陲的坪坝营村农民工外出务工状况的调查报告也得出不同乡村外出劳动力占总人口的比例差异也十分显著（14.77%~56.25%）。朱丽霞（唯实，2006）

指出，2004年张家港流动人口超过户籍人口，2005年流动人口达到43.194万。

王兴周（中山大学学报社会科学版，2006）的跨省流动和省内流动农民工来源地分布差异研究，四川跨省流动的农民工来源地主要集中在南充、达州、广安、绵阳等川东地市，四地跨省流动的农民工合计超过跨省流动农民工总数的一半（52.3%）；省内流动的农民工来源地主要集中在资阳、德阳、乐山、眉山、遂宁等成都周边地市，五地省内流动的农民工合计超过省内流动农民工总数的一半（54.0%）。王锋（西北人口，2006）指出截至2005年9月底，宁夏共有流动人口349539人，比上年增加97115人，流入人口数量与流出人口数量相当，而流出外省的占27.06%。郑耀银（人口与计划生育，2006）指出截至2005年6月，四川宜宾市有流动人口108万，省外流动的71.8万，其中到广东的24万，到浙江的有11万。

陈金田（宁夏大学学报人文社会科学版，2006）指出福建省的农村富余劳动力约达1700万，但转移成效并不尽如人意。截至2003年8月，这方面成绩比较突出的南靖县也仅转移了全部农村劳动力的41.2%；已经转移的69542人中，8.3%在省外，32.2%在县外省内，59.46%留在县内；不少就地转移的还带有明显的兼营性，其中较为常见的是亦工亦农，农闲务工，农忙务农。由于南靖县面积有1951平方公里，而人口只有34万（2003），41.2%的农村转移劳动力比例已经相当高了。彭安玉等（唯实，2006）根据锡山区公安局统计，截至2004年12月，区内有总人口63.98万，其中世居人口43.3万，流动人口20.68万，流动人口约占总人口的32.3%；在流动人口中，暂住人口约占70%，还有约30%的人盲目流动，成为所谓"三无"人员。朱丽霞（东南大学学报哲学社会科学版，2006）指出，2005年张家港市有43.194万的外来流动人口。莫建根（浙江教育科学，2006）指出，截至2005年10月底，浙江慈溪市流动人口达到60.4万，占户籍人口的58.8%。潘捷军（调研世界，2006）从浙江省公安厅得到的数据，表明2005年该省登记发证的流动人口规模为1291万，比上年上升17.16%，其中来自省外的1077万，占83.4%；该省流动人口总量每年以20%和30万的速度递增；据对杭州江干区的调查，该区登记在册的外来人口近30万，比5年前增加1倍；流动人口与常住人口的比例为1~3倍。蒋连华（上海市社会主义学院学报，2006）指出上海有10万少数民族流动人口。胡枫（山西财经大学学报，2006）发现，对农村劳动力转移规模的估计，现有的大部分研究和调查结果并不一致。

来自复旦大学暨上海市劳动和社会保障局就业与社会保障研究中心的许庆、封进（政策研究报告，第44期，2006年12月）较为系统地研究了上海地区外来劳动力问题，根据2003年上海市统计局的抽样调查，上海2003年外来人口总量为498.79万，按照75.2%的就业比重，上海约有外来劳动力375万；1988年、1993年、1997年、2000年和2003年上海市的外来人口分别为106万、251万、237万、387万和499万，外来人口平均以每年31.38%速度增长。而中国大城市人口研究会的报告表明，早在1988年上海的流动人口规模为209万（中国大城市流动人口问题研讨会，1989）。马宗保（宁夏社会科学，2007）研究了银川市的流动人口。潘正云等（西南民族大学学报人文社科版，2007）根据金牛区有关部门的统计数据指出，该区目前外来人口（含流动人口）是市民的两倍，达120万之多。朴美兰（西北第二民族学院学报哲学社会科学版）的吉林舒兰金马镇的调查报告指出实际生活在该镇的朝鲜族人口只占朝鲜族总数的2%，大部流向国外（主要是韩国和俄罗斯）和国内各地。李含琳（重庆工商大学学报，2007）预计青藏铁路的开通将使西藏每年新增流动人口10万。这显然是站不住脚的结论，应该是新增10万流动人口规模而不是每年新增这么多。鲁奇等（山西大学学报哲学社会科学版，2007）以广西壮族自治区为例调查了少数民族地区农村劳动力的转移。汪明等（国家教育行政学院学报，2007）指出四川省总人口8700万，2004年全省外出务工农民达1421万，占全省农业总人口的21.2%；在校农村留守儿童310万，占同龄农村学生总数的43%。谭春兰（衡阳通讯，2007）指出湖南衡东县留守儿童有16500余人，占总数的22%，个别地方甚至达30%~40%。万兆泉（科技咨询导报，2007）根据江西省统计局调查资料，2005年江西全省外出务工的农村劳动力达649万。江西省劳动和社会保障厅的统计数据指出，2004年江西省跨省劳务输出达502.6万。蒋世新（武汉公安干部学院学报，2007）认为武汉的流动人口规模160万左右，并提到苏州、南京的流动人口规模分别为378万和175万。计琳（成才之路，2007）指出2006年上海义务教育阶段学校就读的外来流动人口子女有38万，流动人口子女在公办学校就读的比例已达到了54%。朱邦相（宁波工程学院学报，2007）对宁波市流动人口收入现状分析表明，宁波的流动人口规模在相当程度上被低估。

国家统计局根据全国1%人口抽样调查数据所做的最新研究报告指出（新华社，中国人口网，2007），我国跨省流动人口中，九成以上为16岁及以上的劳动年龄人口，16岁以下非劳动年龄人口仅占8.8%；具有较强劳动能力的青壮年人口是跨省流动人口的主流。其中经济因素正成为人口流动的主要原因；在跨省流动人口中，以务工经商、工作调动、分配录用等经济原因为主的流动占全部跨省人口流动的比例超过七成；从流动人口的地区分布看，广东、上海、北京、浙江、江苏为我国人口流入大省，聚集了跨省流动人口总数的近七成；四川、安徽、湖南、河南、湖北为人口流出大省，流出人口占跨省流动人口的五成。国家统计局此前发布的全国 1% 人口抽样调查主要数据公报显示，2005 年年底，全国流动人口为 1.5 亿，其中跨省流动人口达 0.5 亿。而由全国妇联开展课题研究的最新数据显示，农村留守儿童和流动儿童都有较大幅度增长，并有继续攀升的趋势。我国农村留守儿童有 2000 多万，流动儿童近 2000 万（人民日报，中国人口网，2008）。将流动儿童除以 8.8%，我们可以推算出 2005 年全国流动人口有 2.27 亿，由此可以看出，国家统计局的数据明显低估了全国流动人口规模，因为流动人口规模不可能在短期内有如此巨大的增长；另一个原因可能是，随着时间的推移，对流动人口规模的研究的方法和手段有了巨大的改进，后期研究结论较前期更加可靠和科学。

毛盛勇（2009）根据国家统计局进行过相关调查指出，目前全国有 2.2 亿农民工外出打工，其中跨省的约有 1.2 亿。国家统计局的流动人口规模比例完全符合统计学的大数定律，来自农村的劳动力通常只占外来劳动力的 70%，而外来劳动力占全部外来人口的比例约占 85%，由此可以计算 2008 年中国跨省流动人口总规模高达 20168 万。

四、中国农民工规模

2008 年，全国 16 岁以上人口为 105789 万，经济活动人口 79243 万，年末就业人员 77480 万；同期全国城镇人口 60667 万，乡村人口 72135 万（中国统计年鉴，2009）。我国 15~64 岁人口占全国总人口比例为 72.7%；中央农村工作领导小组办公室主任陈锡文（2011）认为[1]，中国现有的城镇化率存在"虚高"现象，实际上仍有 10%~12% 的城镇人口是农民工及其家属，他们并没有充分享受到城镇的公共服务和社会保障；将少数民族所占农村劳动力剔除（中国少数民族牧民很少外出成为农民工，这一比例约为 7%），我们估算中国农民工的上限供给数量为 43089.75 万。

不少学者认为中国农村还有 1.5 亿~2 亿剩余劳动力（表 2-2），但陈锡文[2]（2011）指出中国现有 1.5 亿农民工跨省流动，而陈锡文（2009）和周晓津[3]（2009）认为 2008 年中国跨省农民工达到 1.2 亿，实际上中国跨省流动的农民工数量自 2008 年之后基本上没有增加，这就表明中国尚未实现非农化转移就业的农村劳动力基本上已经没有了，我们在农村的实地调查也证实了这一点。

---

[1] 陈锡文：中国城镇化率存虚高现象，人民日报（2011-04-11，北京）。
[2] 离自由迁徙越来越远的户籍改革，《新世纪》—财新网（2011-03-24）。
[3] 周晓津：劳动力流动视野下的中国区域经济增长研究：1978~2007 [D]. 中山大学博士学位论文，2009。

张五常（2007）指出中国从事农业的劳动力只占全国劳动力的10%~15%，即7748万~11620万，则2008年中国农民工供给上限区间为（31470，35342）万。仅1.5亿跨省农民工就已经占到中国农民工供给上限的50%左右。樊纲[①]（2011）认为，按照官方的统计，中国依旧还有40%~45%的农民；按照发展理论和发达国家的经验，起码农民劳动力到10%左右，农民工和农民的收入基本平衡的基点才到，而我们2010年的农村实地调查也证实农民工和农民的收入平衡基点已成为现实；来自国家统计局2007~2010年的第一产业占GDP10%左右的比重也证实了这一判断。

表2-2　　　　　　中国的人口总量中的剩余劳动力估算

估算者	年份	估算方法	估算结果（人）
陈锡康（1992）	1990	农业边际产出为零法	9800万
刘建进（1997）	1994	生产资源配置的优化模型和均衡条件	8500多万
王城（1996）	1995	农业边际产出为零法	13800万
侯鸿翔等（2000）	1996	农业边际产出为零法	11567万
王红玲（1998）	1997	改进的生产要素配置优化模型	11730万
胡鞍钢（2000）	2000	耕地劳动比例法	20538万
铁水映（2000）	2000	耕地劳动比例法	14245.6万
陈杨乐（2001）	2000	劳均播种面积推算法	16554万
谢培秀（2004）	2000	农业技术需求法	1.3亿
李子奈（2000）	2000	国际比较法	1.6亿
王检贵、丁守海（2005）	2005	古典测算方法	4600万
程名望（2007）	2005	中国农村固定观察点办公室	1.5亿~1.7亿
蔡昉（2007）	2007	基于统计数据直接推算	1.2亿
马晓河、马建蕾（2007）	2007	农业生产所实际需要的劳动力	11423.16万
郭金兴（2007）	2007	古典测算方法	1亿

由此我们估计，中国4.3亿农村劳动力中，约有0.8亿（18.6%）的纯农业劳动力，1.5亿（34.9%）跨省农民工以及2亿左右（46.5%）的省内就业农民工。中国农民工供给上限区间中的4000万左右的农民工失业风险最大，这与周晓津[②]（2011）估计1978~2007年中国总失业率只有6%~10%的结果一致。单从农民工数量我们就可以感知农民工问题在中国经济和社会发展中的战略分量，

---

① 新华日报（2011-03-29）：核心是让农民工市民化。
② 周晓津．隐性失业、劳动力流动与整体失业率估计：1978~2007 [J]．西部论坛，2011，21（01）：6-12。

大量农民工不能沉淀在城镇，工业化进程与农民工市民化进程相脱节，成为严重制约城乡协调发展的一个突出矛盾。农民工现象终将会终结，能否实现农民工由农民群体角色向市民角色的整体转型，平等地融入城市社会，是关系到中国社会结构转型有序推进和构建和谐社会的重要战略问题。

第二节 人口流动理论与模型研究综述

发展经济学家、1979年诺贝尔经济学奖获得者刘易斯（W. Arthur Lewis），1954年发表了《无限劳动供给下的经济发展》论文，提出了发展经济学关于劳动力流动的第一个理论模型，即著名的二元经济（城市工业部门与农业部门）理论。由于两部门的收入水平存在明显差异，农业剩余劳动力在收入的差别的吸引下逐步由农业部门转移到城市工业部门（非农业部门）寻求就业（图2-2）。

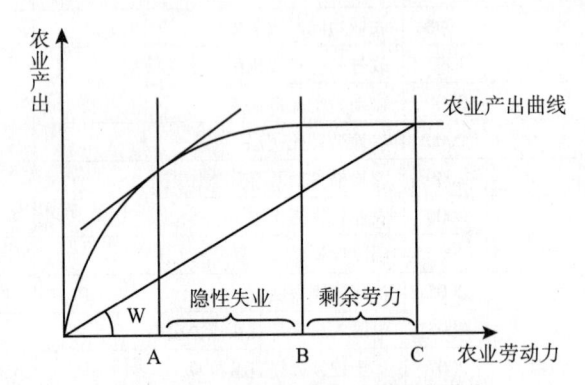

图2-2 刘易斯模型中的农业劳动力

在刘易斯模型的基础上，拉尼斯和费（Ranis and Fei，1961，1963）、乔根森（Jorgenson，1961，1970）和卡尔多（1975）进一步讨论了农业部门的发展和农业技术进步、农产品剩余等因素对劳动力迁移的影响，他们假定二元经济体中城市不存在失业，认为只要工业有扩张的需要，需要补充劳动力，农业部门就可以源源不断地向工业部门提供大量的廉价剩余劳动力，即农业剩余劳动力的供给弹性无限大，而且他们都认为进入城市的农业剩余劳动力都能全部就业。这些研究弥补了刘易斯的二元经济理论所忽略的一些重要问题：农业的重要性、工农业均衡发展和城市存在失业等，这些修正和补充使二元经济理论日趋完善，从而成为发展经济学的著名理论。

托达罗（Michael P. Todaro，1969，1970，1971）与哈里斯（Harris，1971）的人口迁移模型，几乎成为最有力的解释发展中国家农村人口向城市流动的决定因素和城市失业现象的理论武器和许多后续研究的基础。自 1980 年至今，国内所有研究劳动力迁移或流动的文献都对这一模型进行了阐述和评价，仅 2007 年中国期刊网收录的与这一模型有关的理论与实证研究文献就有 45 篇之多。唐纳德·博格（D. J. Bogue）于 20 世纪 50 年代末提出了适用于解释个体迁移行为的推拉理论，国内自 20 世纪 90 年代以来关于推拉理论的实证研究文献数不胜数，用谷歌的学术搜索就可以轻松找到超过 8000 篇的相关文献。哈里斯—托达罗模型和推拉理论比较适合于人口流动的定性和短期流动分析，前者实际上是一种人口加速流动模型，随着人与人之间的沟通手段和方法便捷与多样，这种加速迁移最多在 1~2 年内便可以完成，因而利用托达罗模型无法预测和估计流动人口规模，也无法恢复区域间流动人口规模的历史数据，用其作定量研究显然是不适合的。

上述二元经济模型中，假设城市工业部门比农村农业部门的劳动生产率高的条件是外生给定的，而且没有考虑是什么力量促使工业部门向城市不断聚集这一重要问题。针对上述不足，克鲁格曼（Krugman，1991）建立的"中心—外围"模型较好地解决了这些问题。在模型中，克鲁格曼运用生产和消费的多样化和节约运输成本的本地市场效应所导致的规模经济来解释制造业和工人向城市聚集的原因，并分析了运输成本、规模经济和制造业占国民收入的比重等因素的变化所导致的不同的空间均衡形态的出现。但在克鲁格曼的模型中，农民是不可流动的，而且不能转换成工人；同时，该模型同二元经济模型一样，也无法对土地要素在城乡之间的配置问题，以及工业资本投入、城市化对农业发展的影响进行分析，但这些问题对考察人多地少的发展中国家的工业化和城市化进程却具有十分重要的意义。巴卓和班卓（Bhadra and Brandao，1993）则对经济发展过程中农业用地向城市用地快速转变的现象研究进行了理论和实证上的归纳，并着重关注了各国政府是如何通过区划法或其他措施干涉土地市场，以减缓这一转变过程，但这方面的研究仍然缺乏很好的模型和系统的研究。

张培刚（2002）、约斯顿和内森（Johnston and Nielsen，1966）等人很早就提出要从工业部门和农业部门之间的协调互动机制出发，来考察经济增长和结构转型。约斯顿和梅勒（Johnston and Mellor，1961）归纳了农业对经济增长的五个基础性作用，后来的学者将上述基础性作用归结为产品贡献、要素贡献、市场贡献和外汇贡献四类。黄泰岩、王检贵（2001）则进一步提出在工业化的不同阶段，农业对经济增长的四类作用会有不同的侧重。钱陈、史晋川（2006）运用布莱克和亨德森（Black and Henderson，1999）的分析框架，从工农业的互动机制和城市聚集经济效应出发，构建了一个包含土地要素的城乡两部门的增长模型；探讨了在经济发展中城市化的内生决定机制以及城市化对经济结构变动和农业发展的影响；强调了工业化和城市化与农业协调发展的重要意义。

在人口迁移因素的经验分析框架的文献中，在20世纪60年代和70年代，研究者基本上都采用古典线性回归模型，分析各地区经济和地理因素对各地间（Place-to-Place）移民量的影响（格林伍德，Green-wood，1975）。在这些模型中，地区间的移民量或各地的净移民量被用作因变量，自变量包括影响迁移的各种因素，如距离、地区平均收入等等。因此，这种模型实际上是一个加总（Aggregate）宏观计量模型。线性回归模型实际上可以通过引力模型转化而来，但引力模型本身只是社会学家和人口学家的一个概念模型。尼德康和贝多特（Niedercorn and Bechdolt，1969）提出了一个效用最大化模型试图来解决引力模型的微观基础问题，但这篇文章将地区内的每个人都看成是同质的，并且将他们的迁移收益看做是迁移次数和迁入地人口的函数。而且，如此推导出的引力模型中，迁移量是指一段时间内地区间总的迁移量，即迁移人次，这对数据的要求也相当高。

费德斯（Fields，1979）将MNL（Multinomial Logit）模型加以改造，也发展出了一个所谓的双对数线性模型。但这与用频率代替概率，而将Logit模型转化成线性模型估计的方法一样，舍更有效的最大似然法不用，并无多大意义，而且反而要去解决模型设定所导致的异方差问题。由于人口迁移中的劳动力流动在理论上应该使地区间的经济出现收敛现象，并在发达国家已经得到经验结果的支持（巴罗和萨—马丁，Barro and Sala-i-Martin，1995），这样地区的平均收入、失业率等经济指标就不是外生的，就需要用联立方程模型来解决内生性问题。这就导致结果更不可信。不同特征的人往往具有不同的迁移倾向，如斯佳斯塔德（Sjaastad，1962）就表明年纪越轻的人迁移倾向就越高。这些特征对迁移决策的重要性往往要大于某些宏观变量。虽然也可以根据个人特征分组进行回归，但还是不能获知个人特征与迁移行为的关系。林内特等（Lin et al.，2004）利用双对数线性模型用中国1990年和2000年人口普查（1985~1990年和1995~2000年）与格林伍德（Greenwood，1969）对美国1960年人口普查（1955~1960年）的回归结果进行了比较。

人口迁移的经验模型应该分析每个人的迁移行为而不是一个地区的迁移量。20世纪60年代，Probit和Logit这两种二元（Binomial）选择模型发展成熟。但仅将决策人的选择设定为"迁移"和"不迁移"会产生很多问题，尤其是对中国来说，各地之间的经济、地理和人文状况差别很大，迁移到此省和迁移到彼省很难把它们当成"迁移"这一个选择。一般的迁移二元选择模型，会加入决策者在原居住地的收入，以观察迁移前收入对迁移决策的影响。而事实上，真正对决策起作用的应该是每个人所面临的收入差（斯佳斯塔德，Sjaas-tad，1962），或可以说成预期迁移所能得到的收入与迁移前的收入两者的现值之差。在二元选择模型中，是很难在模型中加进迁入地的收入的。现值模型很难应用于中国农村劳动力迁移情形，因为绝大部分中国迁移农民都预期自己年老或者在城市找不到工作之后重回农村。

麦克法顿（McFadden，1973，1981）相继发展了 MNL 和 NL（Nested Logit）这两种多元选择模型，大大扩展了对经济人的选择行为进行分析的空间。在二元选择中选择单一的缺陷由此得到解决，决策者的选择集（Selection Sets）可以设定为迁入各个省乃至更细。由于省级行政区域内的经济和地理情况比较相似，就可以运用多元选择模型来分析省级地区收入和地区间距离对人口迁移决策的影响。NL 模型是 MNL 模型的一个扩展，解决了著名的 IIA 问题（无关选择独立性）。它假设决策是在一个嵌套（Nested）的选择集中进行的，允许把相似的选择置于不同的子集（Nest）中，以便与其他的选择区别开来。如果某个子集中某些选择还有更进一步的相似关系，还可以继续归并，这样就有了一个多层嵌套选择集合。对每个子集中选择的相异程度，都可以估计出一个相异性参数（Dissimilarity Parameters），它必须落在 [0，1] 区间内。直接利用 MNL 模型来分析人口迁移的文献已有很多。如梁和怀特（Liang and White，1997）对 1987~1992 年间中国人口省际迁移的研究和赵（Zhao，1999）对四川农村移民职业选择的研究，是将 MNL 模型应用到中国人口迁移研究的典型文献。玛和利瓦（Ma and Liaw，1997）将 NL 模型应用于中国的人口迁移分析，利用 1987 年中国 1% 人口抽样调查数据，对 17~29 岁的人口在 1985~1987 年这三年间的省际迁移和城、镇、农村间迁移进行了全面的研究。

20 世纪 90 年代以后的经济学家通过放松或改变刘易斯二元经济理论的假设前提和隐含假定，对二元经济理论进行了很多的修正。王检贵（2002）和叶静怡（2003）对 20 世纪 90 年代以前的研究做了综述性的研究。黄泰岩、杨万东（国外经济热点前沿 II，2005）对 20 世纪 90 年代以后国内外二元经济理论研究进行了梳理和评价。他们将 20 世纪 90 年代以来的二元经济理论研究总结为用经验数据验证二元经济理论（东亚与南非实证：迈克尔·恩维尔戴克，Michael Enwere Dike，2003；热带产品价格压制：安格斯·迪顿和盖拉·罗克，Angus Deaton and Guy Laroque，2003）、从新的视角研究二元经济理论（农业剩余与工业品现实购买力：阿密特·巴杜里和鲁尼·斯卡斯特恩，Amit Bhaduri and Rune Skarstein，2003）加入新问题扩展二元经济理论（农业集约化影响：迪加维德萨雷—伊斯法尼，Djavad Salehi-Isfahani，1993；工资补贴：戴维·H. 费尔德曼，David H. Feldman，1989；将农业剩余劳动力与城市公开失业相结合：瓦伯·哈德克和萨里米·拉希德，A. Wahhab Khandker and Salim Rashid，1995；效率工资：高坦·博斯，Gautam Bose，1996；信息不对称影响：阿比哈吉特·V. 班内吉和安德鲁·F. 纽曼，Abhijit V. Banerjee and Andrew F. Newman，1998；东亚五国社会保障：里瓦奴·伊斯拉姆，Rizwanul Islam，2003）和利用新的经济学方法改进二元经济理论（协整验证：奈维斯—胡戈和多特·维内，Niewls-Hugo Blunch and Dorte Verner，1999；超边际分析：杨小凯，2003）。

迪加维德萨雷—伊斯法尼（Djavad Salehi-Isfahani，1993）研究了农业集约化程度对城乡劳动力转移的影响，并通过实证数据，证明了劳动力的转移与农业耕作的集约度相关：粗放的耕作与高转移率相对应，高集约度与低移出率相对应。他建议在低人口密度和粗放耕作的地区，政府的区域政策可以控制农业集约化的步伐，从而控制农村地区劳动力的吸引程度。通过政府公共投资分配和内部贸易条件的影响，政府可以促进集约化从而提高农业承载能力，提高就业。假设农业部门和城市工业部门的生产函数分别为：$Q_a = (L_a)^{\alpha_i}$ 和 $Q_c = L^\beta K^{1-\beta}$，农民的工资为农业部门的平均产品，即 $W_a = L_a^{\alpha-1}$，则有：

$$\frac{\dot{W}_a}{W_a} = -(1-\alpha)(n_a - m)$$

$$\frac{\dot{W}_c}{W_c} = (1-\beta)\left(\frac{\dot{K}}{K} - \frac{\dot{L}_c}{L_c}\right)$$

$$= (1-\beta)(k - n_c - \theta m)$$

$$\theta = L_a/L_c;$$
$$k = \dot{K}/K$$

n_a——农村人口和自然增长率；

m——移出率；

$n_a - m$：农业的劳动力吸引率。

两部门工资达到均衡状态时，有：

$$\frac{\dot{W}_a}{W_a} = \frac{\dot{W}_c}{W_c};\ m = \frac{k - n_c + \varphi n_a}{\theta + \varphi};\ \varphi = \frac{1-\alpha}{1-\beta};$$

$$\frac{dm}{d\alpha} = \frac{(1-\beta)(k - n_c - \theta n_a)}{[(1-\alpha) + (1-\beta)\theta]^2} < 0 (如果 k < n_c + \theta n_a)$$

皮萨里德斯和沃兹伍斯（Pissarides and Wadsworth，1989）对英国的劳动力迁移与失业之间的关系进行了实证研究。格洛姆（Glomm，1992）的模型说明了从农村向城市劳动力转移而导致的长期城市化现象。巴拉恩（Braun，1993）用一个新古典经济增长模型讨论了劳动力迁移对地区差距的影响。维吉维伯格（Vijverberg，1993）实证检验了迁移劳动力与其技能水平的关系。卡伦顿等（Carrington, et al.,

1996)重点讨论了劳动力迁移的成本与迁移规模的关系,但这种迁移规模远比以调查研究为基础推算出来的结果粗糙。泰勒和威廉姆森(Taylor and Williamson, 1997)采用一个局部均衡模型分析劳动力转移对地区差距的影响,发现劳动力转移是1870~1913年间OECD国家间劳动生产率和实际工资的收敛的最重要因素。森吉(Shinji,2002)利用日本1960~1990年39个地区的数据讨论劳动力迁移对地区差距的影响。卢卡斯(Lucas,2004)讨论了为什么在城市存在大量失业的情况下,劳动力不是转移到农村去就业,而是继续向城镇迁移的现象。拉拍特(Rappaport,2005)建立了一个两个国家之间存在劳动力流动的理论模型。由于在20世纪六七十年代,许多发展中国家出现了严重的城市失业问题、城市贫困问题和城市人口过膨胀问题,不少人怀疑费—拉假定的存在与合理性(叶鹏举,2004)。如果光从中国各省区官方或者正式刊物出版的流动人口数据,确实可以否定费—拉假设,但是本书通过对广州地区1980~1990年流动人口规模的再估计却强烈支持费—拉关于进入城市的农业剩余劳动力都能全部就业的假设。

张庆五(1988)等人探讨了"迁移"、"流动"等概念的科学内涵,并认为迁移是指"发生在国内不同省区或县(市、市辖区)之间的各类改变户口登记常住地的人口移动以及发生在各经济类地区之间的和自然类型地区之间的具有人口学意义的改变户口登记常住地的人口移动",这一概念被普遍采用,本书中也采用这一定义。张开敏(1989)对人口迁移进行了系统的研究并对当代西方的人口迁移理论做出简介。王桂新(1993)、丁金宏(1994)等对省际迁移的空间模式进行过深入研究,指出了距离在迁移中的重要作用。蔡昉(1997)运用西方经济学分析方法对劳动力流动的机制进行了探讨。杨云彦(1999)对国内1978~1998年间有关人口迁移的主要文献做过一个经典性的综述,文章总结了20年间我国人口研究的进展和取得的主要成果。严善平(1998)、王桂新(2003)运用区域间迁移数据、地区人均收入水平等变量,检验了省际人口迁移数量与区域间经济发展水平差异等因素间的相互影响。蔡昉(1998)的研究表明,人口和劳动力的区域流动也可对地区差距产生影响。此外,还有相当多的关于流动人口的研究文献采用人口普查或者官方公布的流动人口数据,由此这些研究文献数据的不全或失真,即使是采用计量经济研究,最多也只能得出定性的结论。早期的研究文献研究结果往往经不起现代经济学基本理论的推敲,遗憾的是不少研究所得出的结论竟然在相当程度上左右了中国的区域经济政策。

樊纲(1995)认为区域间劳动力迁移可以缩小地区差距。蔡昉、王德文(1999)估计了劳动力、人力资本和劳动资源重新配置对中国经济增长的贡献,认为中国劳动力资源配置效率的改善对经济增长的贡献达到了20.23%,作用非常显著。赵(1999)利用四川省1995~1996年的一项农村居民调查数据对劳动力迁移行为做了实证检验。宋洪远等（2002）对有关劳动力流动的政策问题进行了全面的讨论和分析。

吴和姚（2003）运用1995～1998年中国地区劳动力流动的实际数据（Panel Data）分析了中国地区劳动力转移的决定因素，发现乡镇企业的雇佣劳动力人数、城市失业率、城市工资、农村工资对区域内和区域间的劳动力转移有重要影响。张和宋（Zhang and Song, 2003）对中国的劳动力迁移做了详细的实证研究，他们首先估计了净的各年农村—城市迁移数量，并发现1978～1999年从农村到城市的人口迁移是城市人口增长的主要来源（75%）。其次，他们估计了决定农村城市人口流动的主要因素，发现农村和城市的工资差异是省内和省际人口流动的最主要因素，而地理距离增加了劳动力迁移的成本，抑制了跨省的人口流动。另外由于城市化的成本不断增加，对劳动力的迁移产生了限制。姚枝仲、周素芳（2003）利用泰勒和威廉姆森（Taylor and Williamson, 1997）的方法认为区域间劳动力流动除了能使地区间要素收入相等以外，还能削平地区间要素禀赋差异，最终实现地区间人均收入均等。他们认为，虽然中国的劳动力流动没有显示出缩小地区差距的作用，但这是由于区域间劳动力流动的规模太小造成的，理论上劳动力迁移应可以缩小地区差距。王德、朱玮、叶晖（2003）估计了1985～2000年期间中国人口迁移对地区差距的影响，通过比较存在人口迁移下的实际基尼系数和不存在人口迁移下的基尼系数，认为人口迁移有助于缩小地区差距。

林毅夫等（Lin, et al., 2004）对中国的劳动力迁移与地区差距的关系做了一个经验研究。王小鲁、樊纲（2004）认为中国的劳动力迁移可以缩小地区差距。蔡昉（2005）讨论了为什么劳动力流动没有缩小城乡收入差距的几个因素。刘传江、段平忠（2005）对中国的劳动力迁移与地区差距进行了实证分析，得出人口迁入与地区经济增长有显著关系，并进一步分析认为人口迁移有助于缩小地区差距。袁志刚（2006）运用1995年1%人口抽样调查和2000年第五次全国人口普查数据估算了乡村—城镇劳动力流动数量和城镇失业数据，认为进城农村劳动力没有显著地增加城镇的失业状况。许召元（2007）构建了各地区2002年的社会核算矩阵（Social Accounting Matrix），模拟了不同劳动力迁移情景下各地区的经济增长、全国地区差距变化情况，得出了区域间劳动力迁移并不一定能缩小人均产出的地区差距，但由于汇款等因素，中国的区域间劳动力流动可以缩小各地区人均收入水平和人均消费的差距。

劳动力迁移建模和预测研究常用时间序列模型、回归分析模型、灰色系统模型（李永浮等，2006）、系统动力学模型、经济计量模型、就业弹性系数等方法。苗苗（2007）针对我国近年来规模较大的以农村剩余劳动力为主的纯粹劳务输出流动人口，利用机器学习领域的研究成果人工神经网络，来研究劳动力迁移问题，探讨预测劳动力迁移的流量和流向，评价各迁移因素对迁移决策的影响方式和影响程度的方法，根据定量的计算结果提供相应的政策建议，总结了利用人工神经网络对劳动力迁移这样的非线性系统进行建模的一般框架。

虽然时间序列、回归分析和灰色系统模型只需要人口规模的历史数据就可以对其进行预测和历史数据恢复，但中国关于流动人口的历史数据除了调查之外显然是极为缺乏和失真的，如李永浮（2006）的灰色系统对于1988年北京的流动人口数据，竟然因其看起来似乎是突然的变化将其舍去，而实际上这一表面上过高的数据依旧比北京的事实上的流动人口为少。预测中最常见的错误便是趋势类推，而人口规模的历史数据恢复往往便是犯了这类错误。系统动力学模型、就业弹性和其他计量模型只能在较短时期内有效。人工神经元分析也是看起来很美，但对中国上百万个村庄、数以亿计的流动人口却只具有理论上的意义。

程名望（2007）描述和解释劳动力转移的内在机理、根本动因及其影响因素提供一个理论框架和分析方法，并运用中国的宏观数据和微观数据对理论模型给予一定的检验和论证。他运用动态递归、博弈论、计量分析等前沿理论和方法，把传统农村经济问题和现代经济学前沿思想结合起来，使内生增长思想、农村劳动力转移、农村经济发展有机地联系在一起，对传统的劳动力转移理论进行了有益的补充。好的模型在国内数据失真的流动劳动力面前显得十分脆弱。

某些新古典区域增长理论在探讨劳动力迁移问题时通常假定，个体迁移决策与区域间工资率差异相对应。博茨和斯坦恩（G. Borts and J. Stein, 1964）研究了完全自由市场条件下的个体迁移决策；加里、阿克亚琶和富吉瓦拉（Ghali, M., M. Akiyama and J. Fujiwara, 1978）讨论了要素流动与区域增长的关系；史密斯（Smith, 1974, 1975）在新古典框架下研究了美国州际和部门之间的要素流动情形下的区域经济。国内更多地从实证角度进行探讨，文献主要有：王奋、杨波（2006）；高洪（2003）；陈井安（2002）；姚先国、刘湘敏（2002）；梁琦（2004）；彭朝晖、杨开忠（2006）；谢嗣胜、姚先国（2006），周皓（2001）；苗瑞卿等（2004）。通常，这些模型假设：充分就业，工资的变动将使劳动力市场出清。

第三节　经济增长与区域差异研究综述

一、经济增长及其外部性

经济增长问题一直是经济学家们所关心的重要问题之一，经济增长理论也就成为了经济学研究中古老而又时髦的论题。亚当·斯密（Smith，1776）指出，一个国家经济增长的主要动力在于劳动分工、资本积累和技术进步。马尔萨斯（Malthus，1798）认为，当人均收入超过其均衡水平时，死亡率下降的同时生育率将会上升；反之亦然。长期内每一个国家的人均收入将会收敛到其静态的均衡水平，这就是著名的"马尔萨斯陷阱"。里查德（Richardo，1817）指出，作为生产要素的土地、资本和劳动产出的边际报酬是递减的。生产边际报酬递减将导致一个国家经济增长的最终停止。马歇尔（Marshall，1920）强调了企业的外部经济与内部经济对经济增长的作用。熊彼特（Schumpter，1934）指出，经济增长由内生因素即生产要素和生产条件实现"新组合"引起的。

现代经济学的增长理论是建立在哈罗德（Harrod，1939）和多马（Domar，1946）模型的基础上。哈罗德—多马（Harrod-Domar）模型标志着数理经济方法开始在经济增长理论研究中的应用，是经济增长理论的第一次革命。斯旺（Swan，1956）和索洛（Solow，1956）各自独立地建立了新的经济增长理论模型，也称为新古典经济增长模型，这一模型开启了经济增长理论的第二次革命。索洛（1957）提出了全要素生产率分析方法，并应用这一方法来验证新古典模型，索洛发现，资本和劳动只能解释大约12.5%的总产出。因此，索洛用外生的"残余（Residual）"来解释技术进步，从而解释87.5%的总产出。卡尔多（Kaldor，1957）通过假设可变的储蓄率对哈罗德—多马模型进行了修正。卡斯（Cass，1965）和库普曼（Koopmans，1965）通过把拉姆齐（Ramesy，1928）的研究引入到新古典经济增长模型，内生了新古典经济增长模型中的储蓄率，人们合并称之为拉姆齐—卡斯—库普曼（Ramesy-Cass-Koopmans）模型。阿罗（Arrow，1962）的"干中学"模型中，一个社会的技术进步率最终取决于外生的人口增长率。福坦克尔（Ftankel，1962）指出，如果技术知识随着资本增加而自动增长，生产函数可能会是AK形式。卡尔多（Kaldor，1963）列出了反映经济增长的典型事实：（1）人均产出随时间而增长，其增长率不存在下降的趋势；（2）劳动力所使用的平均物质资本随时间而增长；（3）资本的报酬基本保持不变；（4）物资资本对产出的比率基本保持不变；（5）劳动和物质资本在国民收入中所占的份额基本保持不变；（6）各国间的单位劳动力产出的增长率存在很大的差距。乌查瓦（Uzawa，1965）突破了传统的单部门经济增长模型的局限，建立了一个包括物质生产部门和人力资本生产部门或教育部门的两部门经济增长模型，从而内生了经济系统中的技术进步。

罗默（Romer，1986）和卢卡斯（Lucas，1988）的研究使长期经济增长问题再一次成为经济学家的关注热点。这一阶段的经济增长理论主要致力于研究一个国家经济的持续增长是如何被经济系统内生地决定，即人们所说的内生增长理论或新经济增长理论。里贝罗（Rebelo，1991）、巴罗和萨拉—马丁（Barro and Sala-i-Martin，1995）利用凸性模型研究长期经济增长问题时扩展了资本的概念，假设资本包括物质资本和人力资本。罗默（Romer，1986）沿用阿罗（Arrow，1962）的技术外部性或知识的溢出效应来解释经济增长的研究思路，克服了Arrow"干中学"模型的缺陷，内生了技术进步。利用外部性来解释经济增长的主要文献还有罗默（Romer，1990），巴罗（Barro，1990），贝克尔、孟菲和塔穆拉（Becker, Murphy and Tamura，1990），里瓦拉—巴茨和罗默（Rivera-Batiz and Romer，1991），杨（Young，1991，1993，1998），斯托克（Stokey，1988，1991，1995），塔穆拉（Tamura，1991），阿吉翁和豪威特（Aghion and Howitt，1992），卢卡斯（Lucas，1993），戈德弗雷德和麦克德罗特（Goodfriend and McDerott，1995），乔斯（Jones，1995），潘士远和史晋川（2001）。强调人力资本是经济增长重要源泉的经济学家主要有卢卡斯（Lucas，1988），贝克尔、孟菲和塔穆拉（Becker, Murphy and Tamura，1990），塔穆拉（Tamura，1991），卢卡斯（Lucas，1993），戈德弗雷德和麦克德罗特（Goodfriend and McDerott，1995）等。阿吉翁和豪威特（Aghion and Howitt，1992）认为，由于新技术淘汰旧技术从而剥夺旧技术拥有者的利润，所以技术不仅存在正的外部性，而且存在负的外部性。克鲁格曼（Krugma，1991）、乔斯和曼奴里（Jones and Manuelli，1997）等指出，尽管外部性在现实经济并中是存在的，但仍不足于解释长期的经济增长。可是，许多经验研究表明R&D存在着很强的外部性，可以用来很好地解释长期的经济增长。纳德里（Nadri，1993）的研究表明，R&D所存在的外部性几乎可以解释50%的全要素生产率（TFP）增长。巴罗和萨拉—马丁（Barro and Sala-i-Martin，1995）考察了在一个开放经济中，经济发展落后的国家是如何通过模仿经济发达先进国家的新产品来促进经济增长。

阿吉翁和豪威特（Aghion and Howitt，1992）对劳动分工和经济增长问题进行了开拓性的研究，为新经济增长理论做出了重要贡献。麦迪森（Maddison，1982），普里彻特（Pritchett，1997），卢卡斯（Lucas，1999）等的经验研究表明，在一定的历史条件下马尔萨斯（Malthaus）的预言是能够成立的。马尔萨斯（Malthaus）提出了一个重要的观点，即人口是由经济系统内生决定的。

内生经济增长理论非常强调R&D在经济增长的作用。格瑞里奇（Griliches，1979）的研究结论是，R&D的社会收益率非常高，因而可以促进一国的经济增长。但乔斯（Jones，1995）通过对第二次世界大战以后OECD国家R&D投入的分析表明，虽然OECD国家R&D投入逐年增加，经济增长的速度却没有明显的改变。因此乔斯（Jones）认为R&D投入对长期的经济增长几乎没有影响，同时也否定了R&D存在着与人口有关的规模经济效应。乔斯（1995）此后又利用时间序列方法考察了 R&D 对经济增长的作用，得出了与先前研究几乎相同的结论。阿吉翁和豪威特（Aghion and Howitt, 1998）指出，乔斯之所以得出上述结论的原因可能有两个：一是忽略了技术复杂性程度的提高，随着技术复杂性程度的提高，给定的 R&D 投入对技术进步的促进作用越来越微弱；二是忽视了社会总产品数的增多，随着社会总产品数的增加，单一产品的创新对整个经济所产生的影响越来越小。据此他们建立了一个更加完善的模型，更好地解释了乔斯（1995）所指出的问题。克莱默（Kremer, 1993）的研究结论也不支持乔斯（1995）的观点，克莱默发现 R&D 在某种程度上存在者与人口有关的规模经济效应。克莱默（1993）在对公元前一百万年到 1990 年之间的人口增加与技术进步两者关系进行研究后指出，人口增加可以促进技术进步，从而导致经济的增长。此外，汉奴斯克（Hanushek, 1992）、班德和道威克（Brander and Dowrick, 1994）、普里彻特（Pritchet, 1996）等人指出，一个国家的人口与经济增长仅存在着微弱的负相关。

二、增长收敛

在人们对增长理论形成初步的共识之后，研究经济增长收敛成了实证分析的热点。所谓经济增长收敛性（Convergence）是指在封闭的经济条件下，初期的静态指标（人均产出、人均收入）和其经济增长速度之间存在负相关关系，即落后地区比发达地区有更高的经济增长率，从而导致各经济单位期初的静态指标差异逐步消失的过程。20 世纪 90 年代以来，经济增长的收敛性问题逐步成为发展经济学和国际经济学的热点问题之一。班纳德（Bernard, 1995）认为，"新古典模型最激动人心的特征之一是其在收敛现象中的应用"。在经济全球化和一体化的时代背景下，经济增长的收敛性假说在不同的国家和地区得到了大量的实证分析，但现实世界的复杂性和多样性并没有使这一假说得到统一的确认，甚至还对这一假说的技术方法产生质疑。

拉姆齐（Ramsey, 1928）等人很早意识到在相似的技术结构和偏好条件下的经济收敛现象。鲍穆尔（Baumol, 1986）、阿布瓦莫维茨（Abramovitz, 1986）同样对麦迪森（Maddison）数据进行回归却得到不同的结论，德龙（Delong, 1988）从实证样本的时间跨度与检验误差角度证实鲍穆尔（1986）的结论不可信。在趋同速度这个问题上国内外经济学家很难在短期内达成一致的意见，不同的研究表明趋同的速度大致在 0 到 30% 之间。巴罗（Barro, 1991）、巴罗和萨拉—马丁（Barro and Sala-i-Martin, 1991, 1992, 1995）、曼昆（Mankiw, 1995）等通过经验研究指出，经济增长存在着趋同，在许多情况下，趋同的速度约为 2%。列维和雷纳特（Levine and Renelt, 1992）采用 EBA（Extreme-bounds-Analysis）发现，趋同研究中的控制变量稳健性对是否趋同的结论有重大影响，但除了少数变量如储蓄率外都不稳健。坦普（Temple, 1999）详细地论述了经验研究中可能存在的经济计量学问题。

曼昆、罗默和维（Mankiw, Romer and We, 1992）（MRW）指出，国与国之间人均收入差异的80%可以利用物质资本投资率、人力资本投资率与人口增长速度的差异来加以解释。卡斯里、伊斯克维尔和雷伏特（Caselli, Esquival and Lefort, 1996）、克内龙和罗德古茨—克莱尔（Klenow and Rodriguez-Clare, 1997）、普里斯科特（Prescott, 1998）、伏恩特和多内克（Fuent and Domtnech, 2001）的研究认为技术是经济增长最重要的因素。杨（Young, 1995）的研究表明，物质资本的积累、人力资本的提高以及劳动参与率的上升是东亚新兴国家经济增长的最主要因素。萨拉马丁（Sala-i-Martin, 1997）指出，设备投资对经济增长的贡献率约为0.2175，非设备投资对经济增长的贡献率几乎为设备投资的0.25。列维和雷内特（Levin and Renelt, 1992）和巴罗（Barro, 2001）也持与上述这些经济学家相同的观点，即投资率的提高会促进经济的增长。

虽然在新古典框架内增长的收敛性得到确认，但是有关研究的实证分析过程却遭到了激烈的反对。里贝罗（Rebelo, 1991）认为体现新古典思想的收敛现象在世界经济中并不是普遍存在的，另外，他强调了内生增长理论的兴起。特别地，玛罗和戈德卡（Mauro and Godrecca, 1994）用巴罗和萨拉—马丁（Barro and Sala-I-Martin）的分析方法研究了意大利地区的收敛现象，结论却完全相反，收敛假说在意大利被拒绝，数据检验发现意大利的南方和北方存在着经济双元化特征。班加诺（Pagano, 1993）研究了欧共体国家的产出率和收入的收敛现象后认为，自20世纪70年代石油冲击以来，这种收敛过程已经停止甚至走向发散。

面板分析和时间序列等趋同研究新工具的出现使得国外在20世纪90年代中期的趋同争论进一步深化。伊斯拉姆（Islam, 1995）建议采用面板分析来克服跨国截面分析的有偏问题，伊斯拉姆（Islam, 1995）还发现MRW的分析框架可以很自然地推导出面板分析的表达式。陈与弗雷舍（Chen and Fleisher, 1996）用部门截面（Panel Section）数据分析了中国各省1978～1993年的人均GDP后认为地区间存在条件收敛，收敛速度主要取决于资本系数、就业增长、人力资本投资、外国直接投资和沿海区位。李、皮萨兰和史密（Lee, Pesaran and Smith, 1998）等人将面板分析进一步推广，认为面板分析不仅可以反映各个经济体稳定状态GDP的不同，而且还可以反映各个经济体长期增长率的不同，突破了新古典增长所强调的各个经济体具有相同增长速度的结论。班纳德和杜拉芙（Bernard and Durlauf, 1995）、杜拉芙和昆（Durlauf and Quah, 1998）提出用新的时间序列分析技术来研究收敛假说，他们认为资本边际收益递减是短期动态波动和长期稳定增长共同起作用的结果。深尾京司、岳希明（2000）认为日本地区间收入水平存在收敛现象，但新古典框架内的索洛模型收敛机制在日本并不存在。

国内收敛性研究基本上落后国外十年左右，近年来在实证研究上与国外的差距迅速缩小，但在理论模型与方法上主要借鉴国外早前的研究。有关收敛研究主要文献分为三类：（1）经典收敛研究（宋学明，1996；魏后凯，1997；申海，1999；刘强，2001；张胜等，2001；沈坤荣、马俊，2002；姚枝仲、周素芳，2003；徐现祥、李郇，2004；徐现祥，2005）；（2）利用最新的计量理论与工具，如截面与面板数据、空间计量、时间序列等进行收敛研究（王志刚，2004；张焕明，2004；林光平、龙志和、吴梅，2005；赵伟、马瑞永，2005；彭国华，2006；滕建州、梁琪，2006；张鸿武，2006；吴玉鸣，2006；陈安平等，2006）；（3）经济增长分布演进（徐现祥，2002，2004，2005）。国内实证研究的一个重要结论就是我国 20 世纪 90 年代省区经济是趋异而非趋同。

在中国不同地区 σ - 收敛问题的研究文献中，江、萨斯和瓦内（Jian, Sachs and Warner, 1996），魏后凯（1997），李翔（1998），林毅夫、刘明兴（2003），覃成林（2004）等认为，中国地区间经济的 σ - 收敛具有阶段性：1978～1990 年区域经济增长存在 σ - 收敛格局，而 1990 年以后不存在 σ - 收敛。林光平等（2006）采用空间经济计量方法，使用 25 年来人均 GDP 数据研究中国 28 个省区经济发展的 σ - 收敛情况。研究结果表明，考虑到省区间相关性，特别是经济间的相关性后，可显著纠正采用传统方法进行 σ - 收敛研究产生的误差。修正后的 σ - 收敛值表明，中国经济尤其是近几年省区间经济表现出 σ - 收敛的趋势。

三、人均收入差距

伴随省区经济增长收敛问题，中国地区间的收入差距问题受到了广泛关注，而国内外文献更多地基于统计数据或其计算结果来分析地区间的人均收入差距。李实（2002）、坎布和张（Kanbur and Zhang, 2003）、林内特等（Lin et al., 2004）等研究从几种地区间（包括城乡和沿海—内地）的不平等指数中均发现，自 1985 年来中国地区间收入差距呈持续扩大态势。

巴罗等人曾经建立了一个允许资本流动的开放经济增长模型，并证明其具有良好的收敛性（Barro, Mankiw and Sala-i-Martin, 1992）。但是，他们没有考虑到在资本所有者不随资本流动的情况下，资本报酬回流对地区间人均收入差距的影响。实际上，蒙代尔（Mundell, 1957）已经证明，由于流出的资本会返回所得到的资本报酬，资本自由流动导致的地区间人均收入差距与商品自由流动时完全一样。姚枝仲、周素芳（2003）从理论上论证了劳动力流动缩小地区差距的决定性作用。该文的经验分析表明，劳动力流动对缩小中国地区差距确实发挥了一定的作用，但由于中国劳动力流动受到较大限制，通过劳动力流动来缩小地区差距还有很大潜力。本书认为，改革开放最初的十年我国的人口主要在省内流动，跨省流动规模较小，靠使用1990年的人口普查资料得出的结论很难具有说服力，中国真正的跨省人口流动规模在20世纪90年代有了根本性的转变，表现为规模大、由流动变为不流动（流动人口沉淀）等特征。

第四节
中国总失业率研究综述

2000年以前，讨论失业的文献非常少。涂萍（1989）较早地探讨了我国隐蔽性失业问题。国外推算1992年中国失业率只有2.3%（余芳东，统计研究，1994）。翁恺宁（2000）构建了中国城乡差别和产业差别并存的失业模型。庞明川、解威（2000）研究了中国经济转轨时期的菲利普斯曲线。刘晔（1999）、曾湘泉（2000）对中国自然失业率进行了估计。国内核心期刊有关失业率的文献数量及其增长如图2-3所示。

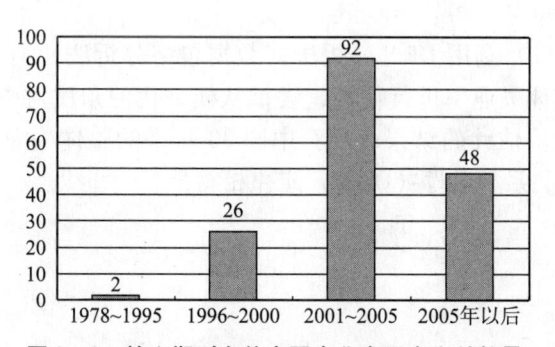

图2-3 核心期刊有关中国失业率研究文献数量

哈里斯和托达罗等人（Harris, J. R. and Todaro, M. P. et al., 1970）认为在二元经济条件下，如果正规部门需求扩张使正规部门工资上升，可能会通过吸引更多的劳动力进入城市或正规部门，而不会使城镇失业率下降。不少文献认为奥肯定律在中国是不适用、偏离或以特殊形式存在的。张车伟（2005）、蔡昉和王美艳（2004），孙敬水和陈娜（2007）等人的研究都说明奥肯定律并不适用于中国经济。蔡昉（2007）进一步讨论了奥肯定律在中国失灵的问题。王忠（2006）的研究认为，中国经济增长与就业之间的关系是与发达国家相似的，经济增长创造了大量的就业岗位。但是,由于人口转变、城镇化和下岗失业,城镇劳动力市场每年新增大量劳动力,使得就业与失业之间的关系与发达国家有较大的差异,这是中国经济快速增长而失业率同时上升的根本原因。

邹薇(2003)认为奥肯定律在中国基本适用,只是由于失业统计数据的不足,中国经济对奥肯定律有所偏离。林秀梅、王磊(2007)选取我国改革开放以来(1978~2004年)的年度 GDP 增长率与城镇登记失业率数据,使用 HP 滤波方法将我国的 GDP 增长率和失业率数据分解为趋势部分和波动部分,并应用门限估计法对变量的波动部分进行回归。结果发现,在以往的研究中被人们认为严重背离奥肯定律的我国经济增长和失业率之间的互逆关系,在我国存在非线性的表现形式,产出的变动可以引起失业率的非对称性的变动。具体来看,当经济处于衰退期(产出缺口为负)时,经济增长和失业之间存在互逆的关系;当经济处于扩张期(产出缺口为正)时,经济增长对失业有正向的拉动效应,且当期失业率受到前两期失业率的影响。曾湘泉、于泳(2007)在基于可变参数的假设下,构建了包含自然失业率变动过程和菲利普斯曲线关系的状态空间模型,应用开曼(Kalman)滤波方法,估算出了1992~2004年随时间变动的自然失业率曲线。他们的实证结果显示,1992年以来,中国具有不断升高的自然失业率,并在2002年达到最大值;其后,自然失业率一直在4.18%~5.16%的范围内波动,且保持相对稳定。

周晓津(2011)利用 DEA 分析法(数据包络分析法)对1978~2007年这30年间的中国整体失业率进行估计,尝试从模型化的角度对中国的整体失业率进行描述和估计。估计的结果表明:中国30年来的整体失业率为6%~10%,且失业与增长的关系与奥肯(Okun)定律相吻合。

第三章

劳动力流动规模

在综述中已经详述了有关人口流动规模研究的文献，本章主要对中国各时期人口流动规模做一汇总，并在保持数据一致性、谨慎性、可靠性和可信性的原则下，对部分缺失数据进行恢复。

第一节　中国流动人口规模

一、中国劳动力转移的三个高峰

1984~1988年是中国农村劳动力转移的第一个高峰，具体特征和表现为省内转移，跨省转移的规模较小；省内转移年规模高达1000万，农村劳动力主要流向日益增长的乡镇企业。1989年跨省转移规模超过1000万。1992~1997年是中国农村劳动力转移的第二高峰，主要表现为跨省转移规模快速增长，平均每年新增规模超过500万。第二阶段的特点是经营困难的原乡镇企业劳动力的再转移，即由乡镇企业就业大规模转向沿海三资企业。此阶段由于城市国有企业改革所分流出来的职工大量流向劳动力市场，造成中国整体就业的沉重压力，就业高峰冲击表现为长达十年的民工潮。2001~2005年是中国农村劳动力转移的第三个高峰，其转移的特征和表现为跨省转移的规模迅速增长。期间仅广东省新增吸收的外省劳动力就超过2000万，占全国新增跨省总量的1/3。

二、刘易斯理论在中国的适用性

国内对于转型期中国人口流动理论的选择是以刘伟、平新乔（1989）的研究为分水岭。刘伟认为刘易斯模型的三个基本假定在我国现阶段都是不完全成立的。而本书认为刘易斯模型实际在中国是成立的。首先，从概率统计角度看，中国农村劳动力是均质性的，受气候降水等自然条件影响的农业产出的波动，长期来看同样没有影响农业的产出水平。其次，关于制度工资不变的假定。刘伟等所说的价格是名义而非实际价格。我国自改革开放至今，平均每年新增发货币增长率高达20%，而平均经济增长速度不到10%。因此即使名义工资价格提高了，实际工资却可能下降。事实上，农民工10多年名义工资都没有变化，这正好与刘易斯模型描述的情形完全一致。城乡工资差距必然随着市场化改革趋于一致，制度工资不变的假定对刘易斯模型来说并不重要。20世纪90年代的城市国有企业改革的结果是大量的国有资产流失（私有化），除国有垄断企业外，国有企业的职工工资水平不比乡镇企业或进城农民高是正常的，因为农民并不流向国营企业。最后，关于城市工业利润具有较高的边际储蓄倾向，进而保证城市工业扩张，以源源不断地吸纳农村劳动力的假定。刘伟等认为这一假定在我国是不明显的。中国城乡日益增加的储蓄余额给城市工业扩张提供了充裕的资本来源。

必须注意的是：托达罗、哈里斯以及斯塔克的新劳动力转移经济理论（投资组合理论、契约安排理论）对劳动力转移的研究视角与刘易斯—费景汉—拉尼斯模型是完全不同的。因而不能用两者的结论来否定任何其他模型。以托达罗—哈里斯为代表的理论实际是研究劳动力转移的微观机制，即为什么会发生劳动力转移的问题，此类理论（模型）是以经济行为个体为分析的基本单位，强调个体利益最大化对转移决策及随之而发生的转移行为的决定性作用。而以刘易斯—费景汉—拉尼斯为代表的劳动力转移理论主要研究劳动力是如何发生转移的，即劳动力转移的宏观进程。就中国劳动力转移的宏观进程看，整个转移进程完全符合刘易斯模型；如果将刘易斯模型看成描述一国宏观经济数据的时间序列，那么托达罗模型就是表现为这一时间序列上的波动，或者说是冲击。简单地以某地或者某一段时间的实证研究，根本不能肯定或者否定这两种模型是否符合中国劳动力转移的实际情况。

三、刘易斯理论与中国的经验证据

按照庾德昌（1989）所提供数据的增长趋势，中国农村劳动力非农化年均增长速度约为5%~7%。这意味着到1988年年底，中国农村劳动力非农就业已经至少占到47%~50%。以60%的劳动力参与率计算，4.8亿农村劳动力中，非农就业占到2.25亿~2.4亿。皆川勇（1991）所说的5亿城市人口，实际上是根据国家统计局较早前按照城市管辖范围来计算的总人口，其中包括很多虽然称做"城市人口"却是实际的农村人口。如果将非农化劳动力计算在内,这一数据恰好能够反映中国城市化的真实水平。这与张庆五(1991)所估计的1989年年末实际有2亿多农业人口转移到非农业领域结论完全一致。

中国农村劳动力在20世纪90年代初实际只有2.5亿左右的农业劳动力的结论是相当有意义的。首先,中国官方一直以来难以启齿的包括农村在内的整体失业率和一些学者高估的失业率将画上句号,自改革开放以来中国城镇非农就业的吸纳能力相当强劲,农村剩余劳动力远小于人们所估计。其次,诺贝尔经济学奖获得者刘易斯的二元经济理论关于零失业的假设在我国得到很好的事实支持,因为转型期的中国总失业率实际上是很低的。最后,一直以来的城市流动人口高犯罪率假象得以揭示,意味着大多数城市的外来人口远少于实际外来人口,城市流动人口高犯罪率的结论是不成立的。

相当多的经验数据表明,与表2-2那些估算数据相比,中国各省区的剩余劳动力大部分已经流动到全国各地,并非真正的"剩余"。以广东为例,廖世同(中国人口科学,1989)研究了广东省流动人口趋势,指出1989年广东省约有500万流动人口,其中300万来自省外的广大农村,并且有100万已签订劳务合同,领了暂住证。据本书估算,1989年广东省经济发达地区吸纳的外来人口为1340万(来自外省的为383万),其中农业户口占总流动人口71.5%。这些都表明早在20世纪80年代末,广东省就已经成为中国吸引外省农村劳动力最多的省份,且本省需要转移的农村剩余劳动力基本上已经转移完毕。

四、中国流动人口与剩余劳动力转移规模

在张庆五(公安部,1986,1991)、王茂修(1987)、辜胜阻(1989)、吴怀连(1989)、李慧京等(1990)、孙尚拱(国家统计局人口司,人口研究,1990)等研究的基础上,根据庾德昌主编的《全国百村劳动力情况调查资料集:1978~1986》(中国统计出版社,1989年9月)中的资料和趋势,本书计算的农村劳动力转移总数(TPOP,含乡内转移)和总流动人口规模(FPOP,单位:万人)如图3-1所示。这些数据得到了学者和官方统计机构几乎一致的认可。

1991年后中国的流动人口和剩余劳动力转移规模,相关文献有较多的争论。其主要原因,一是人口(农村与城镇)的往复流动和剩余劳动力(城乡剩余)再转移;二是不同学术领域和国家不同部门的调查结果差异较大。本书所估计的1990~2007年中国总流动人口和城乡剩余劳动力转移总数的基础数据主要来源于:(1)国家统计局和地方统计局的统计年鉴和统计公报;(2)部委提供的资料,如公安部流动人口统计资料、国务院人口普查办公室、国家统计局人口统计

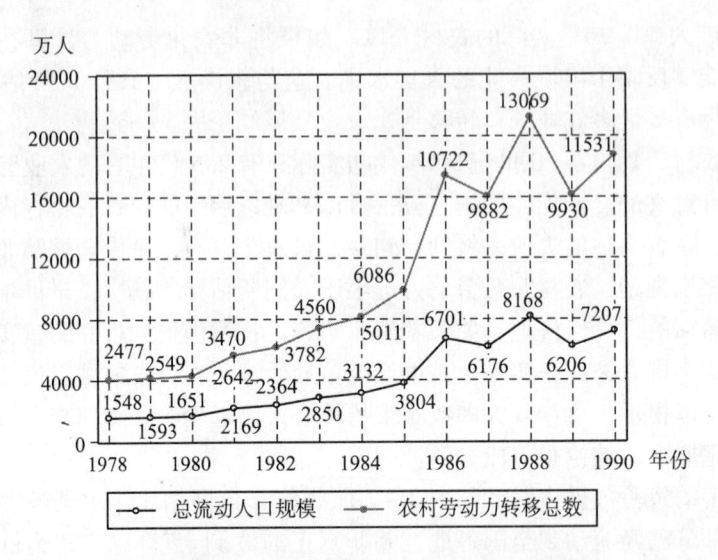

图3-1 中国剩余劳动力转移总数和总流动人口规模：1978~1990年

司和国家计划生育委员会进行的"38万人口抽样调查"（1992）资料；（3）权威研究机构或公开发表的研究文献：李潘（1994）、魏津生（中国人口信息研究中心，1996）、中国社会科学院招标课题组（蔡昉，1996）、何菁等（1994）、潘盛洲（1994）、石述思（1995）、晓京（1995）、中国社会科学院和国务院政策研究室（1994）、Chan（1995）、袁风雷（1995）、陈宗胜（1995）、王莉（1996）；（4）劳动和社会保障部培训就业司、国家统计局农村社会经济调查总队提供的联合研究开发农村劳动力就业和流动状况的数据（1997~2000年报告）。1997年后的研究基本沿用官方统计提供的流动人口数据。根据这些资料和趋势，本书估计的1991~2007年农村剩余劳动力转移总数（APOP含乡内转移）和全国跨乡镇的流动人口规模（FPOP单位：万人）如图3-2所示。

2010年出版的《中国流动人口发展报告2010》指出，2009年中国流动人口数量达到2.11亿人。根据第二章第一节的研究，我们认为，这一数据仅指跨省流动劳动力的数量。根据大量的调查，流动劳动力占流动人口的比重约为八成，意味着中国跨省流动人口总量有2.68亿。《中国流动人口发展报告2010》中预测，到2050年中国流动人口人数将达到3.5亿。由于此数据被舆论广泛用于证明"人口红利"的持续时间，复旦大学教授彭希哲指出，此预测既不科学，也无意义[①]。事实上，如果考虑到省内的劳动力流动，中国2009年的流动人口人数

---

① 中国流动人口数量预测不科学（http://www.sina.com.cn）新民晚报（2010年06月28日）。

第三章 劳动力流动规模

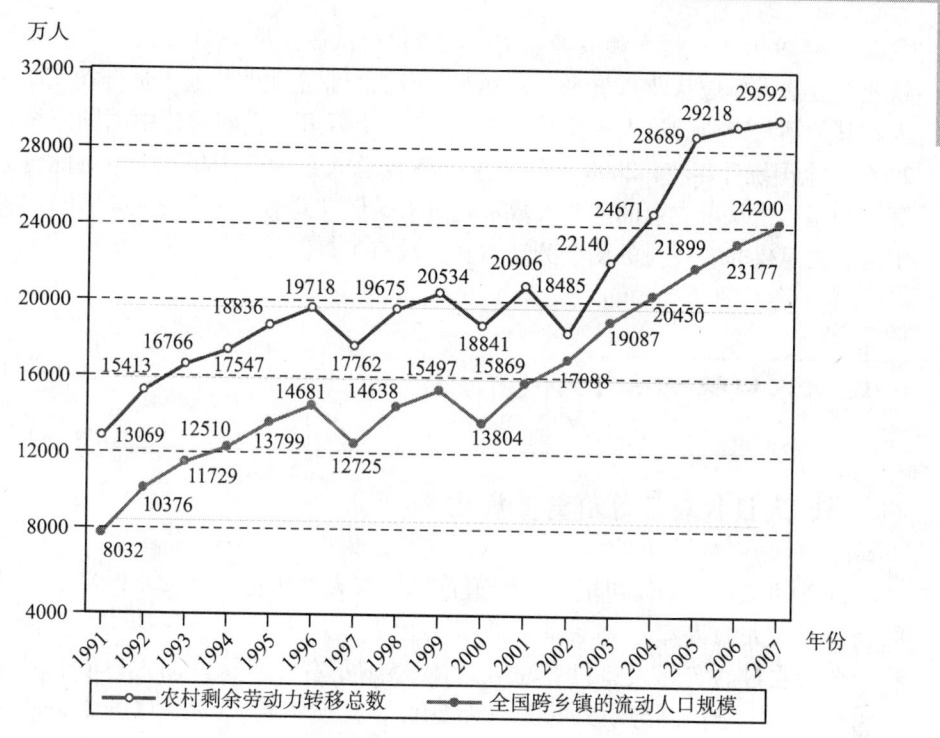

图 3-2 中国剩余劳动力转移总数和总流动人口规模：1991~2007 年

已经超过 3.5 亿，长期以来认为中国农村还有过亿的剩余劳动力已经不复存在，2011 年重庆、河南等省市的农民工截留大战和日益枯竭的农村劳动力供给表明刘易斯拐点在中国已经到来。中国农民工工资自 1993 年以来维持十年 300 元月薪到 2010 年年末已经涨到 2000 元左右；樊纲① （2011） 认为，按照发展理论和发达国家的经验，起码农民劳动力到 10% 左右，农民工和农民的收入基本平衡的基点才到，而我们 2010 年的农村实地调查也证实农民工和农民的收入平衡基点已成为现实。

在本书即将出版之际，我们查阅了中国国家统计局第二次全国经济普查（2008 年）主要数据公报。我们的估计是相当准确和可靠的。根据全国第二次经济普查公报，2008 年年末，全国非农业就业总人数为 62513 万人。其中，第二、第三产业单位和有证照的个体经营户从业人员数为 35507.0 万人；工业企业法人单位从业人员 11738.3 万人；建筑业法人企业单位从业人员 3901.1 万人；交通运输、仓储和邮政业企业法人单位从业人员 1020.2 万人，行政事业法人单位从

---

① 新华日报 （2011-03-29）：核心是让农民工市民化。

业人员 44.9 万人；批发和零售业企业法人单位从业人员 1891.2 万人；住宿和餐饮业企业法人单位从业人员 585.2 万人；房地产业企业的从业人员合计 552.2 万人；其他第三产业的法人单位从业人员 7272.9 万人。查阅对比中国国家统计局 2009 年全国统计年鉴，2008 年年末全国就业总人数为 77480 万人。由此可以推算，中国国内从事农业的就业人数不超过 1.5 亿（只有 14967 万人）。可以肯定，中国农村可供非农就业的剩余劳动力确实没有了。

第二节
区域人口规模估计

一、人口规模估算的重要意义

自 20 世纪 80 年代初至今，中国正经历着人类历史上在和平时期前所未有的、规模最大的人口迁移活动，并成为世界上最大的人口迁移流。从总人口看，今天农村的实际人口只有总人口的 35% 左右，而从劳动人口看，从事农业的劳动力占全国总劳动力的大约为 20%，甚至不到 15%（张五常，2007）。劳动力流动已成为中国经济增长中不可忽视的因素和潜在的动力（蔡昉，2000）。都阳（2005）认为中国 2006 年劳动力供给达到顶峰，蔡昉（2006）预测，即使是比较保守的估计，到 2009 年我国也将会出现劳动力供不应求的情况。自 2004 年开始的"民工荒"也表明中国大规模的农村流动人口即将结束。中国南方以汉族为主的省份或地区几乎所有的劳动力人口都已经流出农村，平时剩下的人口不到原农村人口的 25%。

中国人口统计与管理基本上是以户籍制度为出发点的。我国关于区域人口总数的统计范围、方法和手段并没有随着市场化变革而改变，加上流动人口统计的复杂性及其居住的不确定性，使得自改革开放以来的包含流动人口在内的省区人口规模基本上是一个空白。虽然我国曾有几次全国范围内的人口普查，但缺陷主要有两点：一是关于省区流动人口数据的真实性和可信度；二是缺乏完整的历史数据，只有少数普查的年份有相关数据，更多的年份数据是空白的。从事经济研究的学者更多的依赖官方提供的人口数据，这对于日益以计量为分析工具的区域经济学研究来说无疑是致命的缺陷：由于区域准确人口数据的缺失，区域研究的计量分析结果很难反映客观现实。

二、区域人口估算方法：综述与简评

（一）国内外区域人口估算方法综述

应用遥感技术能及时反映一个地区最新人口规模和分布状况，特别是一些难以进行统计和普查工作地区的人口状态。国内外学者对应用遥感技术估算人口的方法很感兴趣，从20世纪70年代开始，就尝试应用各种遥感手段估算区域人口。目前已发展了应用航空影像以及热红外扫描、雷达和卫星影像进行人口估算的模型，初步实现了遥感研究人口的定量化及其推广应用。

国内关于遥感技术在人口估算方面的应用较晚。李世顺（1988）、张宝光（1988，2002）、汪慧慧（1990）、邹尚辉（1991）、吴健平（1993）、徐建刚等（1994）、沈颖、尹占娥（1992）等人的研究着重介绍遥感技术在估算区域人口规模时的应用。通常可以从四个角度估算城市人口：（1）测定居住面积的方法，该方法适用于估算城市（镇）聚落的人口规模，特别适合用小比例尺航空影像和陆地卫星影像。在建立和使用人口估算模型时，必须注意数据的时间性和区域性，以免在应用模型时产生大的偏差。（2）统计居住单元法，此方法适用于应用大比例尺航空影像估算农村地区的人口规模。（3）土地利用面积推算法。（4）像元辐射特征相关法。像元辐射特征相关法主要应用陆地卫星的四个波段的不同光谱数据，区分各种土地利用类型来反映人口状况。

基于遥感技术的城镇人口估算在20世纪90年代后期一度沉寂，21世纪初此方法重放光芒。金君等（2001）、杨思全和刘华（2006）、尹京苑等（2007）介绍了城市人口遥感估算方法并以不同城市进行验证。吕安民（2004，2005）在常用的城市人口遥感估算方法上对土地利用密度法作了改进。刘妙龙、李乔、罗敏（2000）以国内外文献资料为基础，追溯了国外地理计算学的发展，讨论了地理计算的内涵和构成，分析了作为地理计算基础的高性能计算的基本特征及其在区域人口研究中的应用。

李文博、陈永杰（中国人口科学，2001）利用国民经济中从业人员的就业比重推算总人口中城市化人口的比重，对中国1999年的人口城市化水平进行了估算，并在不同方法估算结果的基础上进行了国际比较，认为中国的实际人口城市化水平仅仅略微偏低正常值10%左右，但是中国的城市化产业内部结构与世界同类国家相比，存在显著偏差。

（二）区域人口估算方法简评

由前面综述可以看出，首先，我国在区域人口估算方法上很少有创新，往往将人口与社会经济孤立起来。由此不难看出我国除地区户籍人口数据以外，地区常住人口数据缺失的原因。其次，我国遥感技术的主要应用领域是军事和气象，其民用化和市场化应用远远落后于发达国家，除了测绘和气象等专业领域的人员使用外，其他如人口、经济等领域的研究人员很难有机会接触到卫星数据。最后，即使应用了遥感卫星资料，往往依旧过多地依赖于已有的地区户籍人口普查资料。

单一方法的人口估算数据的失真是显而易见的。如尹京苑等（2007）利用TM影像估计北京地区的人口时，结果显示北京中心区最大人口密度竟然只有16661人/km^2，其他地区最大人口密度只有8231人/km^2。他们对居住区的面积进行统计发现，最大的居住区是位于北京城区和近郊区的居住区，定义为市级居住区，总面积为652km^2；面积大于5km^{2}的居住区位于各县城区域，定义为县镇居住区，总面积为219km^2；面积小于5km^{2}的居住区位于农村居民点上，定义为农村居住区，总面积为1009km^2。

事实上，这只是北京户籍人口的密度分布。除农村居住区外，市级和县镇居住区人口的实际密度不会小于中心城区的最大人口密度，原因是外来人口的高密度居住。中国自20世纪80年代以来的城市人口的密度的分布规律并没有像户籍人口那样随着离中心城区距离的增加而递减。以北京为例，市级居住区平均人口密度2万人/km^2；县镇居住区平均人口密度1万人/km^2，二者合计超过1500万人，加上乡村250万，即北京早在2006年总人口已经超过1750万。为迎接北京奥运会，政府采取严格的人口控制措施，我们可以利用北京移动用户总数估算出北京2002~2010年的总人口。我们发现，自2006年至奥运会结束，大概有200多万外来人口离开北京；2009年北京总人口迅速增长，至2010年年末，北京常住人口达到1962万，总人口已经超过2000万人。自2000年至今，北京年均人口增加40万~50万人，2006~2007年为负增长，2009年迅速恢复原有人口规模。

三、人口估算：原则、步骤

（一）人口估算的基本原则

要从复杂的、瞬息万变的世界中找出规律，去揭示区域真实人口的本来面貌，必须以辩证的认识论为指导，以经济学、人口学和社会学领域内的经典理论和最新理论为基础，以当代的最新科技成果、数学、计算机为工具，并与其他学科的具体实践相结合，去研究符合调查研究结论的人口估算方法。估算方法和结果需要估计人员的知识、经验、洞察力和远见卓识。人口估算的最基本的理论就是估算数据应当符合概率统计规律，由此可以由样本估算总体。在进行估算的过程中应当灵活地运用如下几个基本原则。

1. 估计参数的弱弹性原则。

如果知道某个与人口活动有关的总量，那么只要调查一下人均供给或者消费量，就可以估算出区域人口总量。由于人类本身生理条件的限制，每个人对某些必需品的消费是有最大限量的，样本人口平均消费从概率统计上讲在某一特定时期完全与总体人口消费保持一致或者相等。如同一地区的人们日常生活中消耗掉的水、电、蔬菜、水果、肉类、粮食等在人均测量时基本上是相等的。如果估计参数弹性较大，估算出来的人口规模误差就会变大从而失去估算的意义。

2. 估计范围的区域性原则。

不同区域的人口由于历史条件、文化差异、生活习惯、经济发展水平、国家区域政策等不同，因此要特别注意在某一区域可用的估算方法和参数值，应用到另一区域时一定要多方面考虑估算方法和相应参数值是否受到影响。例如，如果已知广州地区1985年人均生活用水量，并且我们已知武汉地区1985年生活用水总量，那么是否可以直接估算武汉地区1985年的人口总量呢？当然不行。因为广州属于热带而武汉属于温带，广州的人均生活用水量远在武汉之上。

3. 估计的时效性原则。

即使是弱弹性的人口估计参数，随着社会经济的发展或者生活习惯的改变，人均值在不同年份同样会发生较大的变化。如1980年广州市人均猪肉消费是每月2.3公斤，到1985年则下降到1.88公斤。所有的消费品对人类而言基本上都会随着高档品→必需品→劣等品这一曲线演化。如手机在刚出现的时候基本上只有高收入消费者才会拥有，而今天几乎每个城镇成年人口都有。

4. 多方验证原则。

对估计出来的数据必须经得起考验。因此绝对不能只依靠一种估算方法，而是要尽可能地利用多种估算方法并进行对比验证与分析。以保证估算结果的一致性、可靠性和可信性。

（二）人口估算的一般步骤

（1）选择估计参数，分析决定、影响估计参数的因素及其重要性。以此来判断这一估计参数下的估计结果的重要性、可信度；

（2）决定估算的时间跨度—短期、中期还是长期；

（3）选择估算模型；

（4）收集估算所需的其他数据；

（5）考虑和设定影响估算结果的其他内外因素；

（6）验证估算模型；

（7）判断并做出结论；

（8）估算结果与后期估算信息的管理与调整。

四、常用流动人口规模估算方法

常用的城市人口估算方法有如下几种：

（一）日人均生活用水量法

同一纬度的城市或地区的年人均生活用水量基本是刚性的。由于受水资源短缺的影响，城市人均生活用水长期而言呈下降趋势。据调查，2005年广东、长三角、北京、重庆等地区城镇日人均生活用水量分别为150升、120升、90升和80升。2004年浙江城镇日人均生活用水量只有119.67升，合年人均43.68吨，该省全年生活用水量214013.4万吨，由此可以合理推断2004年浙江城镇人口为4899万。同期浙江省本地户籍不用城镇自来水的农村人口还有1133万，即占该省户籍总人口4533万的25%左右。此外，浙江本地户籍流出本省的约500万，根据户籍人口总数可以推算出浙江省2004年跨省流入人口超过2000万。该方法隐含的一个基本假设是流动人口人均用水量与本地城镇人口用水量相同。

以上海为例，2008年全市居民生活用水总量为9.39亿立方米，以日人均120升的用水量估计，2008年上海总人口规模为2140万；上海市统计局《上海市统计年鉴（2009年）》显示上海年末常住人口为1888.5万，我们还可以推算2008年上海日间平均流动人口规模为250万左右。同理，以广州为例，2008年广州官方统计的用水人口为644万，人均日生活用水量高达491升，我们根据南方大城市人均日生活用水量250升（广东150升）的标准估算2008年广州城镇用水人口为1265万；2009年广州官方统计的用水人口为884万，人均日生活用水量为480升，我们估算广州城镇实际人口为1697万。两者的判别并非由于广州流动人口大幅增长造成，而是由于广州供水统计范围的差异，因此，加上农村人口，广州实际总人口规模超过1800万，这也是我们长期以来对广州总人口的一致判断。

（二）城市建成区法

改革开放以来，我国城市人口密度并没有随城市的扩展而减少。由于城中村的存在，新的建成区城市人口密度甚至更高。只要计算原中心城区的平均户籍人口密度，再乘以总建成区面积，基本上就可以得到该城市总人口。应用该方法时要注意应该以高清晰卫星地图（如谷歌地图、中国科学院遥感应用研究所城市扩展动态影像图）的建成区为依据，而不应采用统计公报或《中国城市统计年鉴》的数据，因为各地城市建成区的统计口径不一致，往往会造成很大的误差。

例如，1990~2002年深圳新城区扩张面积至少增加了7倍，而同期的天津、长春几乎没有增加。1990年深圳建成区只有罗湖、蛇口及福田、南山等一小部分，到2002年年末其扩展十分惊人，达到700km^2，增长了7倍多，且其人口密度高得惊人，平均在3万人每km^{2}以上，其中城中村人口密度在20万人以上，最高超过50万人。

国内其他城市1990~2002年建成区扩张倍数参见表3-1。以上海为例，将上海城市扩张倍数乘以1990年的上海户籍人口，我们估算2002年上海市总人口规模为1650万，与上海统计年鉴（2009年）公布的1625万常住人口数据非常接近。

表3-1　　　　　　2002年中国城市比1990年扩张倍数

城市	台北	长春	天津	哈尔滨	南京	沈阳	西安	成都	大连	青岛
新城区	0.0	0.1	0.1	0.3	0.5	0.5	0.5	1.0	1.0	1.0
城市	厦门	重庆	北京	上海	广州	珠海	宁波	杭州	温州	深圳
新城区	1.0	1.0	1.5	1.5	2.0	2.0	2.0	4.0	5.0	7.0

（三）手机用户法

自2000年起，手机逐步普及。我国各地区都将年末移动用户总数、城镇和农村居民每百户拥有手机部数纳入统计范围，因此稍加变动就可以估算地区人口。基于手机用户法估计时特别要注意：（1）先要将城镇和农村居民每百户手机拥有量换算成适龄人口人均手机拥有量，即一般可以假定该地区0~15岁以及65岁以上的人口基本不用手机，这部分人口约占总人口的65%；（2）只有当手机大量普及的时候估计才比较准确，且最好用于人口流入地区的人口估计。此法在我国2002~2006年流入人口较多的地区估计最为准确;(3)为方便起见,流动人口人均手机拥有量采用本地城镇适龄人均手机拥有量数据。表3-2是基于手机用户估计的广东省各年的人口。

表3-2　　　　　　　广东省2000~2007年人口估计　　　　　　单位:万人

年份	2000	2001	2002	2003	2004	2005	2006	2007
总人口	9969	10091	10242	10766	11388	12032	12169	12120
户籍人口	7499	7565	7649	7723	7805	7900	8049	8129
流入人口	2470	2526	2593	3043	3583	4132	4120	3991

手机用户估计法对中小城市而言更用效。以浙江义乌市为例,2008年义乌地区手机总数为144万户,义乌统计局公布的数据表明义乌城镇人均手机拥有量为0.7部,可以推算2008年义乌本地户籍人口拥有手机约49万部,外来人口拥有95万部手机,由于外来人口基本上为劳动力,人均手机拥有量约为0.8部,我们可以推算2008年义乌外来人口为118.75万。《2009年义乌市国民经济和社会发展统计公报》显示,2008年义乌市暂住人口为122.5万,我们的估计与官方公布的结果非常接近,表明这种估计方法是非常有效的。

五、人口估算实例

(一) 早期广州市农民工规模 (1980~1990年)

要弄清广州早期农民工的数量,必须对广州的非本地户籍的外来人口或流动人口进行估计。而对于广州市区1980~1989年的流动人口估计(表3-3),似乎已经早有定论,那就是1989年年初广州市流动人口研究课题组的研究成果,即由中山大学出版社于1991年4月出版发行的《广州市流动人口研究》。然而我们对这本极有价值的参考资料通过仔细考证之后有了重大发现,决定对1980~1990年广州地区的外来流动人口规模进行再估计。

表3-3　　　　　　广州地区1980~1989年流动人口规模　　　　　　单位:万人

年份	1980	1981	1982	1983	1984	1985	1986	1987	1988	1989
户籍人口	302.66	307.70	312.13	317.00	322.16	328.88	335.92	341.71	349.09	354.90
流动人口	30.60	34.60	39.10	44.21	60.01	80.00	88.01	112.00	117.00	91.42

关于广州市区流动人口规模的第一个重大发现和怀疑来源于广州市统计局1989年抽样调查的外地居民购买主要消费品比重的报表（表3-4）。显然，那里的广州外来人口购买的自行车、缝纫机、电风扇、洗衣机和电视机有相当部分是从广州贩运到广州地区以外进行销售或者自用的，而猪肉、牛羊肉、鲜蛋和鲜活水产品几乎100%会在广州消费。从猪肉的消费比例看，1989年广州市区内流动人口的合理比例应该是总人口的37.1%，根据1989年广州市区354.9万人的本地人口数据可以推断出1989年广州市区流动人口规模约为209万，其中包括来自广州地区的番禺、花都、增城和从化的28万人。由此可以估算1989年广州市区人口总规模超过560万。1989年前后的花都、从化外来人口稀少，而增城和番禺却吸引了大量的外来人口。1987年番禺、增城两县总人口135万，依比例估算两地外来人口应该在50万以上。因此可以推算出广州地区1989年外来人口应该在225万以上。

表3-4　　　　　　1989年广州市区外地居民购买主要消费品比重

品名	单位	市区零售量	外地居民购买数量	比例（%）
自行车	架	319590	302168	94.55
缝纫机	架	33500	33500	100.00
电风扇	台	628287	464319	73.90
洗衣机	台	90295	55452	61.41
电视机	台	118300	63986	54.09
猪肉	万公斤	13799	5118	37.09
牛羊肉	万公斤	1683	272	16.16
鲜蛋	万公斤	3617	794	21.95
水产品	万公斤	10498	1959	18.66

查阅广州市1989年城镇居民月平均猪肉消费量为1.88公斤，合年消费量22.56公斤。由表3-4可知，广州市区猪肉零售总量为13799万公斤，其中我们假定当年流动人口猪肉消费量与广州城镇居民相等。这一假定是相当强健的（Strong Assumption），因为流动人口中有60%以上来自农村，而农村的猪肉消费量明显低于城镇。由此我们可以合理推断1989年广州八个市区的人口总量为611万，意味着当年流动人口有256万。

从广州商委提供的数据我们同样可以推算出广州地区的流动人口规模。如表3-5所示，广州本地居民手持现金与全国人均手持现金比例最高和最低分别为

表3-5　　　利用现金比估算1980~1989年广州市区流动人口

年份 项目	1980	1981	1982	1983	1984	1985	1986	1987	1988	1989
本地居民手持现金（万元）	16545	19791	22648	22957	33291	41576	52435	84446	112048	126936
本地居民人均手持现金（元）	56	65	73	73	104	128	158	249	325	361
外地居民手持现金（万元）				6543	10328	16680	54098	55748	112868	104386
外地居民人均手持现金（元）				148	172	208	615	498	965	1142
全国人均手持现金（元）	35.07	39.61	43.2	51.43	75.9	93.32	113.33	133.07	192.21	207.98
外地本地人均现金比				2.03	1.65	1.63	3.89	2.00	2.97	3.16
本地全国人均现金比	1.60	1.64	1.69	1.42	1.37	1.37	1.39	1.87	1.69	1.74
课题组外来人口（万人）	30.60	34.60	39.10	44.21	60.01	80.00	88.01	112.00	117.00	91.42
外来人口估算结果1				59.75	66.16	86.67	228.38	149.33	231.60	192.80
外来人口估算结果2				89.63	99.31	130.31	342.39	223.89	347.29	289.16
外来人口估算结果3	46.69	64.70	49.82	74.69	82.74	108.49	285.39	186.61	289.44	240.98
外地流入货币（包括市属县，万元）	63275	88062	95025	107287	147153	255120	366198	486643	823001	656419
外地人均流入货币（元）	2068	2545	2430	2427	2452	3189	4161	4345	7034	7180

1.87（1987年）和1.37（1984年，1985年），出现这种情况的主要原因是1982~1987年中央银行的新增货币发行冲击所产生的稀释作用，特别是1983年央行新发货币比上年突增49.5%所带来的冲击甚为明显。不同地区人均手持现金能较好地反映地区收入差别与富裕程度，从统计学角度看，广州市区人均收入高出全国平均50%。在假定广州外来人口的创收能力与广州市区相等的情况下以1.87的现金比得到1983~1989年广州市区外来人口为估算结果1；而利用外地居民手持现金的总量除以广州市区本地居民人均手持现金得到1983~1989年广州市区外来人口为估算结果2；估算结果3中1983~1989年广州市区外来人口

数据取上述两种估算结果的平均数,而1980～1982年的估算结果采用外地流入货币以1983年为基点同比例估算。

1989年广州市流动人口占专线、小巴车客运量的53%。根据1984年广州市居民出行调查,居民人均出行次数为2.09次,1996年进行了一次小规模的家访调查,调查结果表明,1996年的人均出行次数为2.3次,略有增长。广州市区1989年本地居民人均日出行次数为2.3次,流动人口人均日出行次数为2.63次,则1989年广州市区流动人口规模为305万,与现金比估算的结果十分接近。若本地/外地居民人均日出行次数在0.82～0.99变动,则1989年广州市区流动人口规模区间为(265万,392万),取中间值则为329万,其中来自广州市属县的流动人口21万,即来自广州地区以外的流动人口规模为308万。1989年广州市区总人口规模为684万。

1989年广州地区的番禺和增城两市属县吸引的外来人口的能力绝不会低于8个市区的平均数,假定从化和花都两个市属县为人口净流出地区,流向广州市八区二县的数量以50万计算,由此可以推断1989年广州地区流动人口总规模为335万。从表3-6我们还可以推算出,1989年湖南省流向广东省的人口约50万,即湖南省出省人口中有50%流向广东省,这与湖南省关于流动人口研究课题组的结论完全相符。

表3-6　　　　　　　　广州市区1989年外来人口来源及构成

来源地	广东	花都	从化	增城	番禺	湖南	广西	河南	浙江	湖北
比例(%)	64.7	2.3	2.2	1.5	0.7	5.0	3.3	1.5	1.5	1.1
数量(万人)	212.86	7.40	7.11	4.34	2.14	16.38	10.92	4.87	4.77	3.65
来源地	海南	江西	江苏	福建	上海	山东	辽宁	北京	河北	安徽
比例(%)	1.1	0.9	0.8	0.8	0.7	0.7	0.7	0.6	0.4	0.4
数量(万人)	3.03	2.8	2.6	2.5	2.3	2.3	2.3	2.07	1.88	1.45	1.45
来源地	黑龙江	吉林	贵州	山西	天津	内蒙古	其他9省区		港澳台/国外	
比例(%)	0.3	0.2	0.2	0.2	0.1	0	16.3		5.8	
数量(万人)	1.05	0.69	0.66	0.63	0.43	0.15	48.93		18.98	

1989年广州市建成面积182平方公里,越秀、东山、荔湾三区的常住人口密度高达4.16万人/平方公里,非中心城区的平均人口密度不会低于上述值,主要原因是城中村的人口密度高得惊人,据调查当时广州市区每平方公里超过10万人的行政街有33个,其中荔湾区的清平街超过20万人/平方公里;笔者估计

2004年广州的石牌城中村人口密度就在50万人/平方公里以上,人均建筑面积不到7平方米。从市区建成面积看182平方公里的城区面积完全可以容纳下600多万总人口。

从人均耗水的角度看,南方大城市日人均实际耗水量为250升,统计数据显示广州日人均耗水量为408升(以91.42万流动人口口径加市区户籍人口计算),从表3-7推断广州市区1989年实际流动人口规模为325万(设水的损耗率为20%)。其中实际总人口按人均耗水量300升计算,实际流动人口为实际总人口减市区户籍总人口,估算结果4为按供水量估算结果与现金比估算结果的平均数。

表3-7　　　　基于人均耗水量的广州市区1989年人口估计　　　　单位:万人

项目＼年份	1980	1981	1982	1983	1984	1985	1986	1987	1988	1989
市区总人口	302.66	307.7	312.13	317	322.16	328.88	335.92	341.71	349.09	354.9
供水量(亿吨)	4.3	4.63	4.8	5.21	5.47	5.86	6.49	6.95	7.64	7.96
总人口(新估计)	393	423	438	476	500	535	593	635	698	727
流动人口(新估计)	90.34	115.3	125.87	159	177.84	206.12	257.08	293.29	348.91	372.1
流动人口(课题组)	30.60	34.60	39.10	44.21	60.01	80.00	88.01	112.00	117.00	91.42
外来人口(估算结果4)	68.26	89.92	98.02	118.81	131.71	159.61	277.8	258.48	339.64	325.41

廖世同(1989)研究了广东省流动人口趋势,指出1989年广东省约有500万流动人口,其中300万来自省外的广大农村,并且有100万已签订劳务合同,领了暂住证。1989年广州市GDP占全省25%左右,以此推算当年广东省发达地区吸收的外来人口为1340万,其中农业户口占总流动人口71.5%,则发达地区吸收农村户籍的流动人口为958万。这印证了课题组关于1989年广东省有农村富余劳动力800万,尚有100多万未被吸收的结论。另外,我们的估计也证明了廖世同(1989)关于早在1989年,广东省就已经吸收300多万的外省农民工的结论。这意味着早在20世纪80年代末,广东省就已经成为中国吸引外省农村劳动力最多的省份。

利用估算结果4和官方广州市区1990年100万流动人口的信息,我们推算出广州地区1980~1990年流动人口。广州农民工数量约占流动人口的七成,我们就可估计出广州相应年份的农民工规模(表3-8)。

第三章 劳动力流动规模

表3-8　　　　　　　广州地区1980~1990年流动人口规模　　　　单位：万人

年份	1980	1981	1982	1983	1984	1985	1986	1987	1988	1989	1990
流动人口（课题组）	30.6	34.6	39.1	44.2	60.0	80.0	88.0	112.0	117.0	91.4	100.0
流动人口（新估计）	70	92	101	122	135	164	286	266	350	335	345
农民工	49	64	71	85	95	115	200	186	245	235	242
户籍人口	501	510	518	526	535	544	555	565	576	585	594
总人口	571	602	619	648	670	708	841	831	926	920	939

（二）近期广州市农民工规模（1991~2011年）

1991年之后，广州农民工很难有一个比较准确和可信的数据，我们依旧可以从广东省有关流动人口的研究数据中略知端倪。我们根据广东省跨省流动人口及广州市GDP占全省比例计算出广州市跨省流动人口及农民工规模，如表3-9所示。

表3-9　　　　　广州地区1991~2010年流动人口和农民工规模

年份	广东省 外来常住（万人）	广东省 总流入（万人）	广东省 GDP（亿元）	占全省比例（%）	广州市 外来常住（万人）	广州市 总流入（万人）	广州市 农民工（万人）
1991	21	980	1893	20.42	4	200	137
1992	307	1330	2448	20.87	64	278	189
1993	541	1438	3469	21.46	116	309	208
1994	739	1802	4619	21.33	158	384	258
1995	910	2400	5933	21.22	193	509	339
1996	1062	2381	6835	21.48	228	511	338
1997	1197	1798	7775	21.58	258	388	254
1998	1319	2083	8531	22.20	293	462	301
1999	1431	2379	9251	23.12	331	550	355
2000	1534	2470	10741	23.21	356	573	367
2001	1629	2526	12039	23.60	384	596	379
2002	1717	2593	13502	23.73	407	615	388
2003	1800	3043	15845	23.72	427	722	451
2004	1878	3583	18865	23.59	443	845	524
2005	1951	4132	22557	22.85	446	944	581
2006	2021	4120	26588	22.87	462	942	575
2007	2087	3991	31777	22.47	469	897	543
2008	1953	3734	36797	22.52	440	841	505
2009	1935	3700	40746	22.36	433	827	492
2010	1883	3600	45636	23.24	437	837	494

注：广州市跨省流动人口数量根据广东省跨省流动人口数量乘以广州市GDP占全省比例，农民工占流动人口比重则由初期的70%下降到59%（线性调整）。

广州市政府对外公布的流动人口数据主要来源于广州市社会科学院城市管理研究所的研究。根据他们的研究成果,广州市 2005~2010 年的流动人口数分别为 364 万、399 万、466 万、500 万、636 万和 726 万。2009 年和 2010 年广州公布的外来人口竟然每年新增 100 万左右,这是完全没有可能的,唯一的解释是相关的流动人口研究方法、调查范围以及调研分析结果跟实际人口相比越来越接近,有了相当大的改进,而广州外来劳动力自 2005 年之后逐步减少。我们根据广东省移动用户数量在春节前后的波动数据,进行 HP 滤波和趋势增长预测处理后得到 2010 年珠三角城市劳动力短缺数量的估计(表 3-10)。结果表明,珠三角城市受外来劳动力制约非常明显。事实上,自 2004 年之后,广东跨省外来劳动力流入强度持续减弱,外省劳动力占全国比例从高峰期的 35% 下降到 2010 年的 28% 左右。

表 3-10　　　　　珠三角城市外来劳动力短缺估计 (2010 年)　　　　单位:万人

地区	节前外省返乡农民工	节前本省返乡农民工	春节后外省返而不回	春节后本省返而不回	珠三角外来人口净减少	春节后外省返回	春节后本省返回	外来劳动力估计短缺
珠三角	1028	642	135	84	219	893	558	217
广州	175	109	23	14	37	152	95	38
深圳	183	114	24	15	39	159	99	40
珠海	86	54	11	7	18	75	47	18
佛山	118	74	16	10	25	102	64	25
惠州	73	46	10	6	16	64	40	16
东莞	267	167	35	22	57	232	145	57
中山	76	48	10	6	16	66	41	16
江门	39	25	5	3	8	34	21	5
肇庆	10	6	1	1	2	9	5	2

注:估计方法为 HP 滤波和趋势预测处理。本估计结果与珠三角劳动力实际调查结果非常接近,也有人认为 2010 年珠三角短缺 300 万劳动力。

早在 2004 年,据南方都市报报道[①](2004 年 8 月 03 日),珠三角短缺劳工就高达 200 万。进入 2011 年,中国城市劳动力短缺已经从东部扩展到包括成都、重庆等广大中西部城市。据报道,广州市纳入人力资源和社会保障行政部门实名制登记就业在职的农民工 224.4 万人(广州日报[②],2011),比我们上述估计少了 270 万,但我们可以从广州市统计局最新公布的数据找到答案和依据:2010

---

① 南方都市报:珠三角今年缺工 200 万! http://news.gd.sina.com.cn/local/2004-08-03/588747.html。
② 广州日报:广州农民工实名制登记就业在职人数 224 万(2011 年 4 月 19 日)。

第三章 劳动力流动规模

年年末,广州市社会从业人员788.00万人,其中,第一产业从业人员78.52万人,下降1.6%;第二产业从业人员312.90万人,增长5.3%;第三产业从业人员396.58万人,增长9.7%。由于外来劳动力流动性较强,非农产业劳动力登记存在相当大的困难,统计数据的遗漏在所难免,实名登记的农民工主要来自第二产业和第三产业中那些有较强实力和企业。事实上,我们独立研究的结果与其他研究机构的结果已经趋于一致,所不同的是,我们的研究浅析地勾画了广州流动人口及广州农民工进出广州的轨迹。

(三) 中国跨区域流动人口规模估算

2005年1月27日,广东省省长黄华华指出,2004年末广东全省有户籍人口7900万,常住半年以上的流动人口3100多万,总人口达到1.1亿,另外还有半年以下的流动人口1100万。这是我们的估算首次得到官方验证,这给了作者非常大的信心、希望和勇气。国家统计局的毛盛勇(2009)根据国家统计局的调查指出,2008年全国有2.2亿农民工外出打工,其中跨省的约有1.2亿。作者在2005年指出中国至少有1.3亿跨省流动人口。应用我们的估计方法及结合国家统计局所公布相应的人口流动比例,我们计算的2008年末中国各省、市、区农村劳动力流动规模如表3-11所示。

表3-11　　　中国2008年跨区域流动劳动力规模与比例　　　单位:万人,%

省、市、区	流出人口占全国总流出比重	流出规模	流入人口占全国总流入比重	流入规模	净流入	总人口
北京	0.52	62	6.54	785	722	2079
天津	0.31	37	1.18	142	105	1106
河北	2.62	314	1.37	164	(150)	6524
山西	1.00	120	2.08	250	130	3378
内蒙古	1.32	158	2.44	293	135	2507
辽宁	1.14	137	1.12	134	(2)	4182
吉林	1.59	191	0.35	42	(149)	2533
黑龙江	2.82	338	0.45	54	(284)	3523
上海	0.49	59	8.88	1066	1007	2348
江苏	3.72	446	9.20	1104	658	7985
浙江	2.91	349	17.79	2135	1786	6382
安徽	8.68	1042	0.33	40	(1002)	5284
福建	1.87	224	3.10	372	148	3558
江西	8.04	965	0.22	26	(938)	3211

续表

省区	流出人口占全国总流出比重	流出规模	流入人口占全国总流入比重	流入规模	净流入	总人口
山东	2.63	316	1.93	232	(84)	8914
河南	6.93	832	0.92	110	(721)	8767
湖北	6.63	796	0.68	82	(714)	5246
湖南	9.78	1174	0.60	72	(1102)	5460
广东	1.31	157	32.79	3935	3778	11485
广西	5.51	661	0.55	66	(595)	4155
海南	0.39	47	0.27	32	(14)	775
重庆	6.52	782	0.37	44	(738)	2354
四川	13.19	1583	0.84	101	(1482)	7120
贵州	3.69	443	0.71	85	(358)	3398
云南	1.19	143	2.01	241	98	4339
陕西	2.16	259	1.04	125	(134)	3510
甘肃	1.68	202	0.22	26	(175)	2382
青海	0.37	44	0.25	30	(14)	503
宁夏	0.26	31	0.15	18	(13)	541
新疆	0.65	78	1.39	167	89	1938
西藏	0.05	6	0.22	26	20	278
合计	100.00	12000	100.00	12000	0	125761

表3-11中的数据来源：(1) 人口流入和流出比例主要依据2005年国家统计局公布的流动人口相关比例进行推算，而广东、浙江两省的流动比例根据我们的研究进行了调整；(2) 北京和上海总人口大致相等，但由于2008年奥运会在北京召开，我们估计北京大约有250万左右的人口回流其流出地；(3) 大约有7000万左右的人口所在省区无法准确估计，约占全国总人口的0.53%。

我们同时还估计，2008年中国非农就业劳动力总数为63344万人，占全国就业总数的81.75%；纯农业就业人口总数为7409万人，占全国就业总数的9.56%；半农业就业人口总数为6728万人。2008年，中国居住在农村的人口只有3.75亿，占全国总人口28.3%，其中纯乡村人口1.27亿，离土不离乡人口1.15亿，外出劳动力留守人口1.33亿。未来需要进行劳动力跨产业转移人口不到7000万，刘易斯拐点已经非常明显，农民进城对城市的压力远低于人们想像的那么大，能进城的农民基本上已经进城了，他们大部分居住在城镇120亿~180亿平方米的小产权房内，人均居住面积7平方米。房地产商所渲染的农民进城对住房的强大需求只不过是其耸人听闻的营销手段而已。

第三节

主要劳动力输出省份

中国跨省区流动是在20世纪80年代末才形成规模的。东部沿海地区的广东、浙江、江苏、上海、北京、天津和福建是人口流入的主要省市，而人口流出的主要省区有四川、安徽、湖南、河南、湖北、广西、贵州、重庆、陕西和甘肃。其他省区人口基本上属于一种自然增长或者流入与流出的规模大致相等，如山东、辽宁、山西和河北等。

一、四川省

20世纪80年代末以来，四川省跨地区流动农民以每年100万以上的人数增加，流出劳动力占四川省农村劳动力的1/5，全国流动农民的1/6（上海经济研究资料室，1995）。根据综述和部分年份的相关估计，本书整理四川省1988~2007年跨省净流出劳动力规模如表3-12所示。其中：（1）1988~1990年根据全国跨省流动总量计算；（2）1991~1995年根据文献综述进行汇总，并对部分年份缺失数据进行恢复；（3）1996~2000年根据国家统计局农调总队报告计算得出；（4）2001~2007年根据四川省统计局1%人口抽样调查和各统计年鉴中农村劳动力外出就业的比率得出。最后，本书对历年的流出劳动力规模进行了谨慎地调整。如2000年国家人口普查表明四川省有695.7万跨省流出人口，根据劳动力所占比例得到642万常年跨省流出劳动力。

表3-12　　　　　四川省流动人口研究文献

年份	重要文献、资料描述和出处
1994	↓《28个县（市）农村劳动力跨区域流动的调查研究》"农村剩余劳动力转移与劳动力市场"课题组《中国农村经济》1995年第4期　课题总主持人：王郁昭；副主持人：陈锡文；课题组成员：李俊烯、杨小波、李晓红、罗青、崔传义、赵树凯、葛延风、孙普希。执笔：崔传义 ↓ 李小平（农村经济与技术，1995）的古蔺县农村劳动力跨地区流动的调查对了解劳动力输出大省四川提供了极为重要的参考资料
1995	↓ 20世纪80年代末以来，四川省跨地区流动农民以每年100万以上的人数增加，1995年已超过1000万人（上海经济研究资料室，1995）
1996	↓ 1996年四川总人口为11430万（含重庆市），农村劳动力5253万，其中农业劳动力3903万，外出流动民工达到1000多万，其中跨省流动700万以上（刘应杰，博士学位论文） ↓ 邓文国、鲁阳俊（《四川省公安管理干部学院学报》，1996）《对通江县公安局实施流动人口延伸式管理的调查》

续表

年份	重要文献、资料描述和出处
1997	↓ 据开县公安局《开县农村剩余劳动力外出务工犯罪情况调查》(《四川警官高等专科学校学报》,1997)
2000	↓ 根据2000年中国第五次人口普查提供的资料 ↓ 2000年,四川全省流动人口就达1400万
2002	↓ 高潮时全省流动人口1100万 ↓ 四川全省外流人口当在1000万人左右。如果按农村劳动力计算,外流劳动力高达30%(王景新,杨青松,2003)
2004	↓ 2004年四川有1/3的农村劳动力向外输出,共计1490万。跨省流动占80%以上(《四川民工留守家属生存状态调查报告》,苏林森等,2006) ↓ 2004年,全省外出农民工达1421万(《四川青神、金堂两县"留守儿童"状况的调查报告》,2005)
2005	↓ 2005年年末四川省流动人口已达到1600万(《四川:5年增加500余万人 城镇人口比重持续提高》,中国人口网,2006) ↓ 2005年1%人口抽样调查资料,2005年年末,四川城镇人口已达到2700万,占全省常住人口的比重为33%,居住在乡村的常住人口为5400万 ↓ 截至2005年6月份,四川省有1537.36万农民外出务工(《中国农民工问题调查——以四川、浙江为例》,2007)
2006	↓ 知名教授周牧之:成都有可能发展成为一个3000万人口的高密度城市(《成都晚报》——眺望高密成都系列报道,2006)

二、湖南省

研究湖南跨省流动劳动力有两条主线:(1)湖南劳动力转化与人口流动课题组(1995)的研究结论与流动趋势;(2)湖南劳动力主要流向地广东,特别是1989~1991年以及2000~2007年,关于广东外来劳动力的数据。在文献评述的基础上,适当运用数理建模的劳动力拟合模型来推算湖南跨省流动劳动力规模。湖南劳动力转化与人口流动课题组(1995)的研究为弄清湖南乃至广东1994年流动人口提供了关键资料,因为湖南省流动人口主要流向广东。根据王莉(1996)的研究,1994年湖南有500万跨省流动劳动力,与上述研究结果完全一致。彭发强(1992)的研究表明1990年广东跨省外来常住一年以上的劳动力有329万,通过反向计算1994年湖南流向广东的劳动力有383万。根据前述研究主线,以及国家劳动保障部培训就业司、国家统计局农调队提供的1997~2000年《全国农村固定观察点农户调查实证分析报告》中湖南省流出劳动力占全部流出劳动力的比例;2000年人口普查和2001~2007年湖南1%人口抽样调查,本书整理的湖南省跨省流动劳动力规模见后文表3-14、表3-15。

三、安徽省

安徽省农村剩余劳动力向城镇和发达地区转移异常活跃，异地务工、经商者增多，人口流动频繁，人户分离现象普遍，已成为全国重要的流动人口输出地。1991年以前的流动人口主要在本省进行跨乡镇流动，1992年跨省流动人口突破100万。1992～1997年与2002～2006年是安徽乃至全国流动人口输出快速增长阶段。外出人口主要流向沪（24.7%）、浙（24.4%）、苏（23.6%）、粤（8.3%）、京（4.9%），占全部外流人口的86%，合计超过800万，而且安徽省流到省外的人口有越来越聚集于上述五省的趋势。调查资料显示，外省人员来皖务工经商的数量不多，人口流入规模较小，一直保持较为稳定的数量。近年来外省流入安徽省，居住半年以上的人员一般在20万～30万人之间（安徽省统计局，2006年1%人口抽样调查）。有关安徽省外出劳动力规模的文献如表3-13所示。

表3-13　　　　　　　　安徽跨省外出劳动力研究文献

年份	规模（万）	重要文献、资料描述和出处
1982	12.7	⬇ 刘应杰（2000）《中国城乡关系与中国农民工》，博士论文
1988	55	
1993	500	
1996	600	
1994	320	⬇ 安徽统计年鉴
1995	340	⬇ 安徽统计年鉴
1996	383.7	⬇ 安徽统计年鉴
2000	432.6	⬇ 根据2000年中国第五次人口普查提供的资料
2001	532	⬇ 安徽计生委全省共清查流动人口576万，其中流入外省人口532万（占92.4%），外省流入人口44万（占7.6%）
2003	720	⬇ 2003年全省外出人员达1193万，占全省户籍人口总数的18.6% ⬇ 到省外半年以上的达720万，占外出人员的60.35%。（1%人口抽样调查）
2004	819	⬇ 全省外出人员达1018万，外出时间在半年以上者为819万，务工经商人员占79%（1%人口抽样调查） ⬇ 到江苏、上海、浙江、广东及北京的，占全部外流人口的87%，达550万
2005	842	⬇ 安徽省统计局2005年人口抽样调查
2006	934	⬇ 安徽省统计局2006年人口抽样调查，跨省外出半年以上人口 ⬇ 流向苏浙沪粤京五省市占87%，外省入皖（居住1年以上）约30万

四、江西省

进入20世纪90年代，江西迅速从人口流入转变为劳动力输出大省，输出比例占全国之冠。2003年江西省跨省流出农村劳动力484.85万（江西省农调队，2003）。在江西全省，2006年农业富余劳动力总共转移677万，在本省就业的虽然只有114万，但本省就业的增长速度，却是省外就业增长速度的1.5倍。在建立农村富余劳动力信息库的过程中发现，农村的富余劳动力90%以上已转移出去，理论上还能从农村转移出来的，已不超过劳动力总量的5%（《南方周末》，2007）。廖金萍、邱安民（《社会工作》，2007）对江西省农村剩余劳动力转移问题进行再思考，给出了1%人口抽样调查后的2004～2006年江西跨省劳动力分别为502.6万、541.32万和562.9万。需要特别指出的是，如果根据劳动和社会保障部培训就业司、国家统计局农调队提供的1997～2000年《全国农村固定观察点农户调查实证分析报告》中江西省数据所计算的江西跨省流出规模会被相当地高估，其原因很可能是江西跨省流出劳动力主要在比较正规的工厂工作，而不像其他省份的流出劳动力的多元化就业。江西省统计局所提供1997年后的数据符合实际情况，而其他省区官方统计的口径是按外出半年以上进行的。

五、河南省、重庆市、湖北省

作为中国户籍人口和农业人口最多的省份，很少有文献探讨河南省庞大的跨省流动。根据不同文献进行比例推算的结果也表明河南跨省流出规模小于湖南、安徽。究其原因：（1）河南地处黄河中下游平原，降雨适中，平均年份在700～800毫米之间，农业人口承载率高；（2）交通位置重要，处于京广、陇海国家级交通枢纽交汇之处，经济和产业较为发达，乡镇企业吸纳劳动力能力高；（3）相当多农村剩余劳动力季节性流动到周边各省，每年往山西挖煤、新疆摘棉劳动力不在少数。

重庆市统计局为2000年以后的流动劳动力提供了相当准确的数据。如果各省区都能像重庆一样，则本书的研究可能就要简便得多。改革开放以来，重庆市区流动人口日均量呈上升趋势，1983年为12万，1984年22万，1985年56.7万，1990年骤增为101.6万，1994年126.6万，据测算1995年约130万（《重庆大学学报（社会科学版）》，1996）。重庆的流动人口经历了快速增长过程。2000年全市流出人口仅为396.82万，到2006年则猛增至680.61万，增长了71.5%。经济发达的长三角和珠三角依然是重庆市流出人口的"接收大户"。广东省接收重庆流动人口的比例一直保持在30%以上，到了2006年，这一比重更是超过了40%（重庆市统计局，2006）。更详细的情况参见本书作者的论文：《重庆市剩余劳动力转移与统筹城乡发展战略》[《重庆蓝皮书》（2009年卷）]。

湖北地处江汉平原，加上武汉作为大城市所产生的重大吸引力，跨省流动占总人口的比例和规模都小于湖南，早期甚至是周边邻近省份跨省流入的对象。由于湖北跨省流动文献短缺，只有武汉外来劳动力资料较为丰富，其他的资料大部分仅限于某地调查，因而数据恢复工作任务繁重。

六、贵州、陕西和甘肃

据 2005 年 1% 人口抽样调查资料，贵州省户籍人口中，离开户口登记地（以乡、镇、街道为空间标准）、外出半年以上的人口总数高达 890 万。其中流出省外的人口数为 630 万，离开本乡、镇、街道在省内流动的人口数量为 260 万。流出省外的人口在全国 30 个省、市、自治区都有分布，以东南沿海地区为主要流向，依次为粤（43.2%）、浙（28.9%）、闽（占 8.2%）、苏（4.1%）、沪（2.9%），其他 25 个省区仅占 12.7%。从年龄结构来看，以劳动年龄人口为主，15~64 岁人口数为 588 万，占 93.3%。从城乡分布来看，以农村流出的人口为主，人数达 564 万，占 89.5%。与邻近的湖南、广西、四川、重庆一样，贵州劳动力流出基本与省区总人口成固定的比例。

张联社（陕西师范大学学报，1996）预计到 2000 年陕西农村劳动力总数为 1967 万，其中 337 万（17.6%）以上将为剩余劳动力。除西安的流动劳动力研究文献较丰富外，跨省流动劳动力研究甚少。甘肃的跨省流出劳动力一直多于陕西。详细的数据参见表 3-14 和表 3-15。

表 3-14　　　　　　　主要劳动力流出地的常年性跨区域流出　　　　　　　单位：万人

年份	四川	湖南	安徽	江西	河南	湖北	广西	贵州	重庆	陕西	甘肃
1988	146	119	111	76	69	102	87	69	56	22	24
1989	140	114	106	73	66	97	83	66	54	21	23
1990	191	156	145	100	91	133	114	91	73	28	31
1991	374	305	283	195	178	260	223	178	144	55	61
1992	483	394	366	252	229	336	288	230	185	71	78
1993	546	446	414	285	259	379	325	260	210	80	88
1994	582	476	442	304	277	405	347	277	224	86	94
1995	642	525	487	336	305	446	383	305	247	95	104
1996	683	558	518	357	325	475	407	325	262	101	111
1997	592	484	449	309	281	412	353	282	227	87	96
1998	681	556	517	356	324	473	406	324	262	100	110
1999	721	589	547	377	343	501	430	343	277	106	117
2000	642	525	487	336	305	446	383	305	247	95	104

续表

年份	四川	湖南	安徽	江西	河南	湖北	广西	贵州	重庆	陕西	甘肃
2001	738	603	560	386	351	513	440	351	284	109	120
2002	795	650	603	416	378	553	474	378	305	117	129
2003	888	726	674	464	422	617	530	422	341	131	144
2004	951	777	722	497	452	661	568	453	365	140	154
2005	1019	832	773	533	484	708	608	485	391	150	165
2006	1078	881	818	564	513	750	643	513	414	159	175
2007	1126	920	854	588	535	783	672	535	432	166	182

表 3-15　　主要劳动力流出地的跨区域总流出　　单位：万人

年份	四川	湖南	安徽	江西	河南	湖北	广西	贵州	重庆	合计
1988	184	151	140	96	88	128	110	88	71	1056
1989	176	144	133	92	84	122	105	84	68	1008
1990	241	197	183	126	114	167	144	114	92	1378
1991	471	385	358	246	224	328	281	224	181	2698
1992	609	497	462	318	289	423	363	290	234	3485
1993	688	562	522	360	327	478	411	327	264	3939
1994	734	600	557	384	349	510	438	349	282	4203
1995	810	662	614	423	385	563	483	385	311	4636
1996	861	704	654	450	410	599	514	410	331	4933
1997	747	610	566	390	355	519	445	355	287	4274
1998	859	702	652	449	408	597	512	409	330	4918
1999	909	743	690	475	432	632	542	433	349	5205
2000	810	662	614	423	385	563	483	385	311	4636
2001	931	761	706	487	443	647	555	443	358	5331
2002	1003	819	761	524	477	697	598	477	385	5741
2003	1120	915	850	585	532	779	668	533	430	6412
2004	1200	980	910	627	570	834	716	571	461	6869
2005	1285	1050	975	672	611	893	766	611	494	7357
2006	1360	1111	1032	711	647	945	811	647	522	7786
2007	1420	1160	1077	742	675	987	847	675	545	8128

第四节
主要劳动力流入省份

一、广东省

廖世同（1989）指出广东省 1989 年 500 万流动人口中有 300 多万来自省外广大农村。彭发强（1992）认为 1990 年广东常住一年以上的流动人口有 329.26 万。王莉（1996）指出 1994 年广东跨省流入 700 万。"五普"之后，对于广东外来劳动力的研究基本上停留在官方数据的分析之上，很少有调查研究文献。2005 年 1 月 27 日，广东省十届人大三次会议临近尾声，就在所有的人认为此次"两会"将平淡收场之际，黄华华在广州代表团的分组讨论会上，透露了一个不同寻常的信息：广东全省有户籍人口 7900 万，常住半年以上的流动人口 3100 多万，总人口达到 1.1 亿，另外还有半年以下的流动人口 1100 万（21 世纪经济报道，中国宏观经济信息网，2005）。广东省社科院科研处处长丁力，用"愕然"一词来形容自己听到这个消息时的反应。对于广东的跨省流入劳动力的计算，1988～1994 年以文献评述为主；1994～2003 年以猪肉消费为主线，辅以人均生活用水、城市建成区扩展、粮食消费等方法验证，广东各地区猪肉消费的无差异性及以泛珠三角以汉族为主的跨省流入提高了这种方法的可靠与可信性；2004～2007 年手机迅速普到每一个劳动人口，辅以食盐、粮食和猪肉消费使本书的计算更加准确、可信。

本书对不同的计算结果进行了必要的趋势调整，如指数平滑法、加权平均等。前已述及，本书的外来常住劳动力定义比官方的外来常住人口更加严格，但两者增长趋势和数据是相当接近的。由于官方对外来劳动力的统计日趋成熟和精准，按官方口径统计的外来常住人口已经高出本书对外来常住劳动力的估计。我们可以发现，2000 年和 2004 年本书计算的外来劳动力都少于官方公布的外来常住人口（官方数据分别为 1565 万和 2450 万）。在本书后面章节的实证分析中，为谨慎起见，采用统计局而非本书的推算数据。

二、浙江省

据第五次人口普查，2000 年浙江省共有流动人口 859.87 万，其中来自外省的占 46.0%，省内本县（市、区）和省内县外分别占 33.7% 和 20.3%。浙江经济的快速发展，吸引了大量外省欠发达地区的民工，从来自外省的流动人口的户籍所在地看，主要来自安徽、江西、四川等经济发展相对落后的内地省份。据统计，2001年浙江农村劳动力外出346.36万，占农村劳动力的15.3%，扣除出省的115.10万，在本省内流动的有231.26万。根据浙江省统计局数据，到2004年6月30日，登记发证的流动人口1100多万，实际逾1200万。根据浙江省城调队2004年小样本抽样调查，外来劳动力主要来自安徽（19.3%）、江西（13.3%）、四川（12.1%），此外还有河南、湖南、湖北等省。2005年登记在册的有1291万，与常住人口的比例为1:4（夏宝龙，2006）。浙江省公安厅统计显示，至2006年12月20日，全省登记暂住人口总量已达1545.3万，其中来自省外的有1431.6万。2006年登记暂住人口比2005年增加了254.3万。2007年11月在浙江实行20多年的暂住证制度画上句号，新的"居住证"时代来临（《都市快报》，2007），1550万外来者享受同城待遇。在浙江省创业谋生的湖北老乡就有105.4万（新华网湖北频道，2007）。

根据浙江省综治委流动人口治安管理工作领导小组办公室主任、省公安厅副厅长凌秋来提供的信息，浙江省登记在册的流动人口有1670.7万，其中，来自省外的有1414.8万（中国平安网，2007年8月）。浙江外来劳动力主要分布在温州、宁波、杭州三地。2006年年末，三地外来劳动力分别为375万、331万和200万，义乌也有100万左右的流动劳动力。

浙江跨省流动有一个非常明显的特征就是双向流动的规模都很大，本书发现江苏和河北也有相同的现象。其主要原因是三省周边都有一个特大城市存在。所不同的是浙江外流劳动力以经商而非务工居多。根据劳动和社会保障部培训就业司、国家统计局农村社会经济调查总队报告（1997~2000年）和全国劳动力流动趋势，本书整理的浙江省跨省流动劳动力数据见表3-16。

三、上海市

有关上海跨省流入劳动力的文献资料十分丰富，官方公布的数据也较为准确。王清海（1982）通过对上海市外来购买力的调查中认为上海市经常有四五十万的流动人口，来上海开会、采购、参观、游览、探亲和访问。郑桂珍等（《城市规划》，1985）展开了对上海市流动人口的调查，结果表明上海市每天的流动人口超过70万。刘宪（《世界经济文汇》，1986）指出，1984年夏季上海市流动人口总量约为70万左右，1985年9月增至111万上下。1987年召开的大城市流动人口问题与对策讨论会指出，1986年上海市达到134万。毛宗维等（《中国人口科学》，1989）指出，上海1988年10月流动人口为124.6万。由上海市

第三章 劳动力流动规模

表3－16 主要劳动力流入省、市、区的流动规模

单位：万人

省区	年份	1988	1989	1990	1991	1992	1993	1994	1995	1996	1997	1998	1999	2000	2001	2002	2003	2004	2005	2006	2007
广东	外来常住				21	307	541	739	910	1062	1197	1319	1431	1534	1629	1717	1800	1878	1951	2021	2087
	总流入	388	374	510	980	1330	1438	1802	2400	2381	1798	2083	2379	2470	2526	2593	3043	3583	4132	4120	3991
	跨省流出	145	110	128	159	190	221	252	283	314	272	277	293	261	300	323	361	387	414	438	458
浙江	跨省流入	452	343	399	444	574	649	692	764	812	704	810	858	764	878	946	1056	1132	1212	1301	1359
	净流入	307	233	271	286	384	428	440	481	499	432	533	565	503	578	622	695	745	798	863	901
	跨省流出	192	66	90	176	228	258	214	236	251	217	376	398	355	381	410	458	470	503	533	556
江苏	跨省流入	489	467	639	451	582	658	702	774	823	714	714	756	673	722	777	868	892	955	1011	1055
	总流动	681	234	320	627	810	916	759	837	891	772	1090	1154	1028	1102	1187	1326	1362	1459	1544	1611
	净流入	298	401	549	274	354	400	488	538	573	496	338	357	318	341	368	410	422	452	478	499
上海	常年流入	280	96	132	258	333	376	312	344	366	317	550	582	518	556	598	668	686	735	778	812
	永久移民	53	72	91	110	129	149	168	187	206	225	245	264	283	302	321	341	360	379	398	417
北京	常年流入	444	347	475	565	729	824	684	625	665	576	777	823	733	780	919	974	785	849	861	899
	永久移民	105	119	133	147	161	175	189	203	217	231	327	346	308	328	387	410	330	357	383	420
	跨省流出	73	25	34	67	86	98	81	89	95	82	85	92	98	105	112	118	125	132	138	145
福建	跨省流入	49	47	64	125	162	183	195	215	229	198	228	241	215	247	266	297	319	280	296	309
	永久流入	20	25	30	34	39	44	48	53	58	62	67	72	76	81	86	90	95	100	104	109
	净流入	−24	22	30	58	75	85	114	126	134	116	143	150	117	142	154	179	193	148	158	164
天津	常年流入	110	86	118	140	181	204	169	155	165	143	192	204	181	208	226	246	251	268	268	274
	总流入	149	117	160	190	245	277	230	210	223	193	261	276	246	282	307	333	339	362	363	371

人口学会、城市科学学会、人口控制办公室、人口普查办公室联合发起的流动人口问题研讨会，于1989年12月26~28日在上海社会科学院内举行。会议提供的全国和大城市流动人口如表3-17所示。

张坚（《社会学研究》，1991）在八大城市流动人口问题的综合报告指出，1988年上海流动人口为140.8万。社会杂志资料室（1994）据抽样调查资料推算，1993年年末上海有流动人口331万（其中流入281万，流量50万）。龚树民、伍理（《社会科学》，1995）关于上海人口规模3000万和地域分布应以城市群为指导思想的论述在今天看来依旧合理与适用。据来自公安部的消息表明（《时代潮》，1997）上海流动人口有350万。黄志法（《上海教育科研》，1998）认为上海市实际流动人口在500万到600万之间。根据1997年第六次流动人口抽样调查的资料，表明上海市有237万外来人口。2000年11月进行的全国第五次人口普查上海登记的流动人口为387.11万。

表3-17　　　　　　1989年中国上海流动人口研究会数据　　　　　单位：万人

年份	1979	1980	1981	1982	1983	1984	1985	1986	1987	1988
全国				2000			5000		7000	
北京						50~60	87			131
上海						162	165	183		209

资料来源：城市流动人口问题探讨——上海"流动人口问题研讨会"综述．谢白羚．社会科学，1990年2月，笔者将描述整理成表的形式。

台湾知名人士许信良2002年访问上海时得到的一组数字：上海有2000万常住人口，每天要消费鲜奶和水产品各800吨、蔬菜1万吨、鲜花100万支。上海市2003年外来人口调查统计表明全市外来人口高达499万（王瑾，《上海统计》2003）。来自复旦大学暨上海市劳动和社会保障局就业与社会保障研究中心的许庆、封进（《政策研究报告》第44期，2006年12月）较为系统地研究了上海地区外来劳动力问题，他们根据2003年上海市统计局的抽样调查，指出上海外来人口总量为498.79万，外来人口平均以每年31.38%速度增长。2006年上海统计公报表明上海外来常住人口为581万。

应该明确的是，官方所公布的基本上都是外来常住人口，可以将这些人口看成是劳动力；而黄志法（1998）和许信良访问中的数据是总外来人口。两者都是较准确和可信的。从2003~2007年手机拥有率来估算，上海外来人口在800万左右。上海跨地区流动劳动力规模如表3-18所示。由于上海市统计局公布的人口数据与本书推算数据非常一致，因而在后述的分析中，本书并不使用推算数据，而直接引用上海市统计局提供的数据。

表 3-18　　　　　上海跨地区流动劳动力规模：1978~1987 年　　　　单位：万人

年份	1978	1979	1980	1981	1982	1983	1984	1985	1986	1987
常年流入	33	34	35	46	50	146	162	165	183	170
永久移民									14	33
跨省总流入	105	108	112	148	161	196	217	221	245	228

四、江苏省、北京市

　　2007 年江苏流动人口约 1600 万，主要集中于苏州（600 万）、无锡（400 万）、常州（200 万）和南京（200 万），加上其他地区约 200 万。跨省流入规模与上海市相当。由于江苏本省南北差距较大，大量苏北农村流向苏南、上海和浙江，因此其跨省流出也相当多，与浙江流出规模差不多，所不同的是，浙江流出人口以经商为主，而江苏流出人口以务工为主。

　　长期以来，北京流动人口始终受到学界与官方的普遍关注（表 3-19）。从文献资料来看，北京流动人口规模大致与上海相当，宏观经济周期波动、政策调整与政治事件对流动人口的影响也大致相同。郑桂珍等（《城市规划》，1985）调查表明 1984 年京、沪都有约 70 万的流动人口。张敬淦（《城市问题》，1986）指出 1985 年北京的流动人口接近 100 万；王树新和杜午禄（《人口与经济》，1986）指出 1985 年北京八个城区（含四个近郊区）流动人口为 66.2 万，来自外省市的 56.9 万，占 86.2%。日均进出北京人口总流量高达 88 万人次。1987 年召开的大城市流动人口问题与对策讨论会指出，北京市流动人口 1978 年为 30 万，1985 年达 90 万，1987 年上升到 115 万。1989 年的流动人口问题研讨会指出，北京流动人口分别为 50 万~60 万（1983 年）、87 万（1985 年）和 131 万（1988 年）。陈一夫（《城市问题》，1991）指出 1990 年北京流动人口 127 万，其中日均暂住人口有 97 万，日流量 30 万。张坚（《社会学研究》，1991）在八大城市流动人口问题的综合报告指出，1988 年北京流动人口为 111.9 万。1994 年 11 月到 1995 年 4 月，张晓辉、赵长保、陈良彪（《战略与管理》，1995）在全国范围内进行了一次农村劳动力跨区域流动情况的抽样调查共获得有效数据 251 万个，报告指出北京有 300 万流动人口，农民工超过 100 万。据来自公安部的消息表明（《时代潮》，1997）1997 年上海、北京流动人口分别为 350 万和 330 万。李永浮等（2006）收集了 1976~2003 年北京市流动人口数据。

据北京市统计局1%的人口抽样调查显示,2005年北京市内流动人口达357.3万,流动人口和户籍人口之比为1:3.3。但据北京市人大代表在议案中的数据,北京瞬时人口已达1740万,流动人口规模或已超过了400万（《第一财经日报》,2006）。北京市1978~1987年流入劳动力规模如表3-19所示。利用DEA方法,本书还给出了北京1978~2007年非户籍的永久移民劳动力规模。永久移民中的劳动力略少于官方公布的年末总外来人口数据。

表3-19　　　　　北京跨地区流动劳动力规模：1978~1987年　　　　　单位：万人

年份	1978	1979	1980	1981	1982	1983	1984	1985	1986	1987
常年流入	26	26	37	48	53	64	70	87	153	141
永久移民				6	20	34	48	62	76	90
跨省总流入	61	63	88	115	126	151	166	207	364	336

五、福建省、天津市

福建、浙江两省的劳动力不但跨省流动规模大,而且跨国界流动形成相当规模。本书将跨国界流出视为跨省流出。福建劳动力流入最多的地区不是省会福州,而是泉州、漳州、厦门,即厦—漳—泉三角洲地区,外来劳动力所占比例和珠三角在广东省的地位相似。福建城市流动人口研究主要集中于福州（郑桂珍,1985；林璧符,1988）、厦门（刘观海,2001；外来人口与厦门经济社会发展研究课题组,2003）。2000年全国第五次人口普查时福建省有流动人口500万,登记在册的只有167万。陈金田（《宁夏大学学报（人文社会科学版）》,2006）指出福建省的农村富余劳动力约达1700万。福建跨省流出主要流向广东（约占40%）和上海（约占20%）；跨省流入主要来源于江西、四川、安徽和重庆。1988年跨省净流入为负值,表明跨省流出大于跨省流入。

与其他特大城市一样,天津在改革初期吸引了大量的外来人口。贾秀高（1988）根据1984年有关部门协同推算,天津日流动人口为29.5万；1985年的时点调查,仅暂住型流动人口就有44万,加上当日往返的摆动型流动人口则有50.4万。1987年大城市流动人口问题与对策讨论会指出天津流动人口达到86万,只比北京少20万。张坚（1991）指出,1988年天津流动人口有110万,与北京相当。王莉（1996）指出,1994年天津流动人口超过100万。事实上,天津在20世纪90年代以上外来劳动力流入趋势基本停止,城市建成区影像从1988~2002年也没有多大变动。详细的流入规模数据参见前文（表3-16）。

第五节
劳动力流动速率与经济增长率关系

本节考察 1990～2007 年劳动力流入速率与流入省份 GDP 增长率的关系，构建了比较简单的线性模型和 VAR 模型。如果一组非平稳时间序列存在一个平稳的线性组合，即该组合不具有随机趋势，那么这组序列就是协整的，这个组合被称为协整方程，表示一种长期的均衡关系。本书是在乔恩森（S. Johansen，1991）建立的分析框架内做有关协整的假设检验。如果有 N 个内生变量，每个都是一阶单整的，则可能有 0～(N-1) 个线性独立的协整向量。若没有协整向量，典型的时间序列分析就可以应用这些数据的一阶差分序列，建立 VAR 模型。因为原序列都是一阶单整的，所以一阶差分后的变量都是平稳变量，用平稳变量建立的 VAR 模型都是稳定的系统。如果存在一个协整方程，则 VAR 模型要包含一个反映序列长期关系的误差修正项，该项出现在每一个 VAR 方程的右侧。每增加一个协整方程，就要在 VAR 的每个方程右侧增加一个相应的误差修正项。

一、增长因素分析

在索洛模型中，每个工人平均产出的长期增长率只依存于技术进步。短期增长或者来源于技术进步或者来源于资本积累。因此模型意味着，确定短期增长来源是一个实证问题。由埃伯默维茨（Abramovitz，1956）与索洛（Solow，1957）开创的增长因素分析法为处理这个问题提供了一种方式。

考虑生产函数 $Y(t) = F(K(t), A(t)L(t))$，有：

$$\dot{Y}(t) = \frac{\partial Y(t)}{\partial K(t)}\dot{K}(t) + \frac{\partial Y(t)}{\partial L(t)}\dot{L}(t) + \frac{\partial Y(t)}{\partial A(t)}\dot{A}(t) \tag{3.1}$$

给式（3.1）两边同除 $Y(t)$，且改写右边的项可以得到：

$$\frac{\dot{Y}(t)}{Y(t)} = \frac{K(t)}{Y(t)}\frac{\partial Y(t)}{\partial K(t)}\frac{\dot{K}(t)}{K(t)} + \frac{L(t)}{Y(t)}\frac{\partial Y(t)}{\partial L(t)}\frac{\dot{L}(t)}{L(t)} + \frac{A(t)}{Y(t)}\frac{\partial Y(t)}{\partial A(t)}\frac{\dot{A}(t)}{A(t)}$$

$$= \alpha_K(t)\frac{\dot{K}(t)}{K(t)} + \alpha_L(t)\frac{\dot{L}(t)}{L(t)} + R(t) \tag{3.2}$$

二、OLS 回归

考察广东省 GDP 增长率（PGDP）、劳动力流入增长率（PFL）和固定资产

劳动力流动视野下的中国区域经济增长研究

投资增长率（PINV），得到下述 OLS 回归方程：

$$PGDP = 0.1122369047 + 0.2095622577 \times PINV + 0.9689268258 \times PFL \quad (3.3)$$

$R^2 = 0.406934$

式（3.3）中并不需要约束其系数之和为 1，因为该方程并没有将本省的非农劳动力计算在内。结果表明，流入劳动力每增加一个百分点，流入省份增长率近似地增加一个百分点。而外来劳动力所得基本上只有劳动所得，而并没有参与资本所得的分配。因此劳动力对流入省份而言其福利纯增加。考察上海市劳动力增长率（因为上海市的劳动力增长主要来源于外部输入，所以用人口增长率来代替，DPOPSH）、固定资产投资增长率（DINVSH）与 GDP 增长率（DGDPSH）的关系，有：

$$\begin{aligned} DGDPSH = &\, 0.06273509501[0.017260] \\ &+ 0.4308448834 \times DINVSH[0.064288] \\ &+ 0.7956892139 \times DPOPSH[0.362536] \end{aligned} \quad (3.4)$$

$R^2 = 0.762384$

式（3.4）中方括号内为方差值。在资本贡献方面，两地区大致相等，但在劳动力方面，广东外来流入劳动力对产出的贡献要大于上海，其主要原因并非流入广东省的外来劳动力素质要高于上海，实际两地区在劳动力素质相关不大，而是因为外来流入劳动力的平均素质相对上海本地而言平均要低，而相对广东而言要高些。

进一步地，利用截面时间序列数据（合并数据库，POOL）对中国内地所有省区进行最小二乘估计，人口增长率（DPOP）、固定资产投资增长率（DINV）与 GDP 增长率（DGDP）之间的关系为：

$$\begin{aligned} DGDP = &\, 0.050509[0.003945] + 0.463233 \times DINV[0.016111] \\ &+ 0.800718 \times DPOP)[0.140771] \end{aligned} \quad (3.5)$$

$R^2 = 0.615985$

总体而言，人口的增长对经济增长具有十分重要的推动作用。

三、VAR 模型分析与检验

本书以广东（1993~2007 年）为例给出非农就业（GDNAGR）、投资（GDINV）和市区 GDP（GDUGDP）三者之间的 VAR 模型。模型的代数表达式为：

$$\begin{aligned} LOG(GDUGDP) = &\, 8.405241013 - 0.08928679281 \times LOG[GDNAGRI(-1)] \\ &- 1.522232197 \times LOG[GDNAGRI(-2)] + 1.857928025 \\ &\times LOG[GDINV(-1)] - 0.475724952 \times LOG[GDINV(-2)] \end{aligned}$$

$$+ 0.1273322704 \times LOG(GDUGDP(-1)) + 0.1109022553$$
$$\times LOG[GDUGDP(-2)] \tag{3.6}$$

$$LOG(GDNAGRI) = 2.303982065 + 0.4086737647 \times LOG[GDNAGRI(-1)]$$
$$+ 0.177454938 \times LOG[GDNAGRI(-2)] + 0.2480479956$$
$$\times LOG[GDINV(-1)] - 0.2966522221 \times LOG[GDINV(-2)]$$
$$+ 0.1183069514 \times LOG[GDUGDP(-1)] + 0.04437209775$$
$$\times LOG[GDUGDP(-2)] \tag{3.7}$$

$$LOG(GDINV) = 3.713437294 - 1.325856749 \times LOG[GDNAGRI(-1)]$$
$$+ 0.7631792857 \times LOG[GDNAGRI(-2)] + 1.800742945$$
$$\times LOG[GDINV(-1)] - 1.27896137 \times LOG[GDINV(-2)]$$
$$+ 0.1213166437 \times LOG[GDUGDP(-1)] + 0.4215039441$$
$$\times LOG[GDUGDP(-2)] \tag{3.8}$$

在模型的滞后期选择中，只有滞后2期通过了平稳性检验。平稳性检验中的单位圆曲线与全部特征根的位置图如图3-3所示。

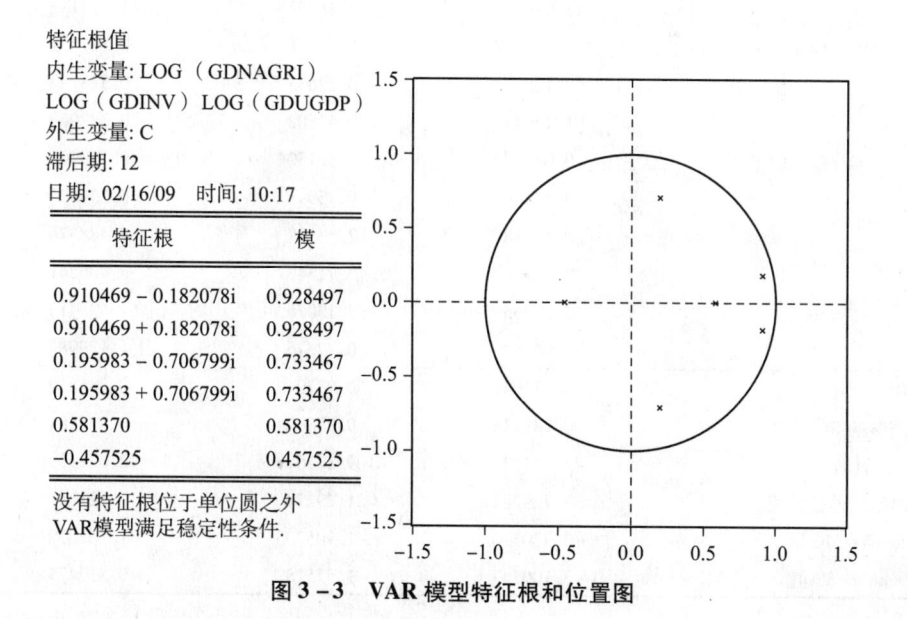

特征根值
内生变量: LOG（GDNAGRI）
LOG（GDINV）LOG（GDUGDP）
外生变量: C
滞后期: 12
日期: 02/16/09　时间: 10:17

特征根	模
0.910469 − 0.182078i	0.928497
0.910469 + 0.182078i	0.928497
0.195983 − 0.706799i	0.733467
0.195983 + 0.706799i	0.733467
0.581370	0.581370
−0.457525	0.457525

没有特征根位于单位圆之外
VAR模型满足稳定性条件。

图3-3　VAR模型特征根和位置图

模型输出结果如表3-20所示。该模型表明，上一年投资增加将使得GDP和外来劳动力都增加；经济增长具有可持续性，但如果没有其他因素的相应增长，次年将会回落；外来劳动力可能存在过度流入。从脉冲响应图可知，系统对冲击的反应是不稳定的，冲击具有长期影响。

表3-20　　广东省劳动力流入、投资与市区经济增长的VAR模型

Vector Autoregression Estimates（VAR估计）　　日期：01/15/09　时间：15:29

样本变动范围：1993　2007

（　）内数值为标准差 &［　］内数值为t统计量

	LOG（GDNAGRI）	LOG（GDINV）	LOG（GDUGDP）
LOG（GDNAGRI（-1））	0.408674	-1.325857	-0.089287
	(0.44969)	(0.96391)	(1.39745)
	[0.90878]	[-1.37550]	[-0.06389]
LOG（GDNAGRI（-2））	0.177455	0.763179	-1.522232
	(0.48124)	(1.03153)	(1.49548)
	[0.36874]	[0.73985]	[-1.01789]
LOG（GDINV（-1））	0.248048	1.800743	1.857928
	(0.12422)	(0.26626)	(0.38602)
	[1.99685]	[6.76303]	[4.81305]
LOG（GDINV（-2））	-0.296652	-1.278961	-0.475725
	(0.14266)	(0.30578)	(0.44332)
	[-2.07947]	[-4.18257]	[-1.07311]
LOG（GDUGDP（-1））	0.118307	0.121317	0.127332
	(0.10559)	(0.22633)	(0.32813)
	[1.12044]	[0.53602]	[0.38806]
LOG（GDUGDP（-2））	0.044372	0.421504	0.110902
	(0.07460)	(0.15991)	(0.23183)
	[0.59478]	[2.63589]	[0.47837]
C	2.303982	3.713437	8.405241
	(2.39365)	(5.13076)	(7.43841)
	[0.96254]	[0.72376]	[1.12998]
R^2	0.971049	0.987945	0.985819
调整的R^2	0.949336	0.978904	0.975184
F统计量	44.72132	109.2726	92.69153
对数似然估计值	32.72928	21.29279	15.72174
Akaike AIC值	-3.430570	-1.905705	-1.162898
Schwarz SC值	-3.100147	-1.575282	-0.832475

　　在后面的章节中，本书将深入地讨论考虑劳动力流动规模下的省区和区域经济增长。

第四章

劳动力流动与区域经济增长中心

本章将在对各省区经济进行比较的基础上寻找省区和区域经济增长中心，并进一步讨论劳动力流动与这种增长中心形成的关系。

关于中国经济增长统计数据的质量问题，国外已有一些研究。不少国外学术研究或经济政策研究界人士在非正式场合对中国的统计持怀疑甚至否定态度。在这些学者中，美国著名经济学家、匹兹堡大学经济系托马斯·G. 罗斯基（Thomas G. Rawski）教授最具代表性。英国《金融时报》、《经济学家》，美国《新闻周刊》、《商业周刊》、《中国经济评论》、《时代》等报刊对此进行了报道（常欣，2003）。不过一些正式研究成果大多认为中国公布的经济增长率只是在一定程度上偏高。例如，世界银行的研究报告（1997）认为，1978~1995年间中国的年均经济增长率应从官方的9.9%修正到8.2%；安格斯·麦迪森（Angus Maddison, 1998）认为同一时期的年均增长率应为7.5%。拉斯基（Rawski, 1993）则认为统计数据有高估的成分，也有某些低估或漏报的成分，综合影响还不清楚。上述研究并不否认中国经济高速增长的事实。不过，这些研究多从统计口径和统计方法的角度进行，对基础数据本身的准确性问题涉及甚少。常欣（2002）通过综合分析国内外学者的观点后认为：中国的GDP增长率是可信的。本章将接受这一观点（或假设），但对中国某些省区的GDP及其增长率数据的准确性持怀疑态度。本章后述研究将根据刚性经济数据及其理论模型对这些省区的真实GDP做出部分调整以便进行省区间的比较分析研究。

从国家统计局公布的数据来看，中国2008年第四季度经济增长了6.8%。在全球金融风暴的大环境下，中国经济增长率再次引起国内外经济学家的广泛关注和争论。不少国际经济学家认为，中国的官方经济数据掩盖了一个窘迫的事实：中国经济滑坡的速度和程度要比官方公开宣布的严重得多。英国渣打银行的经济学家斯蒂芬·格林认为，中国公布的2008年第四季度经济增长率是在和前一年同期相比的基础上得出的，而这是一种国际上过时了的统计方法。格林认为，如果按照世界大多数经济体采用的统计方法，和前一季度相比，中国第四季度的增长率折合成年率大约为1%，也可能接近零增长。据摩根大通估计，如果按照西方惯用的方法衡量，中国2008年第四季度比前一季度的环比增长折合成年率为1.5%，而2007年第四季度的环比增长为15%，按照这种统计，2008年第四季度的经济增长只相当于前一年同期的1/10。

面对西方经济学家的质疑，中国国家统计局局长马建堂在曼谷出席联合国亚太地区统计委员会第一次会议的间隙接受记者采访时说，中国2008年第四季度GDP数据公布后，国际上有两种反应，一种说法是比实际情况高了，理由是既然用电量出现了负增长，GDP如何还能增长6.8%呢？马建堂反驳说，持这种观点的人实际上对中国经济运行各种因素的内在关联不够了解。另一种说法是故意算低了，故意压低前一年数据，为2009年保证增长8%的目标做铺垫。马建堂表示，这完全是主观臆测，没有依据。美国国会图书馆亚洲贸易和金融研究员莫里森不否认中国统计体制在透明度和正规化方面取得的进步。但是他对美国之音表示，中国统计数据的可靠性问题不仅来自于统计方法的客观因素，有时也有主观的政治因素。他说："我总的感觉是，中国人总是在统计数据上出问题，其中部分原因是省级地方官员试图更乐观地上报GDP数字，为政治原因而过高估计数据，这一直是一个问题。中央政府地区试图改善这种状况，但肯定目前还不太完善。"

国内对于GDP数据是否真实、准确和可靠性问题也进行了相当热烈的讨论和争论。通过Google搜索引擎按照关键词"中国经济增长速度争论"进行检索，符合条件的查询结果就有184000项；而利用Google学术搜索的结果也有21600项（图4-1）。岳希明等（2005）出版专著《中国经济增长速度（研究与争论）》，基本上形成了国内的较为权威的结论：中国GDP及其增长速度是基本可信的。

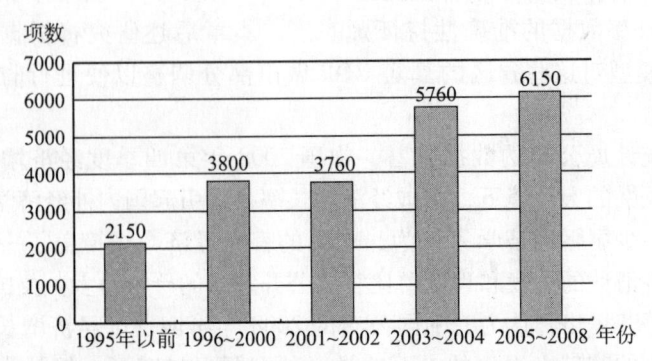

图4-1 Google学术搜索论文数量——"中国经济增长速度争论"

在本书后述的第八章中的估算表明,中国非农就业增长与 GDP 之间的关系用奥肯(Okun)定律表示大约为 1.5 个百分点,而 2008 年中国受外部金融风暴的冲击,使得总失业率大致上升了 4%,2007 年中国 GDP 增长率约为 13%,以此计算 2008 年中国第四季度的增长率也有 7%。用电量 7% 的负增长并不表明经济会同步负增长 7%,因为工业用电产业如钢铁、炼铝等受宏观冲击非常大,而居民生活用电降幅较少。因此,从全国 GDP 增长情况来看,国家统计局的数据是相当准确和可信的。

第一节 刚性经济数据

一、刚性经济数据

"刚性"一词最早来源于物理学。所谓刚性是指两个物体相碰撞不会发生变形,因此两个刚体就不会占据同一个空间,微粒、原子等就具有这样的性质。本书给出"刚性经济数据"的定义:所谓刚性经济数据,通常指可由计算机系统自动生成,人为改动存在较大的成本或者风险。

刚性经济数据的主要特点有:(1)可由计算机系统自动生成,如发电量、用电量、供水量、各种储蓄存款等;(2)存在较大的人工篡改数据的成本和风险。例如,由于数据形成的较为严格的程序性或者由计算机系统自动生成,篡改数据时需要经过多人或者多个程序,被人发现篡改的可能性极大;其次是由于篡改后可能面临较大的经济损失或者赔偿,如私自篡改金融系统的储蓄存款数据等。

计量经济学在中国经济学界受到越来越广泛的关注,其方法与工具也在实证研究中被大量应用。遗憾的是,国内实证研究更多地关注实证结果与理论的相符性,而很少质疑初始数据的真实、准确和可靠性。不少文献在研究国外经济学理论在国内是否成立或者适用时,往往依靠存在较大或者较多缺陷的数据。例如,有文献利用中国"城镇登记失业率"否定奥肯定律(Okun's Law, 1962)在中国的成立性;也有文献利用并不完整的流动人口规模数据否定托达罗(Michael P. Todaro, 1969, 1970)人口流动模型在中国的适用性。很显然,自然学科几乎没有文献可以利用如此粗糙的数据来否定某一理论。

二、区域宏观经济研究中刚性数据的判断

宏观经济指标体系是综合分析和评价宏观经济系统所需的一系列变量的集合，包括综合指标、部门和地区指标以及与外部系统相关的指标三类。根据前述刚性经济数据的主要特点，具有较高刚性的区域宏观经济数据有：（1）年底总人口（户籍）；（2）粮食、油料、棉花、水果产量；（3）化学纤维、布、卷烟、原煤、原油、钢、汽车产量；（4）地方财政收入；（5）进出口商品总值。中等程度的刚性经济数据有：（1）国内生产总值；（2）人均国内生产总值；（3）农林牧渔业总产值；（4）工业增加值；（5）社会消费品零售总额；（6）城镇居民家庭平均每人全年可支配收入；（7）农村居民家庭平均每人全年纯收入；（8）城市人均居住面积等。

第二节

真实 GDP

虽然国家统计局提供的全国 GDP 及其相关数据是相当真实、准确和可靠的，但中国省区 GDP 数据却存在统计范围、统计标准的把握和省区领导人出于政治前途的考虑等因素的影响而很容易出现"数字出官"和"官出数据"的情况。鉴于地区 GDP 数据在区域经济研究中的重要地位和作用，本书利用经济学的基本理论和其他较为刚性的数据对各省区或者重要城市的 GDP 进行重构。

一、真实 GDP 数据重构

假设两个省区 i 和 j，在某年份 t，其真实 GDP 分别为 Y_i^* 和 Y_j^*，首先只考虑消费与储蓄，有：

$$Y_{t,i}^* = C_{t,i}^* + S_{t,i}^*$$
$$Y_{t,j}^* = C_{t,j}^* + S_{t,j}^* \tag{4.1}$$

$$C_{t,i}^* = \alpha_{t,i} + \beta_{t,i} Y_{t,i}^*$$
$$C_{t,j}^* = \alpha_{t,j} + \beta_{t,j} Y_{t,j}^* \tag{4.2}$$

由于储蓄 S 是由银行统计的，各省银行储蓄的统计标准是一致的，重要的是夸大或者虚报银行储蓄的风险是相当大的，即使是虚报很少的一部分，其账面亏

空至少是几百亿元。因此银行储蓄是非常理想的刚性经济数据。由此可以反向推导出省区的真实 GDP：

$$Y_{t,i}^* = C_{t,i}^* + S_{t,i}^*$$
$$= \alpha_{t,i} + \beta_{t,i} Y_{t,i}^* + S_{t,i}^*$$
$$\Rightarrow Y_{t,i}^*(1 - \beta_{t,i}^*) = \alpha_{t,i} + S_{t,i}^* \qquad (4.3)$$
$$\Rightarrow Y_{t,i}^* = \frac{\alpha_{t,i}}{(1 - \beta_{t,i}^*)} + \frac{S_{t,i}^*}{(1 - \beta_{t,i}^*)}$$

上述 GDP 重构必须考虑到各省消费系数问题。消费函数的实证研究也是宏观经济计量研究的一个重要领域。凯恩斯（1983）是消费函数理论的奠基人，他的绝对收入假说认为：（1）现期消费是现期收入的稳定函数；（2）边际消费倾向（MPC）位于 0 和 1 之间；（3）随着收入的增加，边际消费倾向递减。凯恩斯认为边际消费倾向递减是一条先验的心理规律，人们的收入增加时，消费也会相应的增加，但消费的增量会小于收入的增量。这似乎符合中国发达省区消费支出比例要小于欠发达省区消费支出比例的情况。但是，库兹涅茨（Kuznets，1946）利用 1869～1938 年美国的国民收入与个人消费资料发现：美国的国民收入增加了大约 7 倍，但平均消费倾向却相对稳定，维持在 0.84～0.89 之间。这个结论和凯恩斯的预言不符，故被称为"库兹涅茨之谜"。

"库兹涅茨之谜"是指库兹涅茨（Simon Kuznets）等人发现了有关消费的三个基本事实。第一，边际消费倾向小于平均消费倾向。这说明在某一时点上，社会中收入越高的人，其消费占其收入的比重越小。第二，在短期内，如一个经济周期内，也会出现边际消费倾向小于平均消费倾向的现象。第三，在长期内，平均消费倾向稳定不变，基本上是一个常数，因此必定有边际消费倾向等于平均消费倾向。凯恩斯的理论能解释前两个现象，但无法解释第三个现象。

苏良军、何一峰（2006）采用泛函系数模型分析了中国城乡消费函数。泛函系数模型允许边际消费倾向和自发性消费同时随着时间的变化而发生变化，因此得到的结果具有更大的代表性和可信性。他们的研究表明，从全国范围来看，不存在消费的"库兹涅茨之谜"；但在东、中、西部的估计中，他们发现西部农村存在显著的"库兹涅茨之谜"，而在其他地区，却无法拒绝凯恩斯关于边际消费倾向随着收入的增加而递减的结论。从国家层面上看，中国 1985～2007 年的最终消费比例和居民消费比例总体上似乎呈下降趋势（图 4-2）。

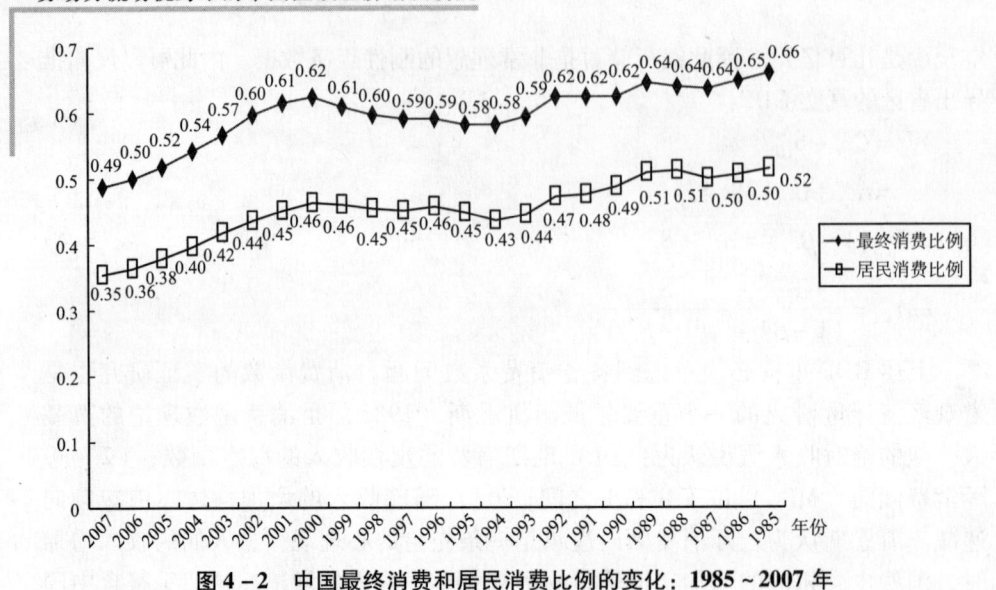

图4-2 中国最终消费和居民消费比例的变化：1985~2007年

资料来源：中宏教研支持系统，《中宏产业数据库》、《中宏数据库》，http://edu1.macrochina.com.cn。

假设发达省区消费函数的系数为 $\beta_{t,i}$，欠发达省区消费函数的系数为 $\beta_{t,j}$，若 $\beta_{t,i} < \beta_{t,j}$，且两个省区有相同的储蓄 S，则 $\frac{S^*_{t,i}}{(1-\beta^*_{t,i})} < \frac{S^*_{t,i}}{(1-\beta^*_{t,j})}$。因此，采用上述刚性数据重构模型对省区 GDP 重构时，虽然发达省区的自主性消费会大于欠发达省区，但自主性消费对重构 GDP 的影响显然会小于消费系数变动的影响。显然，重构模型假定平均消费倾向在重构期间各省一致。因为即使不一致，也只会压低发达省区经济实力。另外，根据货币数量理论（弗里德曼，1956，1959，1962），由于发达省区的货币流通速度显然大于欠发达省区，因而利用年新增储蓄重构 GDP 时也会压低发达省区的经济实力。

二、省区经济份额增长序列的趋势分解

前面的刚性重构的主要目的在于研究省区经济增长的长期趋势。在经济分析中，季节变动和不规则要素变动往往掩盖了经济发展的客观变化，因此在进行经济分析之前将经济时间序列进行季节调整，以剔除其中的不规则要素。另外，利用趋势分解方法可以把趋势和循环要素分离开来，从而研究经济的长期趋势变动和景气循环变动。可以利用移动平均、中心化移动平均、加权移动平均等方法来测定序列的短期趋势。测定长期趋势有多种方法，比较常用的有回归分析法、移动平均法、阶段平均法（Phase Average，PA 方法）、HP（Hodrick-Prescott）滤波

方法和 BP（Frequency）。

在宏观经济学中，人们非常关心序列组成成分中的长期趋势，它是由霍迪克—普里斯科特（Hodrick-Prescott，1980）在分析第二次世界大战后美国经济周期的论文中首次使用。设 $\{Y_t\}$ 是包含趋势成分和波动成分的经济时间序列，$\{Y_t^T\}$ 是其中含有的趋势成分，$\{Y_t^C\}$ 是其中含有的波动成分。则：

$$Y_t = Y_t^T + Y_t^C, \ t = 1, 2, \cdots, T \tag{4.4}$$

计算 HP 滤波就是从 $\{Y_t\}$ 中将 $\{Y_t^T\}$ 分离出来。一般地，时间序列 $\{Y_t\}$ 中的可观测部分趋势 $\{Y_t^T\}$ 常被定义为下面最小化问题的解：

$$\min \sum_{t=1}^{T} \{(Y_t - Y_t^T)^2 + \lambda [c(L) Y_t^T]^2\} \tag{4.5}$$

其中 $c(L)$ 是延迟算子多项式。

$$c(L) = (L^{-1} - 1) - (1 - L) \tag{4.6}$$

将式（4.6）代入式（4.5），则 HP 滤波的问题就是使下面损失函数最小，即：

$$\min \sum_{t=1}^{T} \{(Y_t - Y_t^T)^2 + \lambda [(Y_{t+1}^T - Y_t^T) - (Y_t^T - Y_{t-1}^T)]^2\} \tag{4.7}$$

第三节　省区经济增长变动

由于中宏数据库存在部分数据缺失，故本书对重庆市 1997 年前的数据按 1997 年两地区 GDP 和人口的比例进行调整，对西藏自治区和宁夏回族自治区 1990 年前的数据按 1991~1993 年的趋势增长进行反向调整。

一、刚性调整前的省区 GDP 增长份额

本书利用《中宏数据库》中各省、市、区的数据重新进行计算后绘制了各省、市、区 GDP 份额及其增长趋势见表 4－1、表 4－2。从中可以看出，1985~2007 年，只有广东、浙江、江苏、福建、山东、北京、河北等省、市、区的 GDP 在全国的占有份额实现了稳定增长，其中广东所占全国份额增长最快，而上海、天津、河南、内蒙古等省、市、区 GDP 份额增长虽然为正，但几乎接近于零；辽宁、黑龙江、安徽、湖北、湖南、四川、吉林、贵州、山西、江西、云南、陕西、甘肃等省、市、区所占全国份额逐年下降，尤其是辽宁下降得最快，天津、上海、宁夏、新疆、重庆、西藏、青海、海南、广西等省、市、区占全国份额虽然保持相对稳定，但份额增长为负。

表 4-1　　中国各省、市、区 GDP 占全国百分比：1985~1996 年　　单位：%

省、市、区	1985年	1986年	1987年	1988年	1989年	1990年	1991年	1992年	1993年	1994年	1995年	1996年
北京	2.98	2.95	2.85	2.83	2.77	2.66	2.77	2.68	2.47	2.53	2.62	2.64
天津	2.04	2.01	1.92	1.79	1.72	1.65	1.58	1.55	1.53	1.62	1.62	1.66
河北	4.60	4.52	4.55	4.83	4.99	4.77	4.95	4.83	4.83	4.82	4.95	5.10
山西	2.54	2.43	2.24	2.18	2.28	2.28	2.16	2.15	2.01	1.82	1.87	1.91
内蒙古	1.90	1.88	1.85	1.87	1.78	1.70	1.66	1.59	1.52	1.53	1.49	1.51
辽宁	6.02	6.26	6.26	6.07	6.09	5.65	5.54	5.56	5.75	5.43	4.86	4.66
吉林	2.33	2.35	2.59	2.54	2.38	2.26	2.14	2.11	2.05	2.07	1.98	1.99
黑龙江	4.12	4.15	3.96	3.80	3.82	3.81	3.81	3.64	3.44	3.54	3.46	3.50
上海	5.42	5.08	4.75	4.47	4.22	4.02	4.13	4.21	4.32	4.39	4.34	4.36
江苏	7.56	7.71	8.03	8.33	8.02	7.54	7.40	8.06	8.57	8.95	8.96	8.86
浙江	4.96	5.17	5.26	5.28	5.12	4.78	5.00	5.15	5.46	5.93	6.18	6.18
安徽	3.84	3.96	3.85	3.77	3.74	3.50	3.07	3.02	3.06	2.91	3.15	3.09
福建	2.33	2.30	2.43	2.64	2.78	2.78	2.87	2.97	3.24	3.63	3.64	3.67
江西	2.41	2.39	2.29	2.25	2.28	2.23	2.15	2.11	2.01	2.09	2.03	2.08
山东	7.90	7.68	7.77	7.70	7.85	8.04	8.36	8.29	7.95	8.48	8.61	8.68
河南	5.24	5.20	5.31	5.16	5.16	4.97	4.83	4.83	4.75	4.89	5.19	5.36
湖北	4.60	4.57	4.51	4.32	4.35	4.39	4.22	4.11	4.07	3.75	3.67	3.69
湖南	4.06	4.11	4.09	4.03	3.89	3.96	3.85	3.77	3.65	3.64	3.71	3.75
广东	6.70	6.91	7.38	7.96	8.38	7.83	8.22	8.66	9.22	10.19	10.31	10.09
广西	2.10	2.13	2.10	2.16	2.33	2.39	2.40	2.44	2.55	2.64	2.60	2.51
海南	0.50	0.50	0.50	0.53	0.55	0.55	0.56	0.69	0.74	0.73	0.63	0.58
重庆	1.85	1.79	1.75	1.72	1.71	1.73	1.75	1.68	1.64	1.67	1.77	1.75
四川	4.89	4.74	4.62	4.55	4.52	4.58	4.64	4.45	4.35	4.41	4.25	4.24
贵州	1.44	1.44	1.44	1.46	1.43	1.38	1.37	1.28	1.19	1.16	1.11	1.07
云南	1.91	1.89	2.00	2.08	2.20	2.40	2.39	2.34	2.23	2.17	2.12	2.24
西藏	0.21	0.18	0.15	0.14	0.13	0.13	0.13	0.13	0.11	0.10	0.10	0.10
陕西	2.10	2.16	2.13	2.17	2.17	2.15	2.16	2.03	1.89	1.85	1.80	1.79
甘肃	1.43	1.46	1.39	1.32	1.32	1.29	1.25	1.20	1.06	1.00	0.97	1.07
青海	0.38	0.40	0.38	0.38	0.37	0.37	0.35	0.33	0.31	0.31	0.29	0.27
宁夏	0.35	0.36	0.35	0.35	0.36	0.34	0.33	0.31	0.30	0.30	0.30	0.30
新疆	1.30	1.34	1.29	1.33	1.32	1.46	1.55	1.52	1.45	1.46	1.42	1.33

资料来源：系作者根据中宏教研支持系统，《中宏产业数据库》、《中宏数据库》，http://edu1.macrochina.com.cn，各省区的数据重新进行推算得出。

表 4-2　　中国各省、市、区 GDP 占全国百分比 1997~2007 年　　单位：%

省、市、区	1997年	1998年	1999年	2000年	2001年	2002年	2003年	2004年	2005年	2006年	2007年
北京	2.72	2.88	3.04	3.21	3.42	3.59	3.61	3.62	3.48	3.41	3.39
天津	1.66	1.67	1.70	1.73	1.77	1.78	1.85	1.86	1.87	1.89	1.83
河北	5.18	5.16	5.12	5.12	5.08	4.99	4.97	5.06	5.10	5.05	4.97
山西	1.93	1.95	1.89	1.87	1.87	1.93	2.05	2.13	2.11	2.06	2.08
内蒙古	1.51	1.53	1.56	1.56	1.58	1.61	1.72	1.81	1.97	2.07	2.21
辽宁	4.69	4.70	4.73	4.74	4.64	4.53	4.31	3.98	4.05	4.00	4.00
吉林	1.92	1.91	1.90	1.98	1.95	1.95	1.91	1.86	1.83	1.85	1.92
黑龙江	3.49	3.36	3.25	3.20	3.12	3.02	2.91	2.83	2.79	2.68	2.56
上海	4.50	4.60	4.75	4.84	4.80	4.76	4.81	4.82	4.63	4.49	4.42
江苏	8.75	8.72	8.73	8.68	8.71	8.80	8.94	8.95	9.26	9.37	9.34
浙江	6.14	6.12	6.17	6.23	6.36	6.64	6.97	6.95	6.79	6.81	6.81
安徽	3.07	3.08	3.07	2.95	2.99	2.92	2.82	2.84	2.72	2.66	2.67
福建	3.76	3.83	3.87	3.82	3.75	3.71	3.58	3.44	3.32	3.30	3.36
江西	2.10	2.08	2.10	2.03	2.00	2.03	2.02	2.06	2.05	2.02	2.00
山东	8.56	8.50	8.49	8.46	8.47	8.52	8.67	8.96	9.36	9.56	9.42
河南	5.29	5.22	5.12	5.13	5.10	5.01	4.93	5.10	5.35	5.41	5.45
湖北	3.74	3.77	3.66	3.60	3.57	3.49	3.42	3.36	3.30	3.28	3.35
湖南	3.73	3.66	3.64	3.61	3.53	3.44	3.35	3.37	3.29	3.28	3.34
广东	10.18	10.33	10.49	10.90	11.09	11.20	11.38	11.26	11.31	11.34	11.28
广西	2.38	2.32	2.23	2.11	2.10	2.09	2.03	2.05	2.06	2.09	2.16
海南	0.54	0.54	0.54	0.53	0.51	0.52	0.50	0.48	0.45	0.46	0.44
重庆	1.78	1.74	1.69	1.63	1.63	1.65	1.63	1.61	1.55	1.51	1.50
四川	4.25	4.21	4.14	3.99	3.96	3.92	3.83	3.81	3.73	3.74	3.81
贵州	1.06	1.04	1.06	1.05	1.04	1.03	1.02	1.00	1.00	0.99	0.99
云南	2.20	2.22	2.15	2.04	1.97	1.92	1.84	1.84	1.76	1.73	1.72
西藏	0.10	0.11	0.12	0.12	0.13	0.14	0.14	0.13	0.13	0.13	0.12
陕西	1.79	1.77	1.81	1.83	1.85	1.87	1.86	1.89	1.86	1.96	1.98
甘肃	1.04	1.08	1.08	1.07	1.04	1.01	1.01	0.98	0.99	0.98	0.98
青海	0.27	0.27	0.27	0.27	0.28	0.28	0.28	0.28	0.27	0.28	0.28
宁夏	0.29	0.30	0.30	0.30	0.31	0.31	0.32	0.32	0.31	0.31	0.32
新疆	1.36	1.34	1.32	1.38	1.37	1.34	1.35	1.32	1.32	1.32	1.28

资料来源：系作者根据中宏教研支持系统，《中宏产业数据库》、《中宏数据库》，http：//edu1. macrochina. com. cn，各省区的数据重新进行推算得出。

这个结论容易引起激烈的争论，特别是上海、天津两个直辖市23年来只是接近于全国平均水平的增长，以及辽宁快速下降的GDP份额，这些明显与事实不符，这表明中国省区GDP数据并不具备良好的可比性。并不否认，大部分省区GDP的统计并没有违背国际通用的惯例，但各省区把握的程度可能有相当大的区别。这也是本章在寻找省级及以上增长中心时必须利用刚性数据对省区GDP数据进行某些必要的调整。

如果上海真的是全国的经济增长中心，国家每年新增发货币必然会成比例地流向上海，且这种比例一定会高于全国平均水平。另外，通过粗略的计算，山东省的劳动力大概为5400万左右，而广东省本省劳动力约为4800万，跨省外来劳动力至少有4000万，两省本省户籍的劳动力跨省外出大致相等，山东省跨省外来劳动力与本省跨省外出劳动力也大致相等。2008年广东省和山东省的GDP分别为35696亿元、31072亿元，由此计算两省劳均GDP分别为40564元、57541元，意味着从劳均GDP指标来看，山东省要高出广东省近30%。这只能给人以这样的判断，即山东省GDP统计方法与统计范围肯定与广东省存在巨大差异，即相比较而言，广东省GDP存在严重的低估。

而本书要比较各省增长情况，必须对这种统计标准的不一致进行有效地调整。中央银行每年新增发货币由各省每年的产品或服务的产出通过市场竞争才能得到，这给了我们简要的调整方法：即通过城乡居民新增储蓄来判断各省区争抢货币的能力和结果。

对调整前的份额增长趋势进行回归，得到各省区增长态势及其拟合精度（表4-3）。为了更直观和令人一目了然，表中每颗星表示各地区每年的GDP占全国份额增长万分之五。

表4-3　　　省级单位经济份额增长态势与拟合精度：1985~2007年

地区	1985~2007年份额增长态势	精度（R^2）	说明
北京	↑★★★★★★★★★↑	0.517553	显著增长
天津	∪∩	0.000668	增长波动性大
河北	↑★★★★↑	0.544530	增长态势明显
山西	↓∨∨∨↓	0.347420	下降态势明显
内蒙古	★∪∩	0.024305	细微增加
辽宁	↓∨∨∨∨↓	0.939169	持续下降
吉林	↓∨∨∨∨∨↓	0.763970	持续下降
黑龙江	↓∨∨∨∨∨∨∨∨∨∨∨↓	0.972140	显著持续下降
上海	∪∩	0.000533	几乎没有增加

第四章 劳动力流动与区域经济增长中心

续表

地区	1985~2007年份额增长态势	精度（R^2）	说明
江苏	↑★★★★★★★★★★★★★★★↑	0.730603	非常显著地增长
浙江	↑★★★★★★★★★★★★★★★★★↑	0.885373	强劲增长
安徽	↓∨∨∨∨∨∨∨∨∨↓	0.802350	显著持续下降
福建	↑★★★★★★★★★★↑	0.548972	显著增长
江西	↓∨∨∨↓	0.711496	下降态势明显
山东	↑★★★★★★★★★★★★★↑	0.821280	非常显著地增长
河南	★∪∩	0.061772	细微增加
湖北	↓∨∨∨∨∨∨∨∨∨∨∨↓	0.943958	显著持续下降
湖南	↓∨∨∨∨∨∨∨∨↓	0.935364	显著持续下降
广东	↑★★↑	0.915638	表现出最强劲增长态势
广西	↓∨∨↓	0.106383	细微下降
海南	↓∨↓	0.132678	细微下降
重庆	↓∨∨∨∨↓	0.303367	下降态势明显
四川	↓∨∨∨∨∨∨∨∨∨∨∨∨↓	0.416826	显著持续下降
贵州	↓∨∨∨∨∨∨↓	0.877592	下降态势非常明显
云南	↓∨∨∨∨↓	0.283244	下降态势明显
西藏	∪∩	0.196983	微弱增长波动
陕西	↓∨∨∨∨↓	0.439494	下降态势明显
甘肃	↓∨∨∨∨∨↓	0.768566	下降态势明显
青海	↓∨↓	0.758648	细微下降
宁夏	∪∩	0.393914	微弱增长波动
新疆	★∪∩	0.069348	微弱增长波动

在对各区域 GDP 进行刚性调整前，GDP 占全国百分比份额持续增长的区域包括京、翼、鲁、苏、浙、闽、粤等沿海七省市；微弱增长省区，包括沪、津、豫、蒙、宁、新、藏等七省市区；微弱下降省区，只包括青海和海南两省；持续下降的省区，包括东三省、晋、陕、甘、两湖、川渝、云贵、桂等十三省市。

由表4-3可知，刚性调整前的中国省级经济增长中心全部位于沿海，其中广东省GDP占全国比例持续增长，成为中国名符其实的经济增长中心，其次是浙江和江苏，山东、福建和北京的全国增长中心也比较明显。但我们无法看到上海作为全国经济增长中心的地位和态势，这与我们所观察到的事实严重不符。

二、省区增长份额的刚性调整

绝大多数国内文献认为中国的统计数据存在较严重的失实。刁恒昌等（1996）指出，一个在全国百强县排名榜上位置靠前的县级市，1993年上报乡镇工业产值320亿元，在统计执法检查中发现竟然有47亿元的水分。更有甚者，赵宝珍（1997）指出，某市三年抽查6个乡镇100个村办集体工业企业，虚报浮夸的占30%~50%；某乡抽查8个村39家村办集体工业企业，1995年上报工业总产值1.9亿元，经核实只有2296万元，虚报竟然高达7倍之多。1997年全国统计执法大检查共查出统计违法行为6万多件，其中虚报、瞒报、伪造、篡改统计资料的占56.7%（王金海，1998）。

一些文献指出，当前社会经济生活中弄虚作假、篡改统计数字的问题严重，统计违法具有普遍性，存在着"报喜得喜、报忧得忧"、"数字出官、官出数字"的现象（于洪彦等，1990；赵鹏，1998）。出现问题的指标大多与政绩有关，越是领导关心的统计数字就可能越不准（统计数字质量研究课题组，1995；赵宝珍，1997）。乡及乡以下统计违法现象特别严重，产值以虚报为主，人口与劳动工资以瞒报为主（乐大华，1998）。乡镇工业总产值多以现价代替不变价，且存在严重浮夸（杨本全，1989；刁恒昌等，1996）。

统计部门也认为在统计数据质量方面存在某些问题。例如，一些地方原始统计数据质量差，有些地方相当一部分基层单位的原始记录、统计台账不健全，统计数据缺乏可靠的依据（刘洪，1998）。根据上述文献，可以基本确信我国经济增长统计数据存在着失真。不少学者进一步研究了统计数据特别是GDP失真的程度，并对实际的经济增长做出估计和判断，如孟连、王小鲁（2000）采用几种不同的方法分别对中国经济增长率及其误差进行了估计。本节主要利用城乡居民储蓄余额及其增长率对各省GDP进行重构，如2004年中国各省区GDP经由前述刚性重构后占全国份额如图4-3所示。

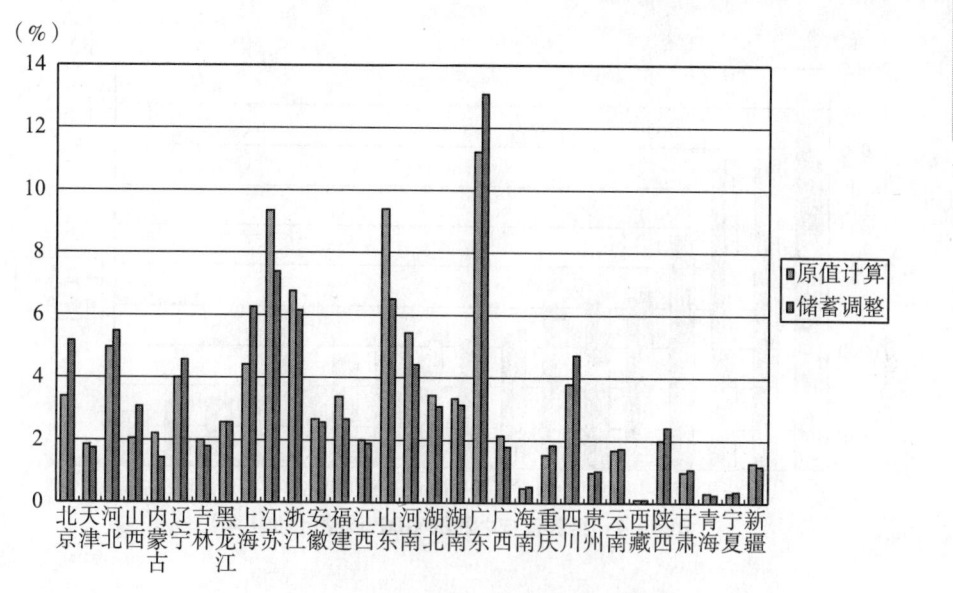

图4-3 GDP刚性重构后各地份额（2004年）

与原值计算的份额相比，拥有大城市的省级单位GDP有较大增加，如北京、河北、辽宁、上海、四川和陕西；而江苏、浙江、山东、湖北和湖南刚性调整后的GDP比地方统计值要小。事实上，国家统计局通过2004年全国的经济普查，并根据普查结果对各省级单位的GDP进行了调整，其中有12个省级单位的GDP"缩水"，并引发各省经济总量排名地震。例如，北京之所以能是此次排名上升最快的省（市、区），最主要的原因就是经济普查让北京找回了大量的服务业产值。如图4-4所示的数据显示。在北京市增加的1777亿元经济总量中，有1544亿元来自第三产业，占全部增量的比重高达86.9%。几乎所有全国大型城市的省份的GDP都存在低估的现象，而大城市是服务业提供的主要地区，而这部分增加值很难经由统计进入GDP核算中。

三、调整前后的省区GDP增长份额变动

以上海市为例（图4-5），可以看出，经过刚性调整后的GDP份额更加能够反映出上海市在全国增长地位的情况。图中分别是上海市GDP占全国百分比的实际变动趋势、经HP滤波后的增长趋势和波动成分。调整前的上海市GDP占全国百分比长期来看是逐步下降的，而调整后占全国的比例长期却是上升的，而且更能反映1997年东南亚金融危机对上海的冲击。

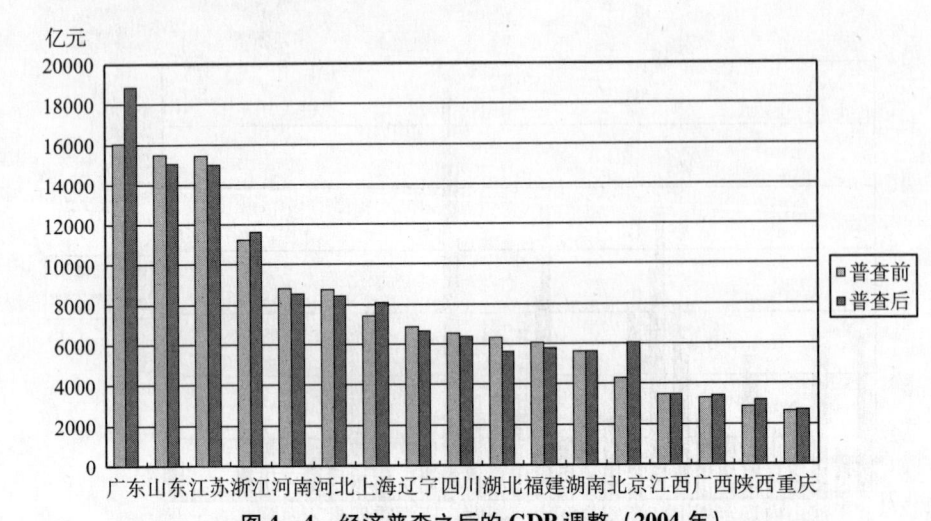

图4-4 经济普查之后的GDP调整（2004年）

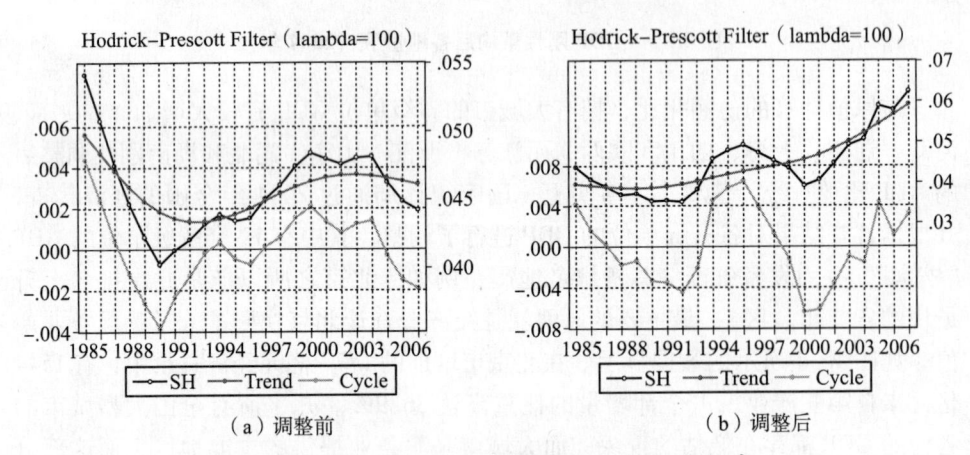

图4-5 上海GDP占全国份额变化：1985~2007年

（a）调整前　　　　　　　　　　　（b）调整后

注：SH表示进行HP滤波前上海GDP占全国份额；Trend表示上海GDP占全国份额的变动趋势；Cycle表示上海GDP占全国份额的周期波动。

第四节

省级区域增长中心

经过2004年全国经济普查后的调整，中国各省区GDP统计比以前有了相当大的改进，各省区GDP的"水分"也逐年缩小。依据前述刚性调整模型，本书得到调整后的各省区GDP份额及其增长趋势（见表4-4，表4-5）。

表 4-4　　中国各省、市、区 GDP 占全国百分比：1985~1996 年　　单位：%

地区	1985年	1986年	1987年	1988年	1989年	1990年	1991年	1992年	1993年	1994年	1995年	1996年
广东	9.68	9.85	10.07	10.55	10.52	10.56	11.15	12.44	12.42	11.93	11.86	11.88
江苏	6.21	6.27	6.29	6.06	6.39	6.61	6.69	6.53	6.39	6.35	6.59	6.81
山东	8.14	7.88	7.88	8.54	8.26	8.08	7.82	7.53	7.41	7.51	7.54	7.43
浙江	4.23	4.40	4.20	3.77	4.14	4.30	4.36	4.38	4.40	4.65	4.72	4.86
河北	6.43	6.55	6.73	6.85	7.01	7.08	6.94	6.61	6.50	6.37	6.21	6.04
北京	3.23	3.08	3.02	2.92	3.12	3.18	3.23	3.31	3.73	4.00	4.30	4.50
上海	4.38	4.08	3.91	3.69	3.72	3.54	3.56	3.52	3.83	4.58	4.79	4.93
辽宁	6.31	6.33	6.43	6.71	6.64	6.63	6.60	6.45	6.21	6.02	6.03	6.04
河南	5.26	5.16	5.46	5.48	5.32	5.28	5.25	5.07	5.08	5.10	5.00	4.89
四川	3.74	3.74	3.83	3.79	3.86	3.83	3.81	3.75	3.57	3.43	3.51	3.45
湖北	3.71	3.67	3.81	3.85	3.59	3.43	3.34	3.18	3.13	3.22	3.27	3.33
黑龙江	4.38	4.22	4.14	4.40	4.50	4.33	4.21	4.06	3.86	3.71	3.74	3.74
湖南	3.13	3.30	3.24	2.87	2.99	3.11	3.16	3.16	3.14	3.51	3.02	3.11
山西	3.31	3.17	3.07	3.25	3.31	3.25	3.16	3.10	3.05	2.89	2.90	2.83
福建	2.09	2.89	2.72	2.37	2.46	2.57	2.66	2.79	2.61	2.62	2.73	2.92
安徽	2.40	2.49	2.45	2.36	2.30	2.29	2.26	2.22	2.31	2.29	2.35	2.33
陕西	2.80	2.80	2.87	2.84	2.89	2.87	2.85	2.81	2.68	2.57	2.52	2.48
吉林	2.75	2.62	2.70	2.86	2.72	2.76	2.74	2.69	2.58	2.51	2.49	2.52
江西	2.18	2.16	2.10	2.12	2.05	2.00	2.02	2.03	2.13	2.15	2.11	2.05
广西	2.14	2.17	2.20	2.14	2.07	2.14	2.18	2.36	2.69	2.69	2.52	2.33
重庆	1.44	1.44	1.48	1.46	1.48	1.48	1.47	1.44	1.37	1.32	1.35	1.33
天津	1.84	1.82	1.79	1.64	1.73	1.78	1.77	1.73	1.79	1.85	1.89	1.91
云南	1.86	1.78	1.80	1.67	1.66	1.65	1.65	1.67	1.66	1.65	1.72	1.77
内蒙古	1.80	1.74	1.65	1.70	1.58	1.55	1.52	1.50	1.54	1.46	1.36	1.33
新疆	2.09	2.04	1.95	1.95	1.78	1.80	1.76	1.65	1.62	1.63	1.64	1.52
甘肃	1.57	1.58	1.54	1.48	1.43	1.41	1.39	1.37	1.35	1.29	1.30	1.27
贵州	1.04	1.00	0.99	0.92	0.86	0.86	0.87	0.87	0.94	0.85	0.85	0.82
海南	0.78	0.73	0.71	0.78	0.72	0.73	0.74	0.96	1.03	1.09	0.96	0.86
宁夏	0.50	0.50	0.48	0.47	0.46	0.46	0.44	0.43	0.41	0.40	0.40	0.38
青海	0.52	0.48	0.44	0.42	0.39	0.37	0.35	0.34	0.33	0.30	0.28	0.26
西藏	0.06	0.06	0.06	0.06	0.06	0.06	0.05	0.05	0.05	0.05	0.07	0.07

资料来源：系作者根据中宏教研支持系统，《中宏产业数据库》、《中宏数据库》，http://edu1.macrochina.com.cn，各省区的数据重新进行推算得出。

表4-5　中国各省、市、区GDP占全国百分比：1997~2007年　　　单位：%

地区	1997年	1998年	1999年	2000年	2001年	2002年	2003年	2004年	2005年	2006年	2007年
广东	12.12	12.73	13.73	13.48	13.46	13.59	13.57	14.62	14.19	13.85	13.06
江苏	6.83	7.00	6.93	6.93	7.01	7.22	7.37	7.35	7.41	7.44	7.39
山东	7.18	7.15	6.89	6.95	6.86	6.68	6.53	6.40	6.32	6.33	6.49
浙江	5.05	5.45	5.47	5.59	5.78	6.00	6.23	6.10	6.12	6.40	6.13
河北	5.97	6.14	6.18	6.15	5.92	5.53	5.27	5.15	5.06	5.14	5.47
北京	4.35	4.38	4.50	4.55	4.79	5.05	5.11	5.08	5.23	5.32	5.17
上海	4.73	4.54	4.36	3.92	4.07	4.48	4.93	5.07	5.89	5.79	6.24
辽宁	6.01	6.10	5.96	5.89	5.60	5.37	5.25	5.01	4.86	4.70	4.58
河南	4.94	5.08	4.93	4.95	4.93	4.83	4.75	4.65	4.54	4.50	4.43
四川	3.61	3.83	4.00	4.19	4.23	4.22	4.18	4.16	4.13	4.28	4.72
湖北	3.12	3.02	2.86	2.97	3.10	3.17	3.18	3.20	3.13	3.12	3.08
黑龙江	3.72	3.65	3.56	3.55	3.50	3.35	3.23	2.97	2.85	2.67	2.54
湖南	2.76	2.63	2.83	2.91	2.96	2.96	2.93	2.89	2.91	3.00	3.15
山西	2.72	2.75	2.71	2.72	2.68	2.65	2.68	2.77	2.92	2.96	3.10
福建	2.96	2.99	2.92	2.75	2.75	2.80	2.82	2.75	2.73	2.74	2.67
安徽	2.28	2.25	2.18	2.25	2.31	2.36	2.39	2.46	2.46	2.49	2.58
陕西	2.40	2.38	2.30	2.37	2.40	2.43	2.43	2.44	2.47	2.48	2.43
吉林	2.36	2.32	2.39	2.35	2.27	2.16	2.09	1.99	1.96	1.90	1.81
江西	2.04	2.05	1.95	1.93	1.94	1.96	1.95	1.95	1.93	1.92	1.91
广西	2.23	2.20	2.11	2.14	2.09	1.99	1.90	1.86	1.79	1.80	1.81
重庆	1.28	1.39	1.52	1.69	1.79	1.82	1.83	1.82	1.78	1.80	1.83
天津	1.90	1.95	1.90	1.82	1.74	1.71	1.76	1.75	1.72	1.72	1.75
云南	1.77	1.75	1.73	1.77	1.76	1.73	1.70	1.70	1.70	1.74	1.73
内蒙古	1.33	1.35	1.34	1.36	1.34	1.31	1.31	1.33	1.38	1.39	1.44
新疆	1.49	1.45	1.38	1.41	1.35	1.31	1.32	1.27	1.27	1.24	1.17
甘肃	1.26	1.27	1.24	1.27	1.25	1.20	1.17	1.15	1.11	1.11	1.09
贵州	0.80	0.81	0.81	0.84	0.87	0.87	0.88	0.91	0.95	0.98	1.02
海南	0.80	0.74	0.67	0.63	0.58	0.56	0.53	0.51	0.50	0.50	0.50
宁夏	0.37	0.37	0.35	0.36	0.35	0.35	0.36	0.35	0.35	0.36	0.36
青海	0.25	0.25	0.24	0.25	0.26	0.26	0.25	0.25	0.25	0.25	0.25
西藏	0.07	0.06	0.06	0.06	0.07	0.08	0.09	0.09	0.09	0.09	0.09

资料来源：系作者根据中宏教研支持系统，《中宏产业数据库》、《中宏数据库》，http://edu1.macrochina.com.cn，各省区的数据重新进行推算得出。

一、省、市、区 GDP 增长中心

经过刚性调整之后，依据各省级单位 GDP 占全国 GDP 的比重，我们可以找出 1985~2007 年推动中国经济增长的七个省级增长核心和四个区域增长核心。

（一）珠三角增长核心：广东省

广东省的增长周期十分明显：1985~1995 年和 1996~2004 年，这两个增长周期与国家增长周期吻合，2004 年之后，广东占全国份额逐年降低，这也与 2004 年之后广东吸引跨省外来劳动力逐年减少相符合。而调整前的广东省 GDP 占全国百分比看不到这种外来劳动力供给减少所导致的产出全国占比减少的情况。

（二）长三角增长核心：江苏省、浙江省和上海市

江苏 GDP 统计存在一定的"水分"，其中的原因很可能与其他省份争取排名有关。江苏增长的波动虽然也十分明显，但波动幅度比广东要小；浙江省的全国份额除 1988 年之外一直稳定增长；20 世纪 90 年代，中国大力开发浦东，上海经济占全国比重迅猛增加，但 1997 年后急剧下降。如果没有经过调整，上海 GDP 占全国的份额不是提高而是降低了，我们无法判断上海对全国经济增长的带动作用。

（三）环渤海增长核心：北京市

环渤海区域增长核心中没有天津，这有点出乎意料，但对比天津与北京的流动人口增长，这又在情理之中。北京市份额增长路径与浙江十分相似，表现出强劲的增长动力。

（四）西部增长核心：四川省和重庆市

作为中国劳动力最大和最早的输出省份之一，四川挤进省级增长核心序列令人惊讶，如果仔细考察成都平原地区的城市进展和该省低廉的生存成本和发达的服务业，就不难发现四川作为中国西部增长的发动机的原因之所在。在广东转型发展的同时，大量四川跨省流动劳动力重返四川，为四川的经济增长提供了相对充实的劳动力。

重庆市在直辖之后增长强劲，同样也得益于劳动力回流，重庆承担带动中西部增长的省级中心的能力进一步增强。在没有经过 GDP 的刚性调整前，我们可以从图 4-6 中可以看到，1997 年之后的重庆在全国经济中的地位不是上升而是

下降了，这与重庆直辖之后经济快速增长的事实不符，而经过刚性调整之后，我们可以看到重庆直辖之后在全国经济地位的上升。

刚性调整后各省区 GDP 份额增长态势和拟合精度如表 4-6 所示。

表 4-6　省级单位经济份额增长态势与拟合精度：1985~2007 年

地区	1985~2007 年份额增长态势	精度（R^2）	说明
北京	↑★★★★★★★★★↑	0.939877	显著增长
天津	∪∩	0.007639	略微下降
河北	↓∨∨∨∨∨∨∨↓	0.798220	显著持续下降
山西	↓∨∨↓	0.477139	微小下降
内蒙古	↓∨∨↓	0.692867	微小下降
辽宁	↓∨∨∨∨∨∨∨∨↓	0.832687	显著持续下降
吉林	↓∨∨∨∨↓	0.905895	持续下降
黑龙江	↓∨∨∨∨∨∨↓	0.913375	显著持续下降
上海	↑★★★★★★★★↑	0.563920	显著增长
江苏	↑★★★★★★↑	0.906445	较大增长
浙江	↑★★★★★★★★★★↑	0.918588	显著增长
安徽	★∪∩	0.060664	微弱增加
福建	↑★↑	0.221845	微弱增加
江西	↓∨↓	0.708431	微弱下降
山东	↓∨∨∨∨∨∨∨↓	0.914851	显著持续下降
河南	↓∨∨∨∨↓	0.864554	持续下降
湖北	↓∨∨∨↓	0.608148	持续下降
湖南	↓∨↓	0.173631	细微下降
广东	↑★★★★★★★★★★★★★★★★★★★★↑	0.870543	强劲增长
广西	↓∨∨∨↓	0.279893	细微下降
海南	↓∨↓	0.378591	细微下降
重庆	↑★★↑	0.528870	小幅增长
四川	↑★★★↑	0.473323	小幅增长
贵州	↓∨↓	0.015235	微弱下降
云南	↓∨↓	0.002442	微弱下降
西藏	∪∩	0.627897	微弱增长波动
陕西	↓∨∨↓	0.706101	微小下降
甘肃	↓∨∨↓	0.954759	微小下降
青海	↓∨↓	0.788471	细微下降
宁夏	↓∨↓	0.879168	细微下降
新疆	↓∨∨∨∨↓	0.966018	持续下降

二、中国区域经济增长中心

中国存在四个区域增长核心：长三角（沪、苏、浙）、广东（珠三角）、北京地区和川渝经济区。其中以长三角的实力最强,且其已经对周边的安徽和江西形成一定的带动作用,增长极表现明显;第二是广东地区,对周边省区的辐射作用明显;第三是北京地区,第四个增长极为川渝经济区。福建的增长更多的只具有省级意义,也许台湾回归后的海峡经济区将成为带动全国增长的一极;西藏则更多的来源于中央区域和民族政策的强劲支持。我们并没有发现山东、河北以及辽宁等人们常见的环渤海经济圈在大北京地区的增长带动作用。

我们认为,威廉姆逊(J. G. Williamson)所得到的国家发展水平与区域不平衡之间存在倒 U 形关系的结论很难成立,这些国家的区域不平衡只是一种表面现象。因为处于起飞阶段的国家,其情形很可能跟中国 30 多年来发展的情形一样,规模巨大的人口与劳动力并没有得到真实的统计反映。2007~2008 年度的《中国省域经济综合竞争力发展报告》,他们利用多指标体系找出中国的五个省级综合竞争力最强的省市:上海、北京、广东、江苏、浙江,也恰好与本章找出带动中国经济增长的五个省级中心完全一致。

第五章

劳动力流动与区域增长效应

第四章讨论了利用刚性数据对各省区 GDP 以统一的标准进行重构的方法，并对重构后的各省区 GDP 进行了相关讨论，发现中国经济增长过程中确实存在区域增长中心，毗邻核心增长省区的省经济也同样受到不同程度的影响，并且证实了区域增长份额变动与劳动力流向有比较强的正相关关系。本章专门讨论省区增长的外部性和溢出效应。

第一节
省区增长溢出效应模型

区域增长的溢出效应的提出及模型化应用是由洛佩兹—巴左等（Lopez-Bazo et al., 1998）[①] 研究欧盟国家的增长与趋同时提出的，他认为这种效应来源于相邻区域的技术进步。本节将区域外部性融入省区增长溢出模型。

一、基本模型

假设省区 i 的人均产出（y_{it}）只由技术（A_{it}）和资本（物质资本和人力资本，用 k_{it} 表示，其回报递减，即 $\alpha<1$）决定，其中 t 表示年份，有：

$$y_{it} = A_{it} k_{it}^{\alpha} \tag{5.1}$$

引入两个关键假设：第一，外部性来源于省区经济体资本的积累，而整体技术水平是资本积累的函数（参见罗默[②]，Romer, 1986；卢卡斯[③]，Lucas, 1988）。第二，技术可以跨省区溢出，即：

[①] Lopez Bazo, E., et al. (1998), "Regional Economic Dynamics and Convergence in the European Union.", Annals of Regional Science 36, 1 – 28.

[②] Increasing Returns and Long-Run Growth. Paul M. Romer. The Journal of Political Economy, Vol. 94, No. 5. (Oct., 1986), pp. 1002 – 1037.

[③] Lucas, R. E., Jr. 1988. "On the mechanics of economic development," Journal of Monetary Economics2 2: 3 – 42.

$$A_{it} = \Delta k_{it}^{\delta} k_{\rho it}^{\gamma} \tag{5.2}$$

其中，Δ 假定为常数，δ 用来测定省区外部回报的强度，ρit 表示省区 i 的相邻省区的集合，$k_{\rho it}$ 表示省区 i 相邻省区的人均资本（物质资本和人力资本），参数 γ 用来测定省区溢出效应，假定 $\gamma > 0$：当 $k_{\rho it}$ 增加 1 个百分点，省区 i 的技术将增加 γ 个百分点。

显然，若 $\delta = \gamma = 0$ 且 $\alpha < 1$，则回归到传统的索洛—斯旺（Solow-Swan）生产函数。若 $\delta < 0$ 且 $\gamma = 0$，则回归到罗默—卢卡斯（Romer-Lucas）提出的外部效应模型。将式 (5.2) 代入式 (5.1)，有：

$$\begin{aligned} y_{it} &= A_{it} k_{it}^{\alpha} \\ &= \Delta k_{it}^{\delta} k_{\rho it}^{\gamma} k_{it}^{\alpha} \\ &= \Delta k_{it}^{\alpha+\delta} k_{\rho it}^{\gamma} \\ &= \Delta k_{it}^{\tau} k_{\rho it}^{\gamma} \end{aligned} \tag{5.3}$$

当某省区可再生生产要素存量增加，再生生产要素回报为 τ，如果该省区在同期同样增加了可再生生产要素的存量，由于溢出效应的存在，省区 i 的可再生生产要素回报增加到 $\tau + \gamma$。即使省区 i 的资本要素 k_{it} 并没有增加，省区 i 的生产力也会增加 $k_{\rho it}$，其原因是由于省区 i 的相邻省区资本要素的积累所导致的技术扩散会使得省区 i 生产效率提高。k_{it} 的增长率为：

$$\frac{\dot{k}_i}{k_i} = s\Delta k_i^{-(1-\tau)} k_{\rho i}^{\gamma} - (d+n) \tag{5.4}$$

其中 s 是外生的储蓄率，$(d+n)$ 为折旧率，$\tau < 1$，意味着资本要素在省区内报酬递减，并且是相邻省区要素积累的增函数。由于溢出效应的存在，相邻省区的投资低密度将减少省区内的投资激励。达到稳态时，所有的省区有 $k_i^* = k_{\rho i}^* = k^*$，均衡时的增长率为：

$$g_k = \frac{\dot{k}_i}{k_i} = s\Delta k_i^{-(1-\tau)} k_{\rho i}^{\gamma} - (d+n) \tag{5.5}$$

长期内，g_k 为零，因此，如果 $\tau + \gamma < 1$，各省区将趋同，稳态时资本密度为：

$$k^* = \left(\frac{s\Delta}{d+n}\right)^{\frac{1}{1-(\tau+\gamma)}} \tag{5.6}$$

均衡时的人均产出 y^* 为，

$$y^* = \Delta^{\frac{1}{1-(\tau+\gamma)}} \left(\frac{s}{d+n}\right)^{\frac{\tau+\gamma}{1-(\tau+\gamma)}} \tag{5.7}$$

稳态时的人均产出取决于通用技术和省区外部性强度。较强的省区相互依赖性使得人均资本存量更高。在这个模型中，所有的省区共享一个共同的稳态，因为省区内成员的投资回报是组内平均资本的递减函数。均衡时组内成员和跨组成员生产率相等。如果某个组内成员之间的外部效应足够大，使得 $\tau+\gamma \geq 1$，在这种情况下，省区间最初的差距将继续存在甚至进一步扩大，并在长期内阻碍趋同到一个稳态水平。

二、存在溢出情形下的增长方程

在规模回报递减的假设条件下，可以推导出上述增长模型达到均衡时的动态增长路径。式（5.4）两边取对数之后，利用一阶泰勒将式（5.4）在稳态附近展开，有：

$$(\ln k_{it} - \ln k_{i0}) = (1 - e^{-\beta t})(\ln k^* - \ln k_{i0}) \tag{5.8}$$

其中 $\beta = (1-\tau)(d+n)$，即通常所说的增长趋同速度，考虑到：

$$\ln k_{it} = \frac{\ln y_{it} - \ln \Delta - \gamma \ln k_{\rho it}}{\tau}, \quad \ln k^* = \frac{\ln y^* - \ln \Delta}{\tau + \gamma} \tag{5.9}$$

可以将式（5.8）改写成劳动生产率的形式：

$$(\ln y_{it} - \ln y_{i0}) = \xi - (1 - e^{-\beta t}) \ln y_{i0} + \gamma (\ln y_{\rho it} - \ln y_{\rho i0})$$
$$+ \gamma (1 - e^{-\beta t}) \ln k_{\rho it} \tag{5.10}$$

其中，ξ 是一个用来衡量长期均衡时人均产出 y 的常数，

$$\xi = (1 - e^{-\beta t}) \left[\frac{1-\gamma}{1-(\tau-\gamma)} \ln \Delta + \frac{\tau}{1-(\tau+\gamma)} \ln s - \frac{\tau}{1-(\tau+\gamma)} \ln(d+n) \right] \tag{5.11}$$

由上面的几个表达式可以得到三个结论：（1）区域外部性的存在并不影响增长趋同的速度，因为 β 只与 τ、n 和 d 有关，而与 γ 无关；（2）增长方程中融入了两个新的变量：相邻省区的人均资本增长率及其初始水平，若省区间存在正的溢出效应（$\gamma > 0$），新变量的增加将使省区 i 的生产率增加；（3）省区间的增长扩散效应对稳态条件下的资本密度和劳动生产率有正的影响。

三、模型的进一步扩展

为了能够估计出省区增长—溢出效应的强度以及区分来自省区内部及外部要素的回报，参照曼昆等[①]（Mankiw et al.，1992）提出的将物质资本和人力资本要素融入生产函数中：

[①] Mankiw, N. G., Romer, D. and Weil, D. N. (1992), "A Contribution to the Empirics of Economic Growth", Quarterly Journal of Economics, 107, 407–437.

$$y_{it} = A_{it}k_{it}^{\theta_k}h_{it}^{\theta_h} \tag{5.12}$$

其中，y_{it}是省区i在时期t的人均产出水平，k_{it}和h_{it}是人均物质资本和人均人力资本，$\theta_l(l=k,h)$是要素的平均内部回报。A_{it}在模型中是半内生性的变量，既反映省区i相对于k和h积累时的外部性，也反映跨省区的技术相依赖，因此：

$$A_{it} = \Delta k_{it}^{\delta_k}h_{it}^{\delta_h}A_{\rho it}^{\gamma} \tag{5.13}$$

其中，Δ表示技术外生水平，$\theta_l(l=k,h)$是省区内物质资本和人力资本要素的平均回报。$A_{\rho it}$是省区i相邻省区的全要素生产率（TFP），γ是省区间相互依赖强度。利用式（5.12）重写$A_{\rho it}$如下：

$$A_{\rho it} = \frac{y_{\rho it}}{k_{\rho it}^{\theta_k}h_{\rho it}^{\theta_h}} \tag{5.14}$$

为简便起见，假定所有省区的内部和外部回报相等，以及省区间溢出效应也相等，将式（5.13）和式（5.14）代入式（5.12）并进行对数线性化（Log-linearization），得到最终的生产函数表达式：

$$\ln y_{it} = \ln\Delta + (\theta_k+\theta_k)\ln k_{it} + (\theta_h+\theta_h)\ln h_{it}$$
$$+ \gamma(\ln y_{\rho it} - \theta_k\ln k_{\rho it} - \theta_h\ln h_{\rho it}) \tag{5.15}$$

式（5.15）中的$(\theta_k+\theta_k)$和$(\theta_h+\theta_h)$是与省区内部存量相对应的物质和人力要素的全部回报，对省区加总和国家层面的数据而言，等式（5.15）同样适用。

四、区域溢出—增长方程：经验设定

通常而言，只有人均产出或者劳均产出数据容易得到，而样本经济体的资本存量数据通常难以获得，否则就可以对式（5.10）进行直接估计。然而，如果假定任何一个单独的省区都足够大，以致能够对组内的相邻省区作为一个整体时有显著影响，在省区间有着相同回报参数的情形下α和δ，有：

$$\ln k_{\rho it} = \frac{\ln y_{\rho it} - \ln\Delta}{\tau} \tag{5.16}$$

将式（5.16）代入式（5.10），

$$(\ln y_{it} - \ln y_{i0}) = \xi' - (1-e^{-\beta t})\ln y_{i0} + \frac{\gamma}{\tau}(\ln y_{\rho it} - \ln y_{\rho i0})$$
$$+ \frac{\gamma}{\tau}(1-e^{-\beta t})\ln y_{i0} \tag{5.17}$$

其中，

$$\xi' = (1 - e^{-\beta t}) \left[\begin{array}{c} \dfrac{\tau^2 - \gamma^2 + \gamma^2(\tau + \gamma)}{\tau(\tau + \gamma)[1 - (\tau - \gamma)]} \ln\Delta \\ + \dfrac{\tau}{1 - (\tau + \gamma)} \ln s - \dfrac{\tau}{1 - (\tau + \gamma)} \ln(d + n) \end{array} \right] \qquad (5.18)$$

可以看出，相邻省区影响增长和最初水平的系数现在变为依赖外部效应和省区内回报的比率（$\varphi = \gamma/\tau$）。因此在这个模型里，本书无法估计外部参数，而只能评价其重要性（与省区内的要素回报相比）。

第二节

跨区域外部性：空间计量模型

空间自回归或自相关近年已经被普遍接受，并在区域经济和空间地理上得到很多的科学解释（安瑟林，Anselin[①]，1988；安瑟林和佛洛雷克斯，Anselin and Florax[②]，1995）。一般认为，同一区域单元上的某种经济地理现象或某一属性值与邻近区域空间单元上同一现象或属性是相关的。空间自相关也称空间依赖（Spatial Dependence），表现为跨区域边界的经济变量是相互依赖的，即空间边界的溢出效应，这种依赖关系在定义上可以理解为值与区域之间的一致性（安瑟林，Anselin，2000）[③]。当相邻区域经济变量的峰值在空间上呈现聚集倾向时为正的空间自相关，可以看做是区域的边界溢出效应；而地理区域倾向于被相异值的相邻区域所包围时则认为是负的空间自相关，可以看做是边界壁垒效应。

空间自相关或空间依赖意味着观测值由于某种空间作用而在地理上集聚，这些联系在不同地区的作用是通过贸易、流动或者其他社会经济活动而产生相互作用的。直接作用于省区的相互关系如劳动力和资本的省区内自由流动、知识或者技术的溢出、交通运输或交易成本等空间因素对空间依赖最为重要（吴玉鸣[④]，2006）。

对空间自相关的忽视通常会导致古典模型的设定失误，使得估计有偏，OLS

[①] Anselin, L. (1988a). Spatial Econometrics: Methods and Models. Kluwer Academic, Dordrecht. Anselin, L. (1988b). A test for spatial autocorrelation in seemingly unrelated regressions. Economics Letters 28, 335 – 341.

Anselin, L. (1988c). Lagrange multiplier test diagnostics for spatial dependence and spatial heterogeneity. Geographical Analysis 20, 1 – 17.

[②] Anselin, L. and R. Florax (1995a). Introduction. In L. Anselin and R. Florax (Eds.), New Directions in Spatial Econometrics, pp. 3 – 18. Berlin: Springer-Verlag. Anselin, L. and R. Florax (1995b). Small sample properties of tests for spatial dependence in regression models: some further results. In L. Anselin and R. Florax (Eds.), New Directions inSpatial Econometrics, pp. 21 – 74. Berlin: Springer-Verlag.

[③] Anselin, L. (2000). Computing environments for spatial data analysis. Journal of. Geographical Systems, 2, 201 – 225.

[④] 吴玉鸣. 空间计量经济模型在省域研发与创新中的应用研究 [J]. 数量经济技术经济研究, 2006 (05): 74 – 85 (130).

估计时无效和不可靠。安瑟林（Anselin，1988）给出了处理此种问题的公认空间模型：

$$Ay = X\beta + B^{-1}\varepsilon \tag{5.19}$$

其中，y 是 $(n \times 1)$ 维向量，$\varepsilon \sim N(0, \Omega)$，且对应于外生变量 X，β 为 $(k \times 1)$ 维参数变量，反映自变量 X 对因变量 y 的影响，Ω 为对角阵，且：

$$\begin{cases} A = I - \varphi W \\ B = I - \vartheta V \end{cases} \tag{5.20}$$

W 和 V 分别为 $(n \times n)$ 阶空间权重矩阵（省区之间相互关系的网络结构矩阵）。为研究方便，通常可以假定为两个二进制权重矩阵，以此来确定省区间的空间结构。空间权重矩阵（或相关性矩阵）中权数设定方式有相邻距离、有限距离和负指数距离等权数，其中依据相邻距离设定权数是一种最常见的空间权数，即依据省区变量所属区位是否相连来赋值：空间相连对应的空间权重矩阵项取 1，否则取 0。式（5.20）中 I 是单位矩阵，φ、ϑ 是空间自相关参数，通过分别设定其中一个为零可以获得两类空间自相关模型。

模型Ⅰ：空间滞后模型（Spatial AR Model）：$\vartheta = 0$

$$y = \varphi Wy + X\beta + \varepsilon \tag{5.21}$$

式中，Wy 为空间滞后因变量，其他变量意义不变。

模型Ⅱ：空间误差自相关模型（Spatial Error Model，SEM）：$\varphi = 0$

$$\begin{cases} y = X\beta + (I - \vartheta W)^{-1}u \\ y = X\beta + \varepsilon, \varepsilon = \vartheta W\varepsilon + u \end{cases} \tag{5.22}$$

u 为正态分布的随机误差向量。SEM 的空间依赖作用存在于扰动误差项之中，用来度量邻接地区关于因变量的误差冲击对本地区观察值的影响程度，即当省区间的相互作用因所处地理位置不同而存在差异时，就必须采取这种模型。

对于式（5.15），给定 n 个省区 T 期的截面数据（Pooled Data），将生产函数改写为：

$$\begin{aligned}\ln y &= \ln \Delta + (\theta_k + \theta_k)\ln k + (\theta_h + \theta_h)\ln h + \gamma(W_1\ln y - \theta_k W_1 \ln k - \theta_h W_1 \ln h) \\ &+ \upsilon, \upsilon \sim N(0, \delta^2 I)\end{aligned} \tag{5.23}$$

$W_1\ln y$、$W_1\ln k$ 和 $W_1\ln h$ 是劳均生产率、人均物质和人均人力资本的空间滞后变量。矩阵 I 是 $nT \times nT$ 的方阵，W_1 的空间维数与之相同，

$$W_1 = \begin{pmatrix} C^{11} & O & O & \cdots & O \\ O & C^{22} & O & \cdots & O \\ O & O & C^{33} & \cdots & O \\ \vdots & \vdots & \vdots & & \vdots \\ O & O & O & \cdots & C^{TT} \end{pmatrix} \tag{5.24}$$

其中，O 是 $n \times n$ 阶全零方阵，C^{TT} 是 $n \times n$ 阶空间权重矩阵，它的每一个元素 c_{ij}^{tt} 表示省区 i 和省区 j 在时期 t 的空间状态。

为了简便处理，增长方程式（5.17）可重写为：

$$g_y = a - (1 - e^{-\beta})\ln y + \varphi W_1 g_y + \varphi(1 - e^{-\beta})W_1 \ln y \\ + v, \quad v \sim N(0, \delta^2 I) \tag{5.25}$$

而增长方程的空间误差自回归模型可表述为：

$$\begin{cases} g_y = a - (1 - e^{-\beta})\ln y + u \\ u = \lambda W_1 u + v, \quad v \sim N(0, \delta^2 I) \end{cases} \tag{5.26}$$

在公共因子假说规范（Common Factor Hypothesis Specification，COMFAC）中可表述为：

$$g_y = (I - \lambda W_1)a - (1 - e^{-\beta})\ln y + \lambda W_1 g_y \\ + \lambda(1 - e^{-\beta})W_1 \ln y + v, \quad v \sim N(0, \delta^2 I) \tag{5.27}$$

在其他可能要求更多的滞后项的情况下，如需要反映前期空间因素对当期生产率和增长率的影响，如可以将增长方程重写成一阶自回归过程中的空间依赖：

$$g_y = a - (1 - e^{-\beta})\ln y + \varphi_1 W_1 g_y + \varphi_2 W_2 g_y \\ + \varphi_1(1 - e^{-\beta})W_1 \ln y + \varphi_2(1 - e^{-\beta})W_2 \ln y \\ + v, \quad v \sim N(0, \delta^2 I) \tag{5.28}$$

其中，

$$W_2 = \begin{pmatrix} O & O & O & \cdots & O \\ C^{21} & O & O & \cdots & O \\ O & C^{32} & O & \cdots & O \\ \vdots & \vdots & \vdots & \cdots & \vdots \\ O & O & O & C^{T(T-1)} & O \end{pmatrix} \tag{5.29}$$

至少有三种方法来设定 W_1 的参数：（1）相邻省区可以优先接纳技术（或增长）溢出（或扩散）。$W_1 = I_T \otimes C$，I_T 是 $(T \times T)$ 的单位矩阵，矩阵 C 的每个元素 $c_{ij} = S_{ij} / \sum_{j=1}^{n} S_{ij}$，$S_{ij}$ 是邻接要素，省区 i 和省区 j 相邻时为 1，否则为 0。矩阵 C 并不随时间的变化而变化，除非邻接省区定义改变。（2）考虑空间扩散。技术扩散的程度因空间距离的变化而改变。因此权重矩阵的元素可以定义为距离中心地理区域平方的倒数。（3）区域贸易量占总贸易量的比重（百分比）。

第三节

区域空间相关估计与检验

在实证研究中可以利用式（5.23）和式（5.25）估计经济规模回报和增长

趋同的速率，但两式中都排除了空间滞后变量。如果忽略滞后变量所带来的误差是显著的，则有可能导致空间依赖问题。安瑟林和佛洛里克斯（Anselin and Florax, 1995）[①] 利用 LM 检验（LM-Test）来判定空间依赖。

在式（5.25）中，不考虑溢出效应时，$\varphi = 0$，有：

$$g_y = a - (1 - e^{-\beta})\ln y + \upsilon$$
$$= X\theta + \upsilon, \quad \upsilon \sim N(0, \delta^2 I) \tag{5.30}$$

在 $\varphi = 0$ 时，零假设 LM 检验值由下式给出：

$$LM - EXT = \left(\frac{\hat{\upsilon}' W_1 [g_y + (1 - e^{-\beta})\ln y]}{\hat{\delta}^2}\right) [T_1 + G]^{-1} \tag{5.31}$$

其中，$\hat{\upsilon}$ 是式（5.30）的残差，$T_1 = tr(W_1' W_1 + W_1^2)$，

由 $\dfrac{\partial [g_y - h(\cdot)]}{\partial \varphi} = -W_1 [g_y + (1 - e^{-\beta})\ln y]$，可以很快得出：

$$G = \frac{1}{\hat{\delta}^2}[(W_1 [X\hat{\theta} + (1 - e^{-\beta})\ln y])' M (W_1 [X\hat{\theta} + (1 - e^{-\beta})\ln y])] \tag{5.32}$$

其中，$M = I - X(X'X)^{-1}X'$，$h(\cdot)$ 是实证模型右边变量的非线性函数。零假设检验时，如果 LM-EXT 检验是有一个自由度的 χ^2 分布，则不存在区域增长或者技术创新的溢出效应。

可以最大似然估计量（Maximum Likelihood Estimator, ML）来对空间滞后内生变量进行一致性检验。在本书讨论中，最大似然函数必须包括参数约束，如对于前述增长方程，有：

$$L(\beta, \varphi, \delta^2) = \sum_i \ln(1 - \varphi \upsilon_i) - \frac{N \times (T-1)}{2}\ln(2\pi) - \frac{N \times (T-1)}{2}\ln(\delta^2)$$
$$- \frac{1}{2\delta^2}[g_y - \varphi W_1 g_y - a + (1 - e^{-\beta})\ln y - \varphi(1 - e^{-\beta})W_1 \ln y]'$$
$$[g_y - \varphi W_1 g_y - a + (1 - e^{-\beta})\ln y - \varphi(1 - e^{-\beta})W_1 \ln y], \tag{5.33}$$

其中，$\upsilon(i = 1, \cdots, n) \times (T - 1)$ 是权重矩阵 W_1 的特征值。估计过程可以参照安瑟林（Anselin, 1988）[②] 建议的空间内生滞后模型，步骤如下：

步骤 1：对每一个 $0 \leq \varphi \leq 1$，计算在步骤 2 中所用到的非线性规范的伪回归矩阵：

[①] Anselin, L. and R. Florax (1995b). Small sample properties of tests for spatial dependence in regression models: some further results. In L. Anselin and R. Florax (Eds.), New Directions inSpatial Econometrics, pp. 21 – 74. Berlin: Springer-Verlag.
[②] Anselin, L. (1988b). A test for spatial autocorrelation in seemingly unrelated regressions. Economics Letters 28, 335 – 341. Anselin, L. (1988c). Lagrange multiplier test diagnostics for spatial dependence and spatial heterogeneity. Geographical Analysis 20, 1 – 17.

$$X_0 = \frac{\partial f(\cdot)}{\partial \theta'} \tag{5.34}$$

θ 是参数向量，$f(\cdot) = a - (1 - e^{-\beta})\ln y + \varphi(1 - e^{-\beta})W_1 \ln y$，在式 (5.33) 中可以写成 $Ag_y - f(\cdot)$，$A = I - \varphi W_1$。

步骤2：对于每一个 φ 值，将 X_0 分别对 g_y 和 $W_1 g_y$ 进行 OLS 回归，得到 $\hat{\theta}_0$ 和 $\hat{\theta}_L$。

步骤3：估计残差 $\hat{v}_0$ 和 $\hat{v}_L$，计算每个 φ 值的中心化似然值：

$$\begin{aligned} L_C = &\sum_i \ln(1 - \varphi v_i) - \frac{N \times (T-1)}{2}\ln(2\pi) \\ &- \frac{N \times (T-1)}{2}\ln\left[\frac{N \times (T-1)}{2}(\hat{v}_0 - \varphi \hat{v}_L)'(\hat{v}_0 - \varphi \hat{v}_L)\right] \\ &- \frac{N \times (T-1)}{2} \end{aligned} \tag{5.35}$$

步骤4：选择最大化 L_C 的 φ 值，计算相应的估计值 θ。

第四节

省区增长效应：实证模型设定与检验

本节主要讨论中国省级增长中心的增长—溢出效应的实证模型设定。

通过最大似然(ML)估计步骤，可以搜寻待估参数，这将使经验观察的数据更加可靠。似然函数有着与概率函数相同的形式，但是必须被解释为参数的函数，而不是观察值的函数。

一、实证模型的选用

对于式(5.19)，给定约束 $W = V$，将 W 分为 W_1 和 W_2，如果两个省份是空间连续的，且均属于同一个"综合经济区域"，则 W_1 取1，否则为0；如果两个省区是连续的，且属于不同的"综合经济区"，则 W_2 取1，否则为0。以上定义意味着：

$$\begin{cases} A = I - \varphi_1 W_1 - \varphi_2 W_2 \\ B = I - \theta_1 W_1 - \theta_2 W_2 \end{cases} \tag{5.36}$$

$W_1 + W_2$ 是横向总和为1的标准化。因此，可以约束 $\varphi_1 = \varphi_2$ 和 $\theta_1 = \theta_2$，使得在标准化 W 之后，两类空间连续性在分析上无差别。

从一阶导数可以得到 $\hat{\beta}$ 和 $\hat{\delta}^2$ 的解析形式：

$$\begin{cases} \hat{\beta} = [(\hat{B}X)']^{-1}(\hat{B}X)'(\hat{B}\hat{A}y) \\ \hat{\delta}^2 = \dfrac{[\hat{B}(\hat{A}y - X\hat{\beta})]^{-1}[\hat{B}(\hat{A}y - X\hat{\beta})]}{N} \end{cases} \quad (5.37)$$

空间待估参数的个数必须是有限的。式(5.37)的对数似然函数可以表示为：

$$L_C = C - \frac{N}{2}\ln(e'e) + \hat{\delta}^2 + \ln|A| + \ln|B| \quad (5.38)$$

其中，C 为常数，$e = B(Ay - X\beta)$，这是前述所说的中心化似然函数，通过似然函数中心化空间参数 δ 和 $\sum$，使得复杂的估计方程趋于简单化。

二、忽略溢出（扩散）效应时的区域增长

对经济增长进行时间和空间的面板回归，已经成为研究的趋势和时尚。就经济的影响因素来看，被解释变量的选择通常是关键。事实上，由于各省区统计范围的差异和省区领导追求经济增长速度和规模的动机不同，各省区GDP与实质GDP是有相当大的差距的，这使得解释变量的选择也同样令人困惑。如何获取有效的解释变量对回归方程进行控制，从而达到研究目的是本书研究的重点。本书将通过引入劳动力（统计值和估计值）、人力资本等经济控制变量，考察省区经济增长的地理空间效应以及内在的跨省区增长溢出（技术扩散）因素。本节将考察两个模型：普通回归模型和考虑省区空间因素模型。

本节的研究对象为中国31个省级行政区，由于数据的限制，部分数据只选取2001~2007年，在探讨较长期的趋势时，只选取部分省区进行实证研究。主要数据来源于中宏数据库，对于数据库中有明显错误的数据，本书参照国家统计局和地方统计局编制的统计年鉴进行修正。需要特别指出的是，部分省区的总人口依照2000年第五次人口普查的结果对2000年的数据进行了调整，2004年各省区开始采取统一的标准来统计并公布人口数据，而2001~2004年除北京、上海外，大部分省区只提供户籍人口数据。由于本书研究的是省区增长的趋势，而人口数据又是非需不可，故依据前面章节的研究对各省区的人口数据进行了调整，除几个主要流入/流出省级单位的总人口进行了调整外，其他直接采用中宏数据库提供的数据。

调整后的人口数据变动更为平缓，进一步的调整可以参照人口增长的Logistic曲线变动进行调整。考虑到数据的真实性、准确性和完整性对实证研究的影响，本书同样只选取刚性数据。中宏数据库中大致能够符合真实性、准确性和完整性的三个基本要求的数据有：市内电话用户数（或移动用户总数，用TEL来表示）、年末人口总数（POP）、邮电业务总量（TMAIL）、社会消费品零售总额（SALE）、外商和港澳台地区经济固定资产投资额（在本书中将此两项数据合

并，INV）、进出口商品总值（按经营单位所在地分，EXP）、地方财政收入（FINC）、城乡居民储蓄存款年底余额（SAVE）、国内生产总值（GDP，调整的国内生产总会用 RGDP 表示）、批发零售贸易餐饮业增加值（SAL）。虽然有些数据可能对实证研究非常重要，但在实证模型研究中只做一般性的参考。考虑模型：

$$Y_{it} = K_{it}^{\alpha} [A_{it}^{\alpha} H_{it}^{\alpha}]^{1-\alpha} \tag{5.39}$$

其中，Y_{it} 表示省区 i 在 t 期的产出（GDP），A_{it} 表示省区 i 在 t 期的技术进步率，H_{it} 表示省区 i 在 t 期的劳动力人口（POP）或者人力资本。给式（5.39）两边除以劳动力人数 L_{it} 并取对数，得到：

$$\ln \frac{Y_{it}}{L_{it}} = \alpha \ln \frac{K_{it}}{L_{it}} + (1-\alpha) \ln \frac{H_{it}}{L_{it}} + (1-\alpha) \ln A_{it} \tag{5.40}$$

对式（5.40）两边同减去 $\alpha \ln \frac{Y_{it}}{L_{it}}$，则有：

$$(1-\alpha) \ln \frac{Y_{it}}{L_{it}} = (\alpha \ln \frac{K_{it}}{L_{it}} - \alpha \ln \frac{Y_{it}}{L_{it}}) + (1-\alpha) \ln \frac{H_{it}}{L_{it}} + (1-\alpha) \ln A_{it}$$

$$= \alpha \ln \frac{K_{it}}{Y_{it}} + (1-\alpha) \ln \frac{H_{it}}{L_{it}} + (1-\alpha) \ln A_{it} \tag{5.41}$$

对式（5.41）两边同除以 $1-\alpha$，则有：

$$\ln \frac{Y_{it}}{L_{it}} = \frac{\alpha}{1-\alpha} \ln \frac{K_{it}}{Y_{it}} + \ln \frac{H_{it}}{L_{it}} + \ln A_{it} \tag{5.42}$$

三、实证模型

在考虑省区增长的时空模型时，本书先采用下述简单而常用的对数—线性（Log-Linear）形式：

$$y_{it} = \alpha_{it} + \beta_{it}' X_{it} + u_{it},$$
$$i = 1, 2, \cdots, N(N=31); \quad t = 1, 2, \cdots, T \tag{5.43}$$

时空效应通过误差项 u_{it} 来设定，u_{it} 采取下述多因素结构：

$$u_{it} = \gamma_i' \mathbf{f_t} + \varepsilon_{it} \tag{5.44}$$

$\mathbf{f_t}$ 是 $m \times 1$ 维不可观察到的共同效应，ε_{it} 是与 X_{it} 和 $\mathbf{f_t}$ 独立分布的个体（分省区估计）误差。

四、共同相关效应（Common Correlated Effects，CCE）估计

假设 $k \times 1$ 向量 X_{it} 由下式生成：

$$X_{it} = \boldsymbol{\alpha}_i + \boldsymbol{\Gamma}_i' \mathbf{f_t} + \boldsymbol{\upsilon}_{it} \tag{5.45}$$

$\boldsymbol{\alpha}_i$ 是 $k \times 1$ 个体效应向量，$\boldsymbol{\Gamma}_i$ 是 $m \times k$ 个固定元素的负载矩阵，$\boldsymbol{\upsilon}_{it}$ 假定为一个方差平稳过程。联立式（5.43）和式（5.45），有：

$$\underset{(k+1)\times 1}{\mathbf{Z}_{it}} = \begin{pmatrix} y_{it} \\ X_{it} \end{pmatrix} = \underset{(k+1)\times 1}{\mathbf{d}_i} + \underset{(k+1)\times m}{\mathbf{C}'_i}\underset{m\times 1}{\mathbf{f}_t} + \underset{(k+1)\times 1}{\boldsymbol{\upsilon}_{it}} \tag{5.46}$$

其中,

$$\boldsymbol{\upsilon}_{it} = \begin{pmatrix} \varepsilon_{it} + \boldsymbol{\beta}'_i \mathbf{v}_{it} \\ \mathbf{v}_{it} \end{pmatrix} \tag{5.47}$$

$$\mathbf{d}_i = \begin{pmatrix} 1 & \boldsymbol{\beta}'_i \\ 0 & \mathbf{I}_k \end{pmatrix} \begin{pmatrix} \alpha_i \\ \mathbf{a}_i \end{pmatrix},\ \mathbf{C}_i = (\boldsymbol{\gamma}_i\ \ \boldsymbol{\Gamma}_i) \begin{pmatrix} 1 & 0 \\ \boldsymbol{\beta}'_i & \mathbf{I}_k \end{pmatrix} \tag{5.48}$$

$\mathbf{I}_k$ 为 k 阶单位矩阵，$\mathbf{C}_i$ 由不可观测的要素负载决定的 $m \times (k+1)$ 阶矩阵。

$$\tilde{\boldsymbol{\Gamma}}_i = (\boldsymbol{\gamma}_i\ \ \boldsymbol{\Gamma}_i) \tag{5.49}$$

对式（5.46）取均值，有：

$$\overline{\mathbf{Z}}_t = \overline{\mathbf{d}} + \overline{\mathbf{C}}' \mathbf{f}_t + \overline{\boldsymbol{\upsilon}}_t \tag{5.50}$$

其中,

$$\overline{\mathbf{Z}}_t = \frac{1}{N} \sum_{i=1}^{N} \mathbf{Z}_{it},\ \overline{\boldsymbol{\upsilon}}_t = \frac{1}{N} \sum_{i=1}^{N} \boldsymbol{\upsilon}_{it}$$

$$\overline{\mathbf{d}} = \frac{1}{N} \sum_{i=1}^{N} \mathbf{d}_i,\ \overline{\mathbf{C}} = \frac{1}{N} \sum_{i=1}^{N} \mathbf{C}_i \tag{5.51}$$

假设：

$$Rank(\overline{\mathbf{C}}) = m \leq k+1,\ for\ all\ N \tag{5.52}$$

对式（5.50）进行 OLS 回归，则有：

$$\mathbf{f}_t = (\overline{\mathbf{C}}\,\overline{\mathbf{C}}')^{-1} \overline{\mathbf{C}} (\overline{\mathbf{Z}}_t - \overline{\mathbf{d}} - \overline{\boldsymbol{\upsilon}}_t) \tag{5.53}$$

对于任一 t，当 $N \to \infty$ 时有：

$$\overline{\boldsymbol{\upsilon}}_t \xrightarrow{q.m.} 0 \tag{5.54}$$

$$\overline{\mathbf{C}} \xrightarrow{p.} \mathbf{C} = \tilde{\boldsymbol{\Gamma}} \begin{pmatrix} 1 & 0 \\ \boldsymbol{\beta}'_i & \mathbf{I}_k \end{pmatrix} \tag{5.55}$$

其中,

$$\tilde{\boldsymbol{\Gamma}} = (E(\tilde{\boldsymbol{\gamma}}_i), E(\boldsymbol{\Gamma}_i)) = (\boldsymbol{\gamma},\ \boldsymbol{\Gamma}) \tag{5.56}$$

假定 $Rank(\tilde{\boldsymbol{\Gamma}}) = m$，则有：

$$\mathbf{f}_t - (\mathbf{C}\mathbf{C}')^{-1} \mathbf{C} (\overline{\mathbf{Z}}_t - \overline{\mathbf{d}}) \underset{N \to \infty}{\xrightarrow{p}} 0 \tag{5.57}$$

式（5.57）表明，可观测的 $(1,\ \overline{\mathbf{z}}'_t)'$ 可以作为不可观察变量 $\mathbf{f}_t$ 的代理变量，

劳动力流动视野下的中国区域经济增长研究

详情可以参考皮萨兰（Pesaran，2006）[①] 开发的 CCE 估计值（the Common Correlated Effects (CCE) estimators）。卡佩坦诺斯等（Kapetanios et al.，2006）[②] 证明了不管共同因子 $\mathbf{f}_t$ 是否平稳，CCE 估计量都是一致的。进一步的研究表明，即使 $\hat{\Gamma}$ 非满秩，CCE 估计过程依旧有效。

CCEMG 估计值是单个 CCE 估计值的简单平均，即是一个组平均估计量，目的在于消除截面相关效应。$\hat{\mathbf{b}}_i$ 是 β_i 的估计值，由正式定义：

$$\hat{\mathbf{b}}_{MG} = N^{-1} \sum_{i=1}^{N} \hat{\mathbf{b}}_i \tag{5.58}$$

$$\hat{\mathbf{b}}_i = (X_i' \overline{M} X_i)^{-1} X_i' \overline{M} y_i \tag{5.59}$$

其中，$\mathbf{X}_i = (X_{i1}, X_{i2}, \cdots, X_{iT})$，$\mathbf{y}_i = (y_{i1}, y_{i2}, \cdots, y_{iT})'$，$\overline{M}$ 定义为：

$$\overline{M} = \mathbf{I}_T - \overline{H}(\overline{H}'\overline{H})^{-1}\overline{H}' \tag{5.60}$$

其中，$\overline{H} = (\boldsymbol{\tau}_T, \overline{Z})$，$\boldsymbol{\tau}_T$ 是 $(T \times 1)$ 单位向量，$\overline{Z}$ 是一个可观察到 $(\overline{Z}_t)$ 的 $T \times (k \times 1)$ 阶矩阵。$\hat{\mathbf{b}}_{MG}$ 的非参方差估计为：

$$\hat{VAR}(\hat{\mathbf{b}}_{MG}) = \frac{1}{N(N-1)} \sum_{i=1}^{N} (\hat{\mathbf{b}}_i - \hat{\mathbf{b}}_{MG})(\hat{\mathbf{b}}_i - \hat{\mathbf{b}}_{MG})' \tag{5.61}$$

如果每个截面单元的斜率系数 β_i 相同，则估计是有效的。其估计值用 CCEP 表示，参见皮萨兰（Pesaran，2006）[③]。由于共同因子并不可观测，因而只能通过寻找代理变量来获得。

$$\hat{\mathbf{b}}_P = \left(\sum_{i=1}^{N} X_i' \overline{M} X_i \right)^{-1} \sum_{i=1}^{N} X_i' \overline{M} y_i \tag{5.62}$$

$\hat{\mathbf{b}}_P$ 的方差估计由下式给出：

$$\hat{VAR}(\hat{\mathbf{b}}_P) = N^{-1} \hat{\Psi}^{*-1} \hat{R}^* \hat{\Psi}^{*-1} \tag{5.63}$$

其中，

$$\hat{\Psi}^* = N^{-1} \sum_{i=1}^{N} \left(\frac{X_i' \overline{M} X_i}{T} \right) \tag{5.64}$$

$$\hat{R}^* = \frac{1}{N-1} \sum_{i=1}^{N} \left(\frac{X_i' \overline{M} X_i}{T} \right) (\hat{\mathbf{b}}_i - \hat{\mathbf{b}}_{MG})(\hat{\mathbf{b}}_i - \hat{\mathbf{b}}_{MG})' \left(\frac{X_i' \overline{M} X_i}{T} \right) \tag{5.65}$$

[①] M. Hashem Pesaran, 2006. "Estimation and Inference in Large Heterogeneous Panels with a Multifactor Error Structure", Econometrica, Econometric Society, Vol. 74 (4), pp. 967–1012, 07.

[②] Kapetanios, G, Shin, YC, Snell, A et al. (2006) Testing for cointegration in nonlinear smooth transition error correction models. ECONOMET THEOR Vol. 22, (2) 279–303.

[③] M. Hashem Pesaran, 2006. "Estimation and Inference in Large Heterogeneous Panels with a Multifactor Error Structure", Econometrica, Econometric Society, Vol. 74 (4), pp. 967–1012, 07.

五、截面相关检验 (Cross-Section Dependence Test, CDT) 估计

利用 CD 检验截面误差的相关性,并不要求事先设定邻接权重矩阵,也可将其应用到面板数据 (Pana Data Model, PDM) 模型中,对"宽而短"的时间序列/截面数据的动态异方差突变的平稳性和单位根检验 (皮萨兰等, Pesaran, et al., 2004)[①]。CD 检验统计量定义如下:

$$CD = \sqrt{\frac{2T}{N(N-1)}} \left(\sum_{i=1}^{N-1} \sum_{j=i+1}^{N} \hat{\rho}_{ij} \right) \overset{a}{\sim} N(0,1) \tag{5.66}$$

$\hat{\rho}_{ij}$ 是样本残差序—对相关估计,且

$$\hat{\rho}_{ij} = \hat{\rho}_{ji} = \frac{\sum_{t=1}^{T} \hat{u}_{it} \hat{u}_{jt}}{\left(\sum_{t=1}^{T} \hat{u}_{it}^2 \right)^{1/2} \left(\sum_{t=1}^{T} \hat{u}_{jt}^2 \right)^{1/2}} \tag{5.67}$$

其中,$\hat{u}_{it}$ 是 u_{it} 的 OLS 估计值,定义为:

$$\hat{u}_{it} = y_{it} - \hat{\alpha}_i - \hat{\beta}_i' X_{it} \tag{5.68}$$

六、面板单位根检验 (Panel Unit Root Tests)

面板数据分析中最常用的单位根检验是 IPS 检验 (安姆、皮萨兰和辛, Im, Pesaran and Shin, 2003)[②]。考虑对第 i^{th} 个截面单元的 p^{th} 阶 ADF (Augmented Dickey-Fuller) 回归:

$$\Delta \omega_{it} = a_i + \lambda_i t + b_i \omega_{i,t-1} + \sum_{j=1}^{p} \delta_{ij} \Delta \omega_{i,t-j} + v_{it},$$
$$i = 1, 2, \cdots, N, t = 1, 2, \cdots, T \tag{5.69}$$

单位根零假设:$H_0 : b_i = 0$, for all i

异构平稳假设:$H_1 : b_i < 0, i = 1, 2, \cdots, N_1, b_i = 0, i = N_1 + 1, N_1 + 2, \cdots, N$

利用此方法的目的在于消除截面相关,本质是 CCE。因为不可观测变量可能引致截面相关,消除相关后有利于单位根检验。IPS 统计量定义为:

$$IPS = \frac{\sqrt{N} \{ t\text{-}bar - E[\hat{t}_i \mid b_i = 0, p^{th}] \}}{\sqrt{Var[\hat{t}_i \mid b_i = 0, p^{th}]}} \tag{5.70}$$

[①] Pesaran M. H. & Schuermann T. & Weiner S. M., 2004. "Modeling Regional Interdependencies Using a Global Error-Correcting Macroeconometric Model", Journal of Business & Economic Statistics, American Statistical Association, Vol. 22, pp. 129–162, April.

[②] Im, K. S. & Pesaran, M. H., 2003. "On The Panel Unit Root Tests Using Nonlinear Instrumental Variables", Cambridge Working Papers in Economics 0347, Faculty of Economics, University of Cambridge.

其中，

$$t - bar = N^{-1} \sum_{i=1}^{N} \hat{t}_i \tag{5.71}$$

$E[\hat{t}_i | b_i = 0, p^{th}]$ 和 $Var[\hat{t}_i | b_i = 0, p^{th}]$ 的计算参见安姆、皮萨兰和辛（Im, Pesaran and Shin, 2003）[1]。在零假设条件下，当 N 和 T 值较大时，IPS 统计量近似于标准正态分布。当误差项截面相关时，IPS 统计量无效。

单位根检验的第二种方法可以参照皮萨兰（Pesaran, 2006）提出用增强型 ADF（Cross section augmented ADF, CADF）回归来消除截面相关，其本质也是 CCE。

$$\Delta\omega_{it} = a_i + \lambda_i t + b_i \omega_{i,t-1} + c_i \bar{\omega}_{t-1} + \sum_{j=1}^{p} d_{ij} \Delta\bar{\omega}_{t-j} + \sum_{j=1}^{p} \delta_{ij} \Delta\omega_{i,t-j} + v_{it},$$
$$i = 1, 2, \cdots, N, \ t = 1, 2, \cdots, T \tag{5.72}$$

$\bar{\omega}_t$ 是截面 ω_{it} 的中值。CIPS 统计量是 $\tilde{t}_i$ 的简单截面平均，即

$$CIPS = N^{-1} \sum_{i=1}^{N} \tilde{t}_i \tag{5.73}$$

$\tilde{t}_i$ 是上面 CADF 回归 b_i 的 OLS 的 t 值。皮萨兰（Pesaran, 2006）[2] 同时也给出了一个精减版的 $\tilde{t}_i$ 值以便处理那些有限矩甚至相当小的 N 和 T 的情况下的数据。其定义为：

$$CIPS^* = N^{-1} \sum_{i=1}^{N} \tilde{t}_i^* \tag{5.74}$$

$\tilde{t}_i^*$ 是精减版的 CADF 统计量。

$$\begin{cases} \bar{t}_i^* = \bar{t}_i & if \quad -K_1 < \bar{t}_i < K_2 \\ \bar{t}_i^* = -K_1 & \bar{t}_i \leq -K_1 \\ \bar{t}_i^* = K_2 & \bar{t}_i \geq K_2 \end{cases}$$

对于只有截距项的模型，$K_1 = 6.19$ 和 $K_2 = 2.61$；对于既有截距项又有线性趋势项的模型，$K_1 = 6.42$ 和 $K_2 = 1.70$。

第五节

模型估计与结论

本节分两部分考察省区劳动力数据的变动对实证研究结果的影响。首先只考

---

[1] Im, K. S. & Pesaran, M. H., 2003. "On The Panel Unit Root Tests Using Nonlinear Instrumental Variables", Cambridge Working Papers in Economics 0347, Faculty of Economics, University of Cambridge.

[2] M. Hashem Pesaran, 2006. "Estimation and Inference in Large Heterogeneous Panels with a Multifactor Error Structure", Econometrica, Econometric Society, Vol. 74 (4), pp. 967–1012, 07.

虑劳动力与投资的增长对省区增长溢出效应的影响，其次考虑更多的生产要素投入变动对省区增长溢出效应的影响。首先考虑下面简单的合并数据库回归模型。

$$\ln(Y_{it}) = \beta_{0,it} + \beta_{1,it}\ln(INV_{it}) + \beta_{2,it}\ln(POP_{it}) + \varepsilon_{it} \qquad (5.75)$$

其中，Y_{it}是省区i在t期的GDP，INV_{it}表示省区i在t期的固定资产投资，POP_{it}表示省区i在t期的人口或劳动力。考虑到中国经济增长主要来自城镇，非农业劳动力自然是实证研究的首选，但各省提供的数据是按户籍人口来计算的。本书发现，无论是利用调整的产出数据还是人口数据，虽然调整后的结果更加令人满意，但其结果都与没有经过调整的中宏数据库有很大的区别，各项回归指标都能很好地解释所讨论的经济现象。不考虑固定或者随机效应时对31个省区的Panel Data数据进行回归后的结果如表5-1所示。

表5-1　　　　　简单经济增长因素OLS估计（1991~2007年）

变量	系数	标准差	T统计量	概率
C	-0.161851	0.037349	-4.333468	0.0000
LOG（INV）	0.812397	0.010958	74.13396	0.0000
LOG（POP）	0.296618	0.009197	32.25302	0.0000
R^2	0.970858	AIC统计量		-0.301509
调整R^2	0.970753	Schwarz统计量		-0.278260
回归方差	0.207552	F统计量		9244.825
残差平方和	23.90817	概率（F统计量）		0.000000
对数似然值	87.12102			
Durbin-Watson统计量	0.162515			

R^2指标值似乎能够很好地解释投资和劳动力因素对经济增长的影响，但Durbin-Watson统计量这个对序列相关性进行检验的统计量结果比2小很多，证明序列存在较强的正相关。F统计量表明回归式中所有系数均不为0。进一步考虑空间相关的溢出效应时，本书估计了固定效应下的空间AR（1）模型，结果如表5-2所示。

表5-2　　　　　考虑空间自相关的经济增长估计

被解释变量：LOG（GDP）
方法：合并数据库（POOL）最小二乘法　　　　日期：02/11/09　时间：17:55
样本区间：1985~2007年
截面数：31　　　　　　　　　全部合并数据个数：558
怀特截面标准差与方差：通过12次迭代达致收敛

解释变量	系数	标准差	T统计量	概率
C	0.029443	3.280355	0.008975	0.9928
LOG（INV）	0.436908	0.080738	5.411417	0.0000

续表

解释变量	系数	标准差	T统计量	概率
LOG（POP）	0.670853	0.329546	2.035688	0.0423
AR（1）	0.918500	0.041985	21.87669	0.0000
截面固定效应				
BJ—C	0.778388		HUB—C	-0.262674
TJ—C	0.758783		HUN—C	-0.188244
HEB—C	-0.037080		GD—C	0.514349
SXT—C	0.007559		GXI—C	-0.307381
NMG—C	0.051716		HAIN—C	0.126486
LN—C	0.069081		CQ—C	-0.117214
JL—C	-0.060986		SC—C	-0.247932
HLJ—C	0.111853		GZ—C	-0.739159
SH—C	0.884753		YUN—C	-0.491201
JS—C	0.368619		XIZ—C	-0.259863
ZJ—C	0.467702		SXX—C	-0.277471
ANH—C	-0.421731		GSU—C	-0.354937
FUJ—C	0.298287		QHAI—C	-0.160069
JXI—C	-0.324093		NXIA—C	-0.127526
SD—C	0.168939		XJ—C	-0.088815
HEN—C	-0.140141			
R^2	0.997860	AIC统计量		-2.801801
调整R^2	0.997725	Schwarz统计量		-2.538309
回归标准差	0.057883	F统计量		7404.315
残差平方和	1.755611	概率（F统计）		0.000000
对数似然值	815.7024			
Durbin-Watson统计量	2.018501			

该模型的 R^2 很大，F 检验通过，但常数项不能通过 t 检验；模型自变量之间简单相关系数很高，因此有理由怀疑模型存在多重共线性。有意思的是，固定效应为正的省区无一例外地是劳动力流入的省区，且其变动趋势也能反映劳动力流向的变化。回归残差相关矩阵也能很好地解释省级增长中心对相邻省区的影响。改进模型的估计结果如表 5-3 所示。

表 5-3　　考虑劳动力跨省流动的省区增长空间自相关效应

被解释变量：LOG（GDP）
方法：合并数据库（POOL）最小二乘法　　　日期：02/12/09　　时间：00：20
样本区间：1985~2007 年
截面数：31　　　　　　　　　　　　　全部合并数据个数：558
截面权重（PCSE）　　标准差 & 方差（d. f. corrected）
经 6 次迭代达致收敛

解释变量	系数	标准差	T 统计量	概率
LOG（INV）	0.448806	0.017312	25.92428	0.0000
LOG（POP）	0.770314	0.039851	19.32971	0.0000
AR（1）	0.965538	0.006226	155.0851	0.0000

R^2	0.997489	AIC 统计量		-2.752931
调整 R^2	0.997480	Schwarz 统计量		-2.729682
回归标准差	0.060927	F 统计量		110227.5
残差平方和	2.060190	概率（F 统计）		0.000000
对数似然值	771.0677			
Durbin-Watson 统计量	1.790074			

本书并没有用更多的变量来考察省区增长溢出效应，上述实证结果却强烈支持本书在第四章中所得出的结论：长三角（苏沪浙）、广东（珠三角）和北京是中国经济的区域增长中心，其中，长三角地区共同成为对全国都有重要影响的核心增长区域，广东和北京对周边大的经济区域产生重要影响。川渝经济区对西部地区的影响也比较显著；而福建、山东对周边省区的增长溢出效应并不明显。中国省区增长呈现明显的梯度和波浪式增长效应：（1）核心增长省区率先增长，其 GDP 占全国百分比持续上升，时间大约为 3~5 年；（2）周边省区开始增长，表现为核心增长省区经济总量占全国的份额暂时性的下降；（3）一个增长周期之后，核心增长的省区再次成为增长的"领头羊"。核心增长省区表现最为稳定的是浙江，该省自 1988 年来 GDP 占全国份额稳步上升，其次是江苏；上海、北京和广东等省区增长中心受外部冲击比较大；川渝经济区在 20 世纪 90 年代中期之后才逐步建立增长中心地位。

赵永亮（2008）[1] 全面地考察了区域之间的边界效应（边界溢出或者边界阻滞）。他利用方程（5.21）和方程（5.22）的设定实证回归来观察省区之间和八

---

[1] 赵永亮. 中山大学博士学位论文（2008 年）第十章：区域规划与体制创新——边界溢出效应，引用已经得到赵永亮博士的允许。

大综合经济区之间的边界效应（表5-4）。回归模型除了选取资本和劳动力两个基本增长要素外，还增加了储蓄率（TSR）、国际贸易（TRADE）、非国有化率（NRSOE）、公路密度（HROAD）以及市场化指数（FanIndex，樊纲指数，2000）等解释变量，分别考虑二阶形式的滞后和误差模型，总体上四个回归的最大似然接近［其中AR（2）和ARERROR（2，1）更值得参考］。空间自相关模型的基本形式为：

$$y = \beta_0 + \beta_1 L + \beta_2 lK + \beta_3 H + \beta_4 TSR + \beta_5 TRADE$$
$$+ \beta_6 DPOP + \beta_7 NRSOE + \beta_8 URBAN + \beta_9 HROAD$$
$$+ \beta_{10} GOVE + \beta_{11} FanIndex + \varepsilon \tag{5.76}$$

其中，y 代表省份的人均 GDP。回归结果见附表（表5-4）所示。赵永亮（2008）有关边界效应系数的研究导致了一些未曾预见的结果：估计系数 φ_1，θ_1 分别显著大于 φ_2，θ_2 的回归有三个［4个回归中仅 AR（2）例外］。

表5-4　　考虑空间自相关和边界效应下的经济增长 MLE 估计

变量	AR（2） ML	AR（2） SE	ERROR（2） ML	ERROR（2） SE	ARERROR（1，1） ML	ARERROR（1，1） SE	ARERROR（2，1） ML	ARERROR（2，1） SE
ϕ_1	0.28	0.23			0.39 ***	0.18	0.06 ***	0.03
ϕ_2	0.38 ***	0.19			0.29 ***	0.13		
θ_1			0.25 ***	0.12	0.41 ***	0.20	0.43 ***	0.19
θ_2			0.19 ***	0.08			0.39 ***	0.19
常数	15.49 ***	7.38	-26.42 ***	12.58	15.50 ***	7.38	-36.45 ***	-17.36
L	0.09 ***	0.04	0.06 ***	0.02	0.07 ***	0.03	0.08 ***	0.03
K	0.20 ***	0.10	0.16 **	0.09	0.13 **	0.07	0.16 **	0.09
H	0.19 ***	0.09	0.16 ***	0.08	0.19 ***	0.09	0.15 ***	0.07
TSR	0.08 ***	0.02	-0.06 ***	0.02	0.09 ***	0.02	0.11 ***	0.03
TRADE	0.06 **	0.04	0.03 *	0.02	0.06 *	0.04	0.06 *	0.04
DPOP	0.07	0.06	0.13 *	0.10	0.09	0.07	0.11	0.09
NRSOE	0.07	0.06	0.07	0.06	0.06	0.05	0.04 *	0.03
URBAN	-0.02 ***	0.01	-0.06 **	0.04	-0.03 *	0.01	0.00	0.00
HROAD	0.09 ***	0.02	0.07 ***	0.02	0.03 ***	0.01	0.08 ***	0.02
GOVE	-0.04 ***	0.02	-0.02 ***	0.01	-0.03 *	-0.02	-0.05 **	0.03
FanIndex	0.13 ***	0.05	0.12 ***	0.04	0.13 ***	0.04	0.06 ***	0.02
year05	0.00	0.01	0.07	0.35	0.04	0.19	0.09	0.47
likelihood	-452.35		-418.65		-445.52		-478.34	
$\hat{\sigma}^2_{ML}$	334.03	94.38	328.48	82.82	422.06	101.90	431.39	77.03

注：引用已经得到赵永亮博士的允许。

第五章 劳动力流动与区域增长效应

回归正好意味着一个省区的经济增长受到"综合经济区域"之外接临省份的影响要高于"综合经济区域"之内临近省份的影响，而这种影响程度与劳动力输出和流入省区之间密切相关，主要劳动力流入省区对输出省区的影响程度与输出规模及输出比例完全正相关。表5-5是五个主要劳动力流入地与主要劳动力输出地在流入地所占百分比。

表5-5　　　　　　　输入地劳动力来源于各地的结构　　　　　　单位：%

来源地 流入地	江苏	浙江	湖北	江西	河南	川渝	贵州	广西	湖南	山东	河北	小计
广东	0.67	0.31	11.32	17.93	5.96	18.79	6.59	12.48	18.89	0.33	0.02	93.29
北京	7.86	2.19	5.30	1.28	15.54	11.89	0.55	0.18	0.91	6.40	24.50	76.60
上海	27.24	8.03	3.31	3.94	4.09	4.72	0.79	0.16	0.94	1.35	0.00	54.57
江苏	0.00	4.85	3.23	1.62	5.66	12.39	2.43	0.00	1.35	0.48	0.27	32.28
浙江	6.67	0.00	8.12	27.64	3.64	11.76	7.64	0.24	3.52	4.17	0.00	73.40

注：本表根据国家统计局农村社会经济调查总队2000年"乡村劳动力调查基层表"，关于农村劳动力的就业和流动状况专项调查的数据进行计算，以描述2000年中国农村劳动力流动的基本状况和变化趋势。

广东、上海、江苏、浙江、北京等省市的经济影响力并没有局限于各自的经济区域内，同样也对中西部及其临近省份产生较大的经济辐射力，而这些省区恰好也是本书第四章所找出的经济增长中心。回归结果也表明，山东经济辐射力并没有超出其自身所处的经济区域，而川渝经济区在20世纪90年代中期之后对西部临接省区的影响逐步上升。

第六章

劳动力流动与省区增长收敛

从本章开始，本书开始考察区域间的增长差异，包括省区增长收敛问题和中国城乡人均收入差距的变动趋势。

第一节

经济转型：增长理论模型

一、失业条件下的哈罗德—多马模型

刘易斯模型（Lewis，1954）描绘了二元经济下劳动力无限供给的经济增长。按照这一模型，经济结构由二元向一元转变过程中，由于传统部门对现代部门劳动力的持续供给，现代部门可以持续增长。这一影响广泛的模型是以几何图形的方式给出的。在刘易斯增长模型诞生后的50多年里，并没有经济学家对这一模型进行本书常见的数理推导，其根本原因并非是经济学家对这一问题的疏忽而是相关经济增长模型已经对劳动过剩假设条件下做出解释。在新古典模型中，资本积累边际回报递减，而内生增长理论的 AK 模型表明产出能够与资本同比例的增长，最终导致一个 $Y=AK$ 形式的生产函数，其中 A 为常数。

具有过剩劳动力（失业）经济体的增长的第一个 AK 模型是哈罗德—多马模型（Harrod，1939；Domar，1946）。该模型假设劳动力投入与资本同比例增长。如果经济体中的产出是由劳动力 L 和资本 K 唯一地决定，两种投入中不可能通过其他要素的替代来进行补偿。即要生产出单位产出，劳动力和资本的投入是固定的。在这种固定系数假定的情况下，经济中或存在过剩资本，或存在过剩劳动力，存在过剩资本的现实表现就是零利率或者是负的实际利率。产出的形式如下：

$$Y = F(L, K) = \min\{AK, BL\} \tag{6.1}$$

无论是劳动力投入还是资本投入，其对产出的贡献是相似的。不管是新增长理论还是其随后的扩展，能使产出规模递增既可以用资本的积累来表示，也可以

用劳动力知识化来表示。当 $AK < BL$ 时，经济体产出就是 $Y = AK$，经济中从事劳动的劳动力数量为 $(1/B)(AK) < L$，即存在劳动力过剩或者失业。从历史经验看，经济体中的劳动力对资本的需求总是为正的，很少存在资本过剩的情况。当经济体中储蓄率固定时，资本存量的增长为：

$$\dot{K} = sAK - \delta K \tag{6.2}$$

资本的增长率为：

$$g_K = \frac{\dot{K}}{K} = sA - \delta \tag{6.3}$$

由于产出与资本严格成比例，$g_K = g_Y$。由（6.3）可知，随着 s 的增加产出的增长率将会增加。自1978年以来，中国实行了比较严格的计划生育制度，因此 K 的增长速度大于 L 的增长速度。在这种情况下，边际回报递减不起作用，资本的更快增长伴随着劳动力投入的更快的增长，这将很快消耗经济中过剩的劳动力。

二、刘易斯理论的数理建模

徐毅（2007）尝试在现代经济增长理论框架下给出刘易斯增长模型的数理形式，证明了刘易斯增长模型实质上是一个 AK 模型。其假设为：（1）经济中产出由劳动力 L 和资本 K 决定；（2）经济中有两个部门，一个是农业部门，另一个是现代工业部门。劳动力可以在两个部门间自由移动；（3）经济中没有技术进步；（4）该经济中劳动力十分丰富，工业部门尚未足够发达以吸纳足够多的劳动力，大量过剩的劳动力存在于农业部门，剩余劳动力对农业产出的贡献为0。

假设工业部门的总和生产函数为 $C-D$ 型：

$$Y = K^\alpha L^{1-\alpha} \tag{6.4}$$

工业部门由数量为 L_{ind} 的居民拥有，其雇用农业部门过剩的劳动力的数量 L_{agr} 由其最大化行为决定。产品的价格标准化为1，工业部门的最大化行为可表示为：

$$\underset{L_{agr}}{\text{Max}} K^\alpha (L_{ind} + L_{agr})^{1-\alpha} - w L_{agr} \tag{6.5}$$

对 L_{agr} 求一阶导数并令其为0，可得：

$$(L_{ind} + L_{agr})^{-\alpha} = \frac{w^*}{(1-\alpha)K^\alpha} \tag{6.6}$$

令 $\frac{L_{agr}}{L_{ind}} = z$，可得：

劳动力流动视野下的中国区域经济增长研究

$$1 + z = \left(\frac{1-\alpha}{w^*}\right)^{1/\alpha} \frac{K}{L_{ind}} \tag{6.7}$$

由式（6.7）可见，在满足 $\left(\frac{1-\alpha}{w^*}\right)^{1/\alpha} \frac{K}{L_{ind}} > 1$ 的条件下，就会有劳动力从农业部门流到工业部门。容易证明，这个条件等价于在吸收剩余劳动以前工业部门的劳动边际生产力大于固定工资 w^*。把工业部门的最大化产品式（6.5）表示为人均形式。因为工业部门为数量为 L_{ind} 的居民拥有，所以人均产出为式（6.5）除以 L_{ind}。

$$\frac{Y}{L_{ind}} = \left(\frac{K}{L_{ind}}\right)^{\alpha} (1+z)^{1-\alpha} - zw^* \tag{6.8}$$

根据式（6.7）将上式改写为：

$$y = k\left(\frac{1-\alpha}{w^*}\right)^{1/\alpha} w^* \left(\frac{\alpha}{1-\alpha}\right) + w^* \tag{6.9}$$

令 $\left(\frac{1-\alpha}{w^*}\right)^{1/\alpha} w^* \left(\frac{\alpha}{1-\alpha}\right) = A$，代入上式，其中 y 和 k 分别表示工业部门所有者的人均产出和资本。上式可化简为：

$$y = Ak + w^* \tag{6.10}$$

刘易斯模型告诉我们，为了启动工业的发展，农业剩余和劳动力必须同时转移。自1978年至今，我们似乎只看到农村劳动力转移，而没有看到来自农业部门的剩余转移。事实上，20世纪80年代伴随农业剩余劳动力转移的是农村集体资产的私有化；20世纪90年代农业部门剩余的转移主要是以土地征用为形式的转移，此外，城镇国有、集体企业的改革也为闲置的资本重新转化创造了条件；2000年以后的资本供给来自土地征用和外资涌入。事实上，当来自农业部门的剩余不足以供给城市工业部门的扩张的时候，只要有其他途径继续为城市工业部门提供资本，刘易斯模型依然适用。

三、完全就业条件下的弗兰克尔模型

事实上，如果考虑到农业剩余劳动力和农业剩余的同步转移，以及没有农业剩余可供转移的时候，外资或工业部门内部闲置资本的再利用同样可以为工业部门提供发展所需要的资本，只要经济发展过程中资本积累与农村劳动力转移需求基本一致或者相等，则经济中完全就业的假设是成立的。如果工业部门的资本供给无法满足农村劳动力转移的需要，则可能出现庞大的失业（劳动力真正过剩）状态。20世纪80年代，特别是1984~1988年，中国农村剩余劳动力转移的速度十分惊人，平均每年高达5%；20世纪90年代，乡镇企业在80年代末期大量倒闭所释放出大量的农村劳动力加上城镇国有企业改革释放大量的下岗劳动力，由于工业部门的资本积累无法跟上转移劳动力的速度，因而造成了长达十余年的"民工潮"现象。但这种现象可以将其看做是对中国经济的宏观冲击，其规模与就业总量相比还是相当小的，并不存在冯兰瑞（2001）等所说的高达30%的失业率现象。下面考察完全就业假设下的弗兰克尔—罗默模型。

存在技术进步的条件下，就业并非随资本增长而自动增长。新技术的产生需要资本投入，因而技术知识本身也可以视为一种资本，我们称为技术资本或知识资本。与其他实物资本一样：（1）技术、知识资本可以与其他经济增长因素一样可以生产最终产品；（2）技术、知识资本通过各种途径在较长时间内存储，且在相当长的一段时间内其折旧为零；（3）技术、知识资本可以通过研发以及其他知识创造过程进行积累，其创造研发过程可视为牺牲当前资源来换取未来收益的过程。

弗兰克尔模型（Frankel, 1962）认为，由于技术、知识和通常认定的资本品之间在产出贡献方面的相似性，该模型的结构无须像哈罗德—多马模型那样要求固定系数和存在失业率。假设企业 j（或产业 j）的生产函数如下：

$$Y_j = \bar{A} K_j^\alpha L_j^{1-\alpha} \tag{6.11}$$

其中，K_j、L_j 为企业（产业）使用的资本和劳动力。萨缪尔森很早就证明了商品自由贸易能实现要素价格均等（Samuelson, 1948, 1949）。因此所有的企业（或产业）都面临着相同的要素价格。就技术而言，虽然不排除某些企业拥有的技术水平远高于其他企业，但就整体而言假定所有的企业（产业）拥有相同的技术是成立的。由此我们可以得出：所有的企业（产业）以同样的比例使用生产要素，总产出可以用如下的形式写出：

$$Y_j = \bar{A} K^\alpha L^{1-\alpha} \tag{6.12}$$

假设规模因素 $\bar{A}$ 是总劳动力—资本比率的函数，即：

$$\bar{A} = A(K/L)^\beta \tag{6.13}$$

当 $\alpha + \beta = 1$ 时，式（6.12）和式（6.13）也就意味着 $Y = AK$。弗兰克尔模型表明：储蓄率 s 的增加将会持续地提高产出的增长率。

四、弗兰克尔模型扩展：罗默模型

罗默（1986）假设生产函数中的规模因素与弗兰克尔一样，他同时假定每个企业的劳动力供给等于1，折旧率等于0。则单个工人企业的储蓄就是一个动态最优化问题：

$$\max_{c_t} \int_0^\infty u(c_t) e^{-\rho t} dt$$

s. t. $\dot{K} = \bar{A}K^\alpha - c$ 和 $\dot{K} \geq 0$ (6.14)

令 $u(c) = \dfrac{c^{1-\varepsilon} - 1}{1 - \varepsilon}$，即消费的跨期替代弹性不变，由欧拉条件：

$$-\varepsilon \frac{\dot{c}}{c} = \rho - \alpha \bar{A} K^{\alpha - 1}$$ (6.15)

给定 $L = 1$，由式 (6.13)，有 $\bar{A} = AK^\beta$，将上式改写成：

$$-\varepsilon \frac{\dot{c}}{c} = \rho - \alpha A K^{\alpha + \beta - 1}$$ (6.16)

当 $\alpha + \beta = 1$ 时，与弗兰克尔模型一样，资本具有不变的社会回报，整体经济将保持一个严格为正的增长率，资本的边际递减效应被资本积累的外部效应抵消，式 (6.16) 意味着：

$$g = \frac{\alpha A - \rho}{\varepsilon}$$ (6.17)

若贴现率越高，则储蓄倾向就越低，人们更愿意当期消费，投资意愿减少，处于稳定状态的增长率就越低。

五、内生增长模型扩展

要了解当代的经济增长理论，首先必须了解卡尔多（N. Kaldor）事实：经济中最终产出与人均产出都趋于以稳定的增长率增长，每个工人平均的资本不断增长，而资本—产出比在长期中稳定不变（卡尔多，Kaldor，1961，P. 178）。卡尔多事实意味着在长期中资本、劳动力与最终产出都以不变比率增长，最终产出与资本的增长率大致相等且两者都高于劳动力的增长率。

左大培（2007）以严格的数学推导证明：如果将最终产品生产函数各个自变量的增长率都内生化，那么稳态条件各种物品的生产函数所具有的性质是确定的。该论述为研究内生经济增长模型确立了判定和设立生产函数的准则。如果将最终产品总量生产函数各个自变量的增长率都内生化，而这些自变量的存量又都没有折旧，则要达到"卡尔多稳态"，即使所有自变量物品的稳态增长率都大于零且并不完全彼此相等，就必须至少满足下列 3 个条件中的一个：（1）至少有一种自变量物品（如劳动力）的增长率是外生给定的；（2）某几种自变量物品的生产全自变量规模报酬不变且在生产中不使用生产上不是全自变量规模报酬不变的物品；（3）各种不同自变量物品的生产既有全自变量规模报酬递增的，也有全自变量规模报酬递减的。左大培还论证了在哪些情况下，各种不同物品的稳态增长率解可能有相反的正负号，并且证明，在一些很平常的条件下，出现正负号相反的稳态增长率解只不过标志着一个经济最终将陷入增长率不断上升的爆炸性增长。

第二节

增长收敛实证研究：模型与方法

中国从1978年开始的农村改革，拉开了由二元经济向一元经济转变的序幕。随着制度改革的完成和技术进步，经济体中的以隐性失业为标志的剩余劳动力逐步释放并显性化为庞大的流动劳动力。这种早期以指数化增长的流动劳动力必然导致随后长达十余年的流动大潮。不少学者关于中国省区经济增长收敛性研究表明中国在20世纪90年代是发散而非收敛的，而整个90年代正是中国劳动力跨省流动高速增长的年份。事实上，在劳动力流出省份，流出劳动力占总劳动力高达25%。在计量模型越来越深入到经济研究的各个层面的时代，如此大的劳动力数据的误差不能不说是以往收敛性研究的遗憾和偏失。虽然不少学者意识到这种忽略劳动力跨省流动对省区经济增长收敛性研究的后果，并试图从理论和实证上加以关注和弥补，但劳动力流动规模估计的复杂性和艰巨性往往令人望而却步。单一年份的劳动力跨省数据对收敛性研究而言于事无补，官方统计数据也只是近几年的事情。本节试图从劳动力跨省流动角度考察1978~2007年这30年来中国省区经济增长收敛性问题。

一、增长收敛（趋同）研究：一个永恒的话题

20世纪90年代以来，经济增长的收敛性问题逐步成为发展经济学和国际经济学的热点问题。贝纳德（Bernard，1995）认为，"新古典模型最激动人心的特征之一是其在收敛现象中的应用"。在经济全球化和一体化的时代背景下，经济增长的收敛性假说在不同的国家和地区得到了大量的实证分析，而现实世界的复杂性和多样性却并没有使这一假说得到统一的确认，甚至还对这一假说的技术方法产生质疑。

拉姆齐（Ramsey，1928）等人的研究表明，在新古典框架内，对于一个封闭经济，各地区人均增长率可能与人均收入或人均产出水平存在反向关系。特别地，如果存在相似的技术结构和偏好，落后地区比发达地区增长的速度要快，经济收敛现象就会出现。20世纪80年代中期，由于萨默斯—亨斯顿（Summers-

Heston）数据库（Penn World Table）的建立，经济学家开始逐渐地摆脱了在经济增长研究中由于数据缺乏所遇到的困难，这极大地促进了对经济增长问题的经验研究。鲍默尔（Baumol，1986）对麦迪森（Maddison）数据进行回归，认为自1870年以来，经济收敛现象在这些国家表现得非常明显。阿博莫维茨（Abramovitz，1986）同样采用麦迪森（Maddison）数据却发现工业化国家只是在第二次世界大战后存在趋同，而在1870~1950年间是趋异。德龙（Delong，1988）通过两个疑问证实鲍默尔（1986）的结论不可信：其一，鲍默尔（1986）的实证样本时间跨度太长，一些发达的工业化国家在其间已衰落为不发达国家；其二，实证检验误差太大，对1870年有些国家的人均收入估计是不准确的。如果将样本扩展到更多的国家，采用萨默斯—亨斯顿（Summers-Heston）数据，我们看到的将会是趋异而非趋同。

巴罗（Barro，1991）、巴罗和萨拉—马丁（Barro and Sala-i-Martin，1991，1995）等通过经验研究指出，经济增长存在着趋同，在许多情况下，趋同的速度约为2%。在趋同速度这个问题上国内外经济学家很难在短期内达成一致的意见，不同的研究表明趋同的速度大致在0~30%。曼昆、罗默和维（Mankiw，Romer and We，1992）（后文简称MRW）在一篇极有影响的文章中指出，国与国之间人均收入差异的80%可以利用物质资本投资率、人力资本投资率与人口增长速度的差异来加以解释。曼昆（Mankiw，1995）也认为经济增长的趋同速度为2%。伊凡斯（Evans，1996）通过经验研究指出，发达的工业化国家以相同的速度增长。列维和雷内特（Levine and Renelt，1992）采用EBA（Extreme-Bounds-Analysis）发现，趋同研究中的控制变量稳健性对是否趋同的结论有重大影响，但除了少数变量如储蓄率外都不稳健。坦普尔（Temple，1999）详细地论述了经验研究中可能存在的经济计量学问题。本书在方法上并不打算用更加复杂的计量模型，而是以更多的精力去寻求模型所用数据的准确、可靠与一致性。事实上，国内趋同研究很少关注数据对模型的影响问题。在引言中我们提到：劳动力增减幅度高达25%，这种忽略有可能对趋同研究的结论带来灾难性的影响。

在古典收敛框架依旧受到强烈挑战的情况下，经济学家们又将人力资本、技术等变量引入增长模型，并对其进行收敛性分析。克莱诺和罗德桂茨—克莱尔（Klenow and Rodriguez-Clare，1997）指出，如果克服了MRW研究中高估计人力资本在各国之间差异的问题，MRW模型只能解释50%的国与国之间人均收入的差异，而技术差异可能就是解释另外50%差异最为重要的因素。卡思里、伊斯奎尔和利福特（Caselli，Esquival and Lefort，1996）指出，技术才是解释各国经济增长的核心因素，普里斯科特（Prescott，1998）也提出了几乎相同的观点：既要承认生产要素的不同在解释各国收入水平差异时的作用，也应该看到技术进步的差别同样是理解这个问题的关键因素。福恩特和多门内克（Fuent and Domtnech, 2001）对 21 个 OECD 国家在 1960~1990 年之间数据的研究也得到了与普里斯科特几乎相同的结论。德龙和萨默斯（DeLong and Summers, 1991）指出，在发展中国家，设备的投资能提高经济增长的速度。杨（Young, 1995）的研究表明，物质资本的积累、人力资本的提高以及劳动参与率的上升是东亚特别是"四小龙"（中国香港、新加坡、韩国以及中国台湾）经济增长的最主要因素。萨拉—马丁（1997）指出，设备投资对经济增长的贡献率约为 0.2175，非设备投资对经济增长的贡献率几乎为设备投资的 0.25。利文和雷内特（Levin and Renelt, 1992）与巴罗（2001）也持与上述这些经济学家相同的观点，即投资率的提高会促进经济的增长。

虽然在新古典框架内增长的收敛性得到确认，但是有关研究的实证分析过程却遭到了激烈的反对。里贝罗（Rebelo, 1991）认为体现新古典思想的收敛现象在世界经济中并不是普遍存在的，另外，他强调了内生增长理论的兴起。特别地，马罗和戈德卡（Mauro and Godrecca, 1994）用巴罗和萨拉—马丁的分析方法研究了意大利地区的收敛现象，结论却完全相反，收敛假说在意大利被拒绝，数据检验发现意大利的南方和北方存在着经济双元化特征。班加罗（Pagano, 1993）研究了欧共体国家的产出率和收入的收敛现象后认为，自 20 世纪 70 年代石油冲击以来，这种收敛过程已经停止甚至走向发散。

面板分析和时间序列等趋同研究新工具的出现使得国外在 20 世纪 90 年代中期的趋同争论进一步深化。伊斯兰姆（Islam, 1995）建议采用面板分析来克服跨国截面分析的有偏问题，伊斯兰姆（1995）还发现 MRW 的分析框架可以很自然地推导出面板分析的表达式。陈与弗雷希（Chen and Fleisher, 1996）用部门截面（Panel Section）数据分析了中国各省区 1978~1993 年的人均 GDP 后认为地区间存在条件收敛，收敛速度主要取决于资本系数、就业增长、人力资本投资、外国直接投资和沿海区位。李、皮萨兰和史密（Lee, Pesaran and Smith, 1998）等人将面板分析进一步推广，认为面板分析不仅可以反映各个经济体稳定状态 GDP 的不同，而且还可以反映各个经济体长期增长率的不同，突破了新古典增长所强调的各个经济体具有相同增长速度的结论。班纳德和杜拉芙（Bernard and Durlauf, 1995）、杜拉芙和昆（Durlauf and Quah, 1998）提出用新的时间序列分析技术来研究收敛假说，他们认为资本边际收益递减是短期动态波动和长期稳定增长共同起作用的结果。

魏后凯（1997）较全面地研究了中国经济增长的收敛性，沿用巴罗和萨拉—马丁的分析方法计算了自 1978 年以来各地区省份产出差距收敛（β 收敛）和部门产出差距收敛（σ 收敛），即无条件收敛和有条件收敛，认为中国各地区

GDP差距大约以每年2%的速度收敛，但从发展阶段来看，1978~1985年各地区人均GDP的收敛速度相对较快，而1985~1995年则不存在显著的收敛性。宋学明（1996）也认为1978年各地区人均收入与1978~1992年经济增长率呈反向关系；把国有工业生产总值占工业生产总值在1978年超过80%的省份与其他省份分离以后，新古典增长理论仍然适用。申海（1999）分析了1978~1996年中国地区间的经济增长数据，认为中国区域经济存在比较明显的β收敛，并且分别采用四组数据计算β系数，得出的重要结论之一是人均GDP收敛快于人均收入的收敛。深尾京司、岳希明（2000）整理分析了日本1955~1973年间各县的数据，认为日本地区间收入水平存在收敛现象，但新古典框架内的索洛模型收敛机制在日本并不存在。

刘强（2001）认为中国地区间经济增长的收敛性存在着明显的阶段性和区域性，并且不同地区间的产出差距与宏观经济的波动状态存在着正相关关系。另一个重要结论是新古典的经济增长收敛机制在中国并没有起作用，主要的原因是中国大规模的劳动力转移使资本劳动比率并没有出现应有的变化趋势，近年来形成的大规模劳动力的区际迁移，既是中国阶段性经济增长收敛机制的重要诱发因素，事实上也是对区域差距扩大的一种解决办法。张胜等（2001）在巴罗的工作基础上，采用我国历年统计数据，分时段、分区域对我国省际经济增长的绝对收敛问题进行了分析，得出了在全国范围内，在改革开放前存在绝对收敛，而在改革开放后不存在绝对收敛的结论。同时分析了造成"富省越富，穷省越穷"省际经济增长差异的主要原因，并提出了相对应的政策建议。

沈坤荣、马俊（2002）以经济增长文献中有关收敛性理论为基础，对中国自新中国成立以来，特别是1978年改革开放以来，省际的经济增长差异进行实证分析。认为中国地区间的经济增长，不仅存在着显著的"俱乐部收敛"（Club Convergence）特征，即按东中西划分的区域内部人均产出具有明显的聚集现象，而且存在着条件收敛（Conditional Convergence）的特征，即在具有相同的人力资本、市场开放度等结构特征的经济地区间存在着一定的增长收敛趋势。实证分析的结果还显示，各地区间工业化水平的差异和产业结构的变动对增长收敛性构成显著的影响。

林毅夫、刘明兴（2003）结合增长理论既有的一些研究经验，对中国经济在近20年来的高速增长提供一个较为全面的解释。他们通过经验分析来探讨影响中国经济增长绩效的主要因素；不同的省份或地区之间，是否存在"增长收敛"的现象及"增长收敛"现象中存在的时域和地域特性；同一区域内部（特别是城乡之间）出现人均收入水平发散的原因。姚枝仲、周素芳（2003）从理论上论证了劳动力流动缩小地区差距的决定性作用。该文的经验分析表明，劳动力流动对缩小中国地区差距确实发挥了一定的作用，但由于中国劳动力流动受到较大限制，通过劳动力流动来缩小地区差距还有很大潜力。

徐现祥、李郇（2004）采用趋同分析的标准方法，就我国216个地级及其以上城市展开讨论，结果发现，与我国省区趋同模式不同，我国城市经济增长存在 δ 趋同和绝对 β 趋同；从趋同机制上看，我国城市层面上同时存在新古典增长理论和新增长理论所强调的趋同机制。徐现祥（2005）的研究认为进入，20世纪90年代，中国省区经济增长分布逐渐呈"双峰状"，趋同文献称为双峰趋同或两俱乐部趋同。为探索其背后机制，他借助奥尼尔（O'Neil，1995）框架，把中国地区差距的变化分解为物质资本和人力资本"数量"、"价格"变化，结果发现，进入90年代，由于沿海内地之间在物质资本积累上存在"看不见的"逐渐扩大的"鸿沟"，沿海、内地的组内收入差距逐步缩小，而组间收入差距不断拉大，从而出现省区增长的双峰趋同。王志刚（2004）对中国经济增长的收敛性进行检验，包括绝对收敛、条件收敛，还有收敛俱乐部（Convergence Club），尤其是最后一种假设的检验。通过对这一基本的宏观经济学理论的验证，来给人们提供中国的一个实际现象。文章采用中国分省的改革开放以后的数据，进行横截面和面板数据的分析，并强调了面板数据分析的可信度，进行了各种检验，结果发现中国不同地区出现了不同的收敛现象，而且这一结论和实际的经济现象吻合，值得注意的是三个地区收敛速度的差异，无论用哪种模型得到的结果都没有太大的差异，这与传统的结论相反。张焕明（2004）从实证的角度给出不同回归方法对 Panel Data 模型回归结果的不同影响。他力图说明以下两点：一是SGMM法估计扩展的 Solow 模型是有效的，而科学合理的方法是获得正确结论的前提；二是模拟的结果表明我国三个经济带之间的经济增长的趋同性较小，而经济带内存在俱乐部趋同现象。他还分析了消费水平与经济增长惯性的地区差异性对我国经济增长趋同性的影响。指出了西部大开发中人力资本比物质资本更有效。

李坤望、陈雷（2005）对亚太经济合作组织（APEC）在1950~2000年的经济增长收敛性进行了经验分析。通过人均收入 σ -收敛、绝对 β -收敛和条件 β -收敛这三种检验以及 APEC 成立前后的对比发现，亚太地区存在着显著的增长收敛性，而 APEC 的出现与发展又明显促进了该地区经济增长的长期收敛性，大大提高了区域内经济增长收敛速度。他们的研究在一定程度上证实了"南—北"模式的区域一体化有助于缩小国家间的收入差距，改变经济发展的不平衡性。林光平、龙志和、吴梅（2005）采用空间经济计量方法，研究我国28个省市1978~2002年间实际人均 GDP 的收敛情况。由于地区间的空间相关性对各地区 GDP 增长作用越来越大，该文分别采用地理空间权重矩阵和经济空间权重矩阵对各省市间的空间滞后和空间误差模型进行了实证分析。通过将25年的数据划分为14个滚动的时段,考察了我国地区GDP增长经济收敛情况变化的动态过程。结果表明,我国地区间经济存在收敛性,但是收敛趋势在减缓。赵伟、马瑞永(2005)探讨了经济增长收敛的微观因素,并在此基础上提出了与之相对应的三个微观机制,分别为资本收敛机制、技术收敛机制以及劳动生产率收敛机制。实证分析的结果表明:1978~2002年间,唯有技术收敛机制较好地发挥了作用,表现出了显著的收敛性;劳动生产率机制与资本收敛机制只在1978~1989年间发挥了收敛作用,而在1989~2002年间起了发散的作用,但资本收敛机制统计检验上不太显著。同时,资本收敛机制和劳动生产率收敛机制均表现出了"俱乐部收敛"特征。尽管中国经济局部出现了发散性,但总体仍表现出了一定的收敛性,收敛的主要原因是区际的贸易和投资以及技术交流促使技术收敛机制充分发挥了作用。由于微观机制不能充分发挥作用,因而经济增长的实际收敛速度较慢,并且要低于理论的预测值。

彭国华(2006)应用主成分这一新的分析方法对我国1952~2004年长达53年的地区经济的收敛状况进行了分析,得出了新的研究结论。分析表明,长期以来我国地区经济总体上只有较弱的收敛性。进一步比较1952~1977年和1978~2004年两个时间段,发现改革开放以来,除了东部地区收敛趋势增强以外,全国、中部和西部地区的收敛力度都在不同程度地减弱。他还发现,强收敛性在地区之间出现了转移:由1978年以前的中部地区转移到了1978年以后的东部地区。

滕建州、梁琪(2006)研究了1952~2003年间我国东中西部地区和27个省份的相对实际人均产出增长动态。分析发现:一方面,中国东部地区随机收敛于其补偿差异均衡水平,而中部和西部地区则随机发散,但后两个地区间具有共同随机趋势。另一方面,27个省份中有23个随机收敛于其各自的补偿差异均衡水平,有11个省份在最后一次冲击后呈现β收敛。比较分析进一步发现,在第二次冲击后呈现越来越穷态势的5个省份从国家的改革开放中受益相对较少。金相郁(2006)将区域经济增长收敛的分析方法总结为β收敛、σ收敛、概率收敛,并加以说明和评价。张鸿武(2006)采用我国各省1952~2004年人均实际GDP序列,运用综列数据单位根检验,从随机性趋同的角度分析了我国地区内和地区间经济增长的趋同性。结果表明,从时间序列分析的角度来看,1952~2004年,我国各地区间不存在随机性趋同,但是1952~2004年尤其是1978~2004年,我国部分区域存在俱乐部趋同的现象。

吴玉鸣(2006)在巴罗与萨拉—伊—马丁新古典增长模型的基础上,提出了区域经济增长β趋同的空间计量经济分析框架,采用1978~2002年的截面数据分析了空间效应和β趋同效应及其成因。认为中国省域经济经过改革开放25年的发展,中国省区经济在地理上的集聚性明显增强,空间联系也在不断密切,考虑空间自相关的空间误差趋同，β模型是目前研究中国省域经济增长截面趋同比较合适的模型，趋同速度约为2%，与目前跨国截面研究的结果基本一致。地理因素和空间效应一起对经济增长和收入差距产生重要影响。他选取1978～2002年31个省域的人均收入增长率及增长水平的统计数据。人均GDP为被解释变量，解释变量涉及劳动力、人力资本及投资、资本储蓄率、国际国内贸易、工业非国有化率、城市化、人口密度、公路交通及通讯发展、工业化、政府公共开支和地区虚拟等。很明显，由于各省区在人口统计口径上的巨大差异，特别是东部地区大量的外省劳动力流入，他所得到的结果及其相应的区域经济政策的有效性更多地依赖省区人口数据的真实性。陈安平等（2006）运用班纳德和杜拉芙（Bernard & Durlarf, 1995, 1996）的时间序列分析法，通过对中国东中西部三大地区内和地区间人均产出序列的协整关系检验，研究了我国地区内和地区间经济增长的收敛性。实证结果表明，东部和西部地区内的经济增长具有收敛性，而中部地区内和三大地区间的经济增长却不存在收敛趋势。另一个发现是中部各省的经济增长在长期受三个共同冲击的影响，东中西部地区的经济增长在长期受两个共同冲击的影响。

在中国不同地区σ-收敛问题的研究文献中，简、萨斯和瓦纳（Jian, Sachs & Warner, 1996），魏后凯（1997），李翔（1998），林毅夫、刘明兴（2003），覃成林（2004）等认为，中国地区间经济的σ-收敛具有阶段性：1978～1990年区域经济增长存在σ-收敛格局，而1990年以后不存在σ-收敛。林光平等（2006）采用空间经济计量方法，使用25年人均GDP数据研究中国28个省区经济发展的σ-收敛情况。研究结果表明，考虑到省区间相关性，特别是经济间的相关性后，可显著纠正采用传统方法进行σ-收敛研究产生的误差。修正后的σ-收敛值表明，随着中国经济发展，尤其是近几年省区间经济表现出σ-收敛的趋势。

二、判定经济收敛的方法

增长收敛是新古典经济增长理论的一个重要推论，因而收敛性研究一直是经济增长实证分析的重点领域。对于收敛研究的理论、模型和方法，国内外已经有相当完备的叙述和实证结果。因此本书在有关收敛性的理论、模型和方法方面只作一个简短的叙述。在以往的研究中，人们将不同经济体收敛趋势分为三类：

σ-收敛：如果一组经济体人均实际GDP（或者劳均实际GDP）的标准差具有下降的趋势，即$\delta_{t+T}<\delta_t$，则该组经济体存在σ收敛。其中，δ_t是$\ln(y_{i,t})$的

标准差，$y_{i,t}$ 是经济体 i 在时期 t 的实际或者劳均 GDP。由于考虑的是一种时间序列趋势，因而如果考虑年份太短或者数据的变化较大，人们很容易拒绝这种收敛的可能性。

绝对 β - 收敛：如果式 $g_{i,t,t+T} = \alpha + \beta \ln(y_{i,t}) + \varepsilon_{i,t}$ 中 β 值为负，则该组经济体存在绝对 β - 收敛。其中，$g_{i,t,t+T}$ 是经济体 i 在时期 t 到时期 $(t+T)$ 的平均增长速度。绝对 β - 收敛意味着落后经济体比发达经济体的增长速度更快。

条件 β - 收敛：如果经济体的增长率和其自身初始状态与稳定状态的劳均 GDP 之差大致成正比，即式 $g_{i,t,t+T} = \alpha + \beta \ln(y_{i,t}) + \psi X_{i,t} + \varepsilon_{i,t}$ 中 β 值为负，则该组经济体存在条件 β - 收敛。$X_{i,t}$ 为经济体 i 处于稳态下的一组变量。这实际是著名的巴罗回归方程的一个变换，也是收敛性研究的经典方法。

几乎所有的实证研究都否定了绝对 β - 收敛的存在，而条件 β - 收敛得到了一致的肯定（巴罗和萨拉—马丁，Barro and Sala-I-Martin，1992；MRW，1992）。但如何确定不同的经济体有不同的稳态，令众多经济学家煞费苦心。一个似乎可行的方法就是找寻更多的控制变量，而控制变量的稳健性却难以保障（列文和雷内特，Levine & Renelt，1992）。事实上，当人们发现用某个回归方程依然无法解释所研究的国家和地区是否存在收敛性时，往往试图通过增加新的控制变量来加以解释。从资本积累（班纳德和乔斯，Bernard & Jones，1996），到技术转移（鲍默尔，Baumol，1986；MRW，1992；法根伯格，Fagerberg，1994；库、赫普曼和霍夫曼斯特，Coe, Helpman & Hoffmaister，1997；班纳德和乔斯，Bernard & Jones，2001）和产业结构调整（卡思里和科尔曼，Caselli & Coleman，2001），再到人口增长、货币政策、财政转移支付，甚至开放程度、文化传统乃至政治稳定等难以测度的变量以及这些控制变量的综合运用。

随着收敛分析工具的改进，时间序列分析、面板数据和非参数估计等越来越多的新的计量工具得以采用。这些工具和方法在随后的经验研究中将有较为详细的描述。

第三节

劳动力流动视野下的增长收敛性

一、σ - 收敛

根据前述跨省流动劳动力数据，本节分别考察：（1）户籍（HUKOU）、人均 GDP；（2）总人口（FPOP）、人均 GDP；（3）总人口劳均 GDP（FLABOR）

第六章 劳动力流动与省区增长收敛

的 σ - 收敛性。以年份为横轴，σ 为纵轴绘制成图 6-1。

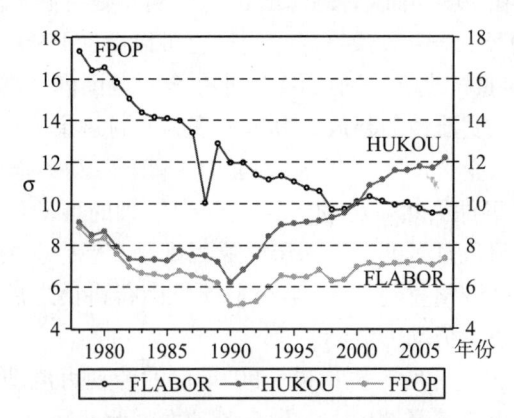

图 6-1 不同计算口径下的 δ 收敛趋势

由图 6-1 可以看出，1978~2007 年，如果按省区户籍人口计算，人均 GDP 从 1990 年开始不但不存在收敛趋势，反而是非常明显的趋异，具体表现为 $\beta>0$。这似乎与研究我国地区差距的文献相关结论完全吻合，其趋异速度达到年均 15%。基于户籍人口计算的 σ 系数的其回归方程为：

HUKOU = 6.533977011[0.401884] + 0.1550122358 × TREND[0.022638]

R-squared = 0.626114　　　　Adjusted R-squared = 0.612760　　(6.18)

将常年性流入劳动力（FLABOR）计入流入省区再计算的人均 GDP，只存在微弱的 δ 收敛。在 1990 年和 2000 年及随后的 2~3 年，同样看到 20 世纪 90 年代以后的增长差距的扩大和发散趋势，而总体 σ 收敛的速率约为 2%。其回归方程与方差为：

FPOP = 7.024482759[0.313509] - 0.0173214683 × TREND[0.017660]

R-squared = 0.033218　　　　Adjusted R-squared = -0.001309　　(6.19)

若计算流动的总人口（FPOP）的劳均 GDP 时，我们看到非常明显的收敛趋势，σ 收敛速度达到 25%。其回归方程为：

FLABOR = 16.01287356[0.351372] - 0.2527230256 × TREND[0.019792]

R-squared = 0.853435　　　　Adjusted R-squared = 0.848200　　(6.20)

在中国不同地区 σ - 收敛问题的研究文献中，普遍认为，中国地区间经济的 σ - 收敛具有阶段性：1978~1990 年区域经济增长存在 σ - 收敛格局，而 1990 年以后不存在 σ - 收敛。林光平等（2006）采用空间经济计量方法，在考虑了省区间相关性，特别是经济间的相关性后，可显著纠正采用传统方法进行 σ - 收敛研究产生的误差。修正后的 σ - 收敛值表明，随着中国经济发展，尤其是近几

· 127 ·

年省区间经济表现出 σ-收敛的趋势。实际上，如果上述文献能够充分考虑到中国跨省流动劳动力在 1988 年以后迅速增长的事实，则我们不但能够看到 1978～1990 年省区经济增长的 σ-收敛格局，同样也可以看到 1990 年以后的收敛趋势。中国 1978 年开始的农村改革，到 1984 年才在全国范围内完成，其结果使得农村剩余劳动力迅速得以实质性的释放，具体表现为农村剩余劳动力大规模地向非农产业转移，伴随乡镇企业的飞速发展就是农村剩余劳动力非农就业的指数化增长。1989 年的政治事件虽然对劳动力回流起到较大的推动作用，但这种因政治事件而导致的回流只是暂时的，更深层的原因则是乡镇企业的升级换代和整个国家的产业调整，这种调整直到 1992 年小平同志南行讲话之后才基本结束，随之而来的就是更大规模的劳动力流动。

与 20 世纪 80 年代有所不同的是，90 年代的劳动力流动大潮中既有农村劳动力，同时还有城市改革释放出来的剩余劳动力；此期间农村劳动力非农化转移主要表现为跨省转移。特别需要指出的是：中国的剩余劳动力在各个年份基本上全部成为可以观测的流动劳动力，我们相当多的经验证据表明经济中真正剩余的劳动力在大部分的年份里只占总劳动力的 10% 左右，而且这 10% 的劳动力往往是本书无法估计的短期流动人口。这也表明中国整体的失业率始终维持在一个与大多数国家差不多相同的水平。

林光平等（2006）采用空间经济计量方法在一定程度上修正了珠三角、长三角和京津三大经济区周边省、自治区、直辖市的收敛趋势。由于四川、重庆、贵州乃至陕西、甘肃等西部省、自治区、直辖市和中部的河南、湖北流出劳动力规模都相当大，因此他依旧很难观测到明显的 σ-收敛。

我们还注意到，虽然中国的 GDP 数据总体上真实地反映的中国经济现状，但在省区 GDP 测度而言，官方数据与真实 GDP 的差距还是比较大的。一个很明显的例子就是山西省，光其每年 5 亿吨的煤产量的增加值就大大超过其第二产业的增加值。由于时间和精力的限制，我们无法一一调整和修正各省区的 GDP。事实上，由于国家统计局近几年已经对各省区的 GDP 进行了很大的调整，使得我们独自调整各省区历年的 GDP 动力和必要性大为降低。

我们还对劳动力的跨省流动进行了相当严格的调整，即只计算那些可视为永久移民的流动劳动力，只不过这种永久移民的户籍迁移受到相当大的限制。我们称这种移民为非户籍永久移民，即不随国家宏观经济波动、政策调整和政治事件的影响而离开流入地回流至流出地的劳动力。非户籍永久移民的规模大致与官方外来常住人口相等，两者之间的差别是外来常住人口在早期稍低于非户籍永久移民，而后期则高于非户籍永久移民。官方统计的外来常住人口往往受到国家宏观经济波动、政策调整或者政治事件的影响而回流至流出地成为通常所说的隐性失业的剩余劳动力。在考虑到非户籍永久移民的跨省流动的情况下，我们依旧看到中国省区经济呈现非常显著的 σ - 收敛趋势。稍微不同的是，越到后期，收敛趋势越为平坦，即收敛速度下降，与新古典经济增长理论完全相符。人均 GDP 和劳均 GDP 的收敛速度大致为 1.5% ~ 12%。

由此我们可以看出，不同学者的 σ - 收敛趋势完全取决于所用的人口数据：（1）20 世纪 80 年代，中国的劳动力流动主要在省区内，跨省流动主要表现为全国向三个直辖市及广东省流动。三个直辖市的流入人口虽然占到其总人口的 20%，但只占邻近的流出省份的 1%，广东省流入人口最高也只占到全省总人口的 3%。因此，忽略人口的流动与否对省区经济收敛趋势与收敛速率影响甚微。大多数文献对于中国 20 世纪 80 年代的收敛研究的结论是完全一致的：即省区增长存在收敛。（2）20 世纪 90 年代，如果不考虑劳动力的跨省流动，则中国省区经济增长是趋异；而如果考虑到跨省流动则是趋同。由于我们无法大胆估计劳动力跨省流动规模，因此趋同的趋势是相当缓慢的。考虑到国家统计局最新调查出来的跨省流动规模，整个 20 世纪 90 年代，中国省区增长依然保持显著的趋同态势。（3）21 世纪，跨省流动的规模基本保持稳定，其流动规模增长幅度远较 20 世纪 90 年代为低，因而中国省区经济又表现为收敛。

收敛速度随着"人均"和"劳均"而变动。如果采用"人均"标准，收敛速率大致在 1% ~ 2%；而如果采用"劳均"标准，则收敛速率大为加快，甚至超过 20%。

二、时间序列与面板分析

陈安平、李国平（2004）和张鸿武（2006）采用大致相似的时序序列和简单面板工具考察了中国省区经济增长的收敛性。

典型的检验条件趋同的回归采用下面的方程：

$$\frac{1}{T}\log(y_{i,T}/y_{i,0}) = \alpha + \beta\log(y_{i,0}) + \Psi X_i + \varepsilon, \ i = 1, 2, \cdots N \quad (6.21)$$

其中，X_i 为外生变量向量，通常用来控制不同区域人均收入的水平和增长率的异质性。α 和 β 均为参数，Ψ 为参数向量。误差项 ε 具有零均值、有限方差。经适当变换，式（6.21）可以变为：

$$y_{i,t} - \overline{y_t} = \delta + \lambda(y_{i,t-1} - \overline{y_{t-1}}) + \varepsilon_{i,t} \quad (6.22)$$

其中，$\delta = [(\lambda - 1)\Psi/\beta]'X_i$，$\lambda = (1 + \beta T)^{1/T}$。误差项 $\varepsilon_{i,t}$ 具有零均值、有限方差，并且可能存在序列相关。在综列数据的框架下，经适当变换，式（6.22）可以变为：

$$\Delta(y_{i,t} - \overline{y_t}) = \delta + \rho(y_{i,t-1} - \overline{y_{t-1}}) + \sum_{k=1}^{P_i} \phi_{i,k} \Delta(y_{i,t-k} - \overline{y_{t-k}}) + u_{i,t} \qquad (6.23)$$

其中，ϕ 使得 $\phi_{i,k}L^j$ 的所有单位根处于单位圆之外，L 表示滞后算子，假定在 N 趋向于无穷大时，式中所有的 u 对不同区域都不存在相关。如果研究对象中每个区域的产出与整个样本区域产出平均值的比率的对数值是平稳的，则这些区域就存在随机趋同。在这个意义下，如果产出的差异值服从平稳随机过程，表明所有的区域正向共同的均衡发展水平移动，对区域 i 的外在冲击就是暂时的，所有的区域之间就存在随机性趋同；如果相对产出包含确定性时间趋势或为单位根过程，外在的冲击就具备了持久性的特征，就可以在一定程度上认为这些区域之间不存在随机性趋同。

借助 Eviews 软件，运用面板数据的单位根检验，可以从一定程度上分析省区经济增长的趋同性（收敛性）。在 Eviews 5.0 环境下中国 31 个省区劳均 GDP 单位根检验（个体效应）结果如表 6-1 所示。从表中可以看出，中国 31 个省区劳均 GDP 为一阶单整过程。

表 6-1　中国 31 省区劳均 GDP 序列单位根检验：1978~2007 年

检验方法	统计值	概率	截面单元	对象数
H0：单位根过程（共同效应）				
Levin, Lin & Chu t*	36.7555	1.0000	31	816
Breitung t-stat	3.94060	1.0000	31	785
Im, Pesaran and Shin	H0：单位根过程（个体效应）			
W-stat	32.5144	1.0000	31	816
ADF-Fisher Chi-square	0.00275	1.0000	31	816
PP-Fisher Chi-square	0.00020	1.0000	31	899
H0：不存在单位根过程（共同效应）				
Hadri Z-stat	17.8768	0.0000	31	930

同样，我们给出劳均 GDP 对数与全国劳均 GDP 对数之差后所得序列单位根检验结果如表 6-2 所示。在 5% 的显著性水平下，就存在全国范围内的趋同。

表 6-2　中国 31 省区对数劳均 GDP 与全国平均劳均对数之差序列单位根检验

检验方法	统计值	概率	截面单元	对象数
H0：单位根过程（共同效应）				
Levin, Lin & Chu t*	-3.3102	0.0005	31	882
Breitung t-stat	-0.1008	0.4599	31	851

续表

检验方法	统计值	概率	截面单元	对象数
H0：单位根过程（个体效应）				
Im, Pesaran and Shin W-stat	-0.6021	0.2735	31	882
ADF-Fisher Chi-square	70.4329	0.2163	31	882
PP-Fisher Chi-square				
H0：不存在单位根过程（共同效应）				
Hadri Z-stat	14.0247	—	31	930

陈安平、李国平（2004）和张鸿武（2006）的分析结果表明：在10%的显著性水平和区域人均GDP作为共同发展趋势的情况下，除中部省区外，东北、东部和西部省区都存在随机性趋同。而本书的跨省劳动力流动研究表明：中部省区是跨省劳动力主要流出省份，豫鄂湘三省常年跨省流出劳动力占其全部劳动力的比例分别为11.4%、27.2%和28.4%，而东部大部分为劳动力跨省流入省份，西部省区流动劳动力占总劳动力的比例较小。

三、中国省区经济增长分布演进

徐现祥（2002，2004，2005）从经济增长分布演进的角度系统地探讨了中国经济转型期中的协调发展问题，相关研究成果几乎都已经在国家重要学术期刊上刊出。与相当多的文献结论一样：中国改革以来省区经济增长分布呈双峰状，区域经济发展不协调，地区差距自20世纪90年代以来逐步拉大，呈现两极分化。昆（Quah，1993，1996）的发现，更多的学者在收敛性研究方面更加注重经济体之间的绩效比较，而非强调每个经济体与其自身或者较大区域内共同的稳态的比较。戈洛尔（Galor，1996）、乔斯（Jones，1997）、库马和拉舍尔（Kumar and Russell，2002）、博圭龙和莫里森（Bourguignon and Morrisson，2002）、萨拉—马丁（Sala-i-Martin，2002）、亨德林等（Henderson，et al.，2002）、毕卓等（Beaudry et al.，2002）从区域经济的动态增长角度来考察经济体间的收敛性。

随着国家统计局对历年各省区常住人口进行进一步的调整，官方统计结果所显示的增长分布已经很难观测到双峰形状，而是一种拖尾单峰。本书利用中经专网的数据将1988年、1998年与2005年以常住人口计算的人均GDP在Eviews5环境下绘制的基于高斯正态分布Kernel密度函数图如图6-2（5a/5b/5c）所示。可以看出，1988年的单峰图拖尾较长；1998年似乎有双峰存在，但说其为单峰

劳动力流动视野下的中国区域经济增长研究

更加合适；而 2005 年的单峰形状更加明显。而如果以省区总人口为基数，计算的劳均 GDP 在绘制三个相同年份的基于高斯正态分布的 Kernel 密度函数图如图 6-2（5d/5e/5f）所示。其演化趋势是相当明显的：1978 年省区差距较大，随后逐年呈现收敛趋势。本书并没有将流动劳动力实际供养的家属计算在流入地人口中，因为采用劳均 GDP 做收敛性研究能够消除这一影响。

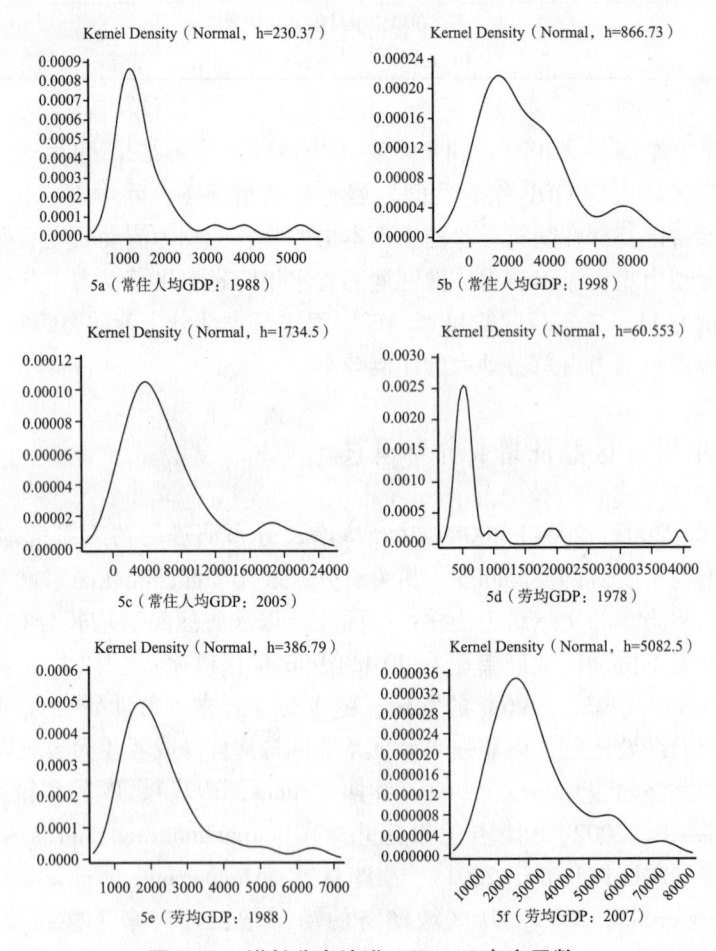

图 6-2 增长分布演进：Kernel 密度函数

改革开放 30 多年来，中国省区经济快速增长。这种以市场为导向的制度改革，使得生产要素能够自由流动。而正是这种要素在一国区域内的自由流动，在全国范围内优化了资源配置。中国省区间趋同的速度与全国大市场的形成有直接的关系。20 世纪 80 年代虽然全国市场尚未形成，但在大致相同的一国框架之下，各省区内部资源快速实现优化配置，因而整个20世纪80年代省区经济收敛是相当明显的。正是忽略了这种劳动力跨省流动，因而以往的收敛（趋同）研究似乎表明中国省区在20世纪90年代并不存在趋同而是趋异。进入21世纪，中国劳动力跨省流动增幅不足以影响产出的相对增长，这与以往研究认为中国省区经济在21世纪又走向趋同相符合的。事实上，从官方统计机构随后年份公布的省区常住人口数据也可以计算出这种收敛性。

第七章

劳动力流动与城乡收入差距

在高速发展的同时，中国社会也出现了严重的失衡，特别是城乡差距和贫富差距拉大，两极分化明显。胡鞍钢（2004）认为，中国城乡居民的人均收入差距在 1995 年时为 2.5 倍，到 2003 年时扩大至 3.23 倍，如果考虑到城镇居民获得的各种转移支付和补贴等，实际的收入差距则约达 5 倍。经济观察家们认为，在中国的城镇和农村，已同时出现"穷人"阶层。

迅速扩大的贫富差距有可能危及中国未来的经济增长和社会和谐。针对严峻的形势，中国在"十五"后期提出构建和谐社会的目标。国务院总理温家宝 2005 年 3 月面对数百名中外记者，还曾援引诺贝尔奖得主、美国经济学家舒尔茨"穷人的经济学"理论，为构建和谐社会的治国方略注脚解读。缩小地区差距，关键是要使不同地区的群众都能享受到同等的义务教育、公共卫生、公共安全，最终使不同地区的人民能够逐渐地享受到同等的生活水平；而不是以前人们理解的 GDP 差距。本章主要探讨人口和劳动力流动情形下的中国地区收入差距。

第一节 劳动力流动与地区差距

一、劳动力流动与地区差距

刘易斯（Lewis, 1954）关于发展经济学的二元经济理论开创了研究人口流动与经济发展的先河。在刘易斯模型的基础上，拉尼斯和弗（Ranis and Fei, 1961）和乔根森（Jorgenson, 1961）的文章进一步讨论了农业部门的发展和农业技术进步、农产品剩余等因素对劳动力流动的影响。托达罗（Todaro, 1969）首先考虑了城市失业问题在劳动力迁移中的重要影响。哈里斯和托达罗（Harris and Todaro, 1970）的模型进一步讨论了一种城市里存在失业率而同时又存在持续劳动力流动的情况。科勒和桑德斯（Cole and Sanders, 1985）的文章拓展了托

第七章　劳动力流动与城乡收入差距

达罗（Todaro）的期望工资理论，考虑了城市非正规部门的发展对劳动力流动的影响。卡里顿等（Carrington, et al., 1996）重点讨论了劳动力流动成本与流动规模的关系。格罗姆（Glomm, 1992）的模型说明了为什么会有长期的从农村向城市劳动力转移的问题。皮萨里德思和沃兹沃斯（Pissarides and Wadsworth, 1989）对劳动力流动与失业之间的关系进行了实证研究。卢卡斯（Lucas, 2004）讨论了为什么在城市存在大量失业的情况下，劳动力不是转移到农村去就业，而是继续向城镇迁移的现象。

巴朗（Braun, 1993）首先运用一个新古典经济增长模型讨论了劳动力流动对地区差距的影响，根据新古典经济理论，人口增长速度加快将导致人均产出增长速度降低，这样对欠发达地区来说，由于劳动力外迁降低了人口和劳动力增长速度，因此人均产出增长速度加快，而对于发达地区来说，由于人口增长速度加快，劳动的边际产出降低，因此人均产出增长速度下降，因此可以推出区域间劳动力流动有利于促进地区经济的收敛。泰勒和威廉姆森（Taylor and Williamson, 1997）采用一个局部均衡模型分析劳动力流动对地区差距的影响，发现劳动力转移是1870~1913年间OECD国家间劳动生产率和实际工资收敛的最重要因素。维吉伯格（Vijverberg, 1993）实证检验了流动劳动力与其技能水平的关系，他建立了一个衡量劳动力市场完善程度的指标，并用数据检验了一个现象，即在可观测个人特征的基础上，在原住地生产效率更高的劳动力更有可能迁移。这可以解释城市和农村的工资差异，进一步也可以推出劳动力流动会对地区差距产生影响。希吉（Shioji, 2002）利用日本1960~1990年39个地区的数据，检查了劳动力流动对地区间平均受教育水平、人力资本水平的影响，并进而讨论劳动力迁移对地区差距的影响。研究发现劳动力流动会对各地区的人力资本水平产生影响，而且这种影响的确降低了劳动力流动导致的收敛性，但它的程度却很小，远远不能解释关于劳动力流动及地区收敛性在理论和经验研究上的差距。拉帕特（Rappaport, 2005）建立了一个两个国家之间存在劳动力流动的理论模型，这两个国家中一个是已经达到长期均衡的大国，另一个是收入较低的、劳动力不断移出的小国，该模型发现，由于劳动力流出降低了小国的经济增长速度，因此两个国家之间收入收敛的速度比较慢。

随着20世纪90年代以来中国劳动力流动的规模日前扩大，许多学者对中国的劳动力迁移问题进行了多方面研究。樊纲（1995）认为，当采用人均GDP来衡量地区差距时，劳动力流动一方面增加流入地人口，另一方面减少流入地人口，也就是通过"分母"影响地区经济，因而区域间劳动力迁移可以缩小地区差距。这种方法代表了一部分研究人员的观点，但没有充分考虑劳动力迁移对劳动力输入地和输出地GDP总值的影响。蔡昉、王德文（1999）认为中国劳动力

· 135 ·

资源配置效率的改善对经济增长的贡献达到了 20.23%，作用非常显著。赵（Zhao，1999）利用四川省 1995~1996 年的一项农村居民调查数据发现家庭中劳动力的数量和耕种土地的数量是决定流动行为最重要的因素。

宋洪远等（2002）对有关劳动力流动的政策问题进行了全面的讨论和分析。吴和姚（Wu and YAO，2003）运用 1995~1998 年中国地区劳动力流动的数据（Panel Data）分析了中国地区劳动力转移的决定因素，发现乡镇企业的雇佣劳动力人数、城市失业率、城市工资、农村工资对区域内和区域间的劳动力流动有重要影响。张和宋（Zhang and Song，2003）对中国的劳动力流动做了详细的实证研究，发现 1978~1999 年从农村到城市的人口迁移是城市人口增长的主要来源（75%）；同时发现农村和城市的工资差异是省内和省际人口流动的最主要因素，而地理距离增加了劳动力流动的成本，抑制了跨省的人口流动。另外由于城市化的成本不断增加，对劳动力的流动产生了限制。

姚枝仲、周素芳（2003）利用泰勒和威廉姆森（Taylor and Williamson，1997）的方法认为区域间劳动力流动除了能使地区间要素收入相等以外，还能削平地区间要素禀赋差异，最终实现地区间人均收入均等。他们认为，虽然中国的劳动力流动没有显示出缩小地区差距的作用，但这是由于区域间劳动力流动的规模太小造成的，理论上劳动力流动应可以缩小地区差距。王德、朱玮、叶晖（2003）估计了 1985~2000 年期间中国人口流动对地区差距的影响，通过比较存在人口流动下的实际基尼系数和不存在人口流动下的基尼系数，认为人口流动有助于缩小地区差距，然而他们没有说明是如何估计不存在人口迁移情况下的地区 GDP 总值。杨云彦、徐映梅等（2003）研究了就业替代和劳动力流动之间的关系。

林毅夫等（Lin, et al., 2004）对中国的劳动力流动与地区差距的关系做了一个经验研究，通过估计流动者对地区间收入差距的反映弹性，他们认为劳动力流动是一种缩小差距的有效途径，但由于户籍制度的存在和沿海地区过快的发展速度，目前的流动规模仍然不足以缩小现存的收入差距。思库拉（Sicular）和赵耀辉（2004）利用 1997 年中国健康与营养调查的数据分析了农村居民的收入与打工工资收入的关系，估计了农村劳动力供给的方程。姚先国、赖普清（2004）估计了包括工资收入在内的城乡户籍差异，分析了这些差异在多大程度上应归于劳动者本身的人力资本特征和多大程度上应归于不合理的户籍歧视。王小鲁、樊纲（2004）认为中国的劳动力流动可以缩小地区差距，主要通过两个途径，一是中西部低收入地区的劳动力外流，会缓和这些地区农村人口对土地的压力和就业压力。由于劳动边际报酬递减规律的作用，这些地区的劳动生产率会随劳动力数量的减少而提高，从而提高人均收入水平。二是劳动力流动还为中西部地区带来了大量的汇款。张晏、龚六堂（2004）通过引入不完全人口流动和内生劳动供给选择，针对两个不对称的地方经济，研究多级政府的最优税收、最优公共支出和最优转移支付政策。研究发现了零中央政府收入税和逆向财政缺口，在有限政策工具的约束下，对应性转移支付也具有缩小区域差距的功能。不同级别政府间的服务竞争和税收竞争极大地影响了个人和政府的最优决策，拥挤效应和实际禀赋效应放大了通常意义上的收入效应水平。人口流动和财政分权提高了低生产力地区的福利，数值模拟分析结果表明高生产力、高禀赋地区对低生产力、低禀赋地区存在隐性的区域间收入再分配，中央政府的干预措施一般具有协调区域发展、补贴低生产力低禀赋地区的性质。

蔡昉（2005）讨论了为什么劳动力流动没有缩小城乡收入差距的几个因素，他认为由于中国存在重工业优先发展的倾向导致经济增长对就业的促进作用不强，而且农业和农村发展不足以及仍然存在许多劳动力流动的障碍和限制，导致流动规模不足是使劳动力流动不能缩小城乡差距的主要原因。刘传江、段平忠（2005）对中国的劳动力流动与地区差距进行了实证分析，他们将各省 1978~2003 年期间的经济增长率（人均 GDP 增长率）对各种解释变量进行回归，其中采用同时期各省份人口净迁入数量的年均增长率作为劳动力流动的指标，得出人口迁入与地区经济增长有显著关系，并进一步分析认为人口流动有助于缩小地区差距。

二、中国地区差距：扩大还是缩小？

关于劳动力流动对地区经济差距的影响，国内存在着两种对立的观点。樊纲（1995），崔传义、潘耀国（1999），庾德昌、王化信（1999），邓祖善（1999），蔡昉、王德文等（2001，2002），姚仲枝、周素芳（2003），李国平、范红忠（2003），王德、朱玮、叶晖（2003），王小鲁、樊纲（2004），林毅夫等（2004），蔡昉（2005），刘传江、段平忠（2005）等认为，劳动力的跨地区流动有助于缩小地区间经济差距。

另一种观点则相反：跨地区的劳动力流动扩大了地区差距。调研性文献代表有王奋宇、李路路等（2001），白南生、宋宏远等（2002）。刘强（2001）认为，20 世纪 80 年代劳动力在区域内部转移使区域经济出现收敛，但 90 年代后出现的劳动力跨区域转移却扩大了地区间的经济差距。钟笑寒（2005）认为，地区工资差距在 1992 年以后仍然是显著扩大的：东部沿海地区的工资增长持续高于中西部地区，劳动力流入的主要行业，如建筑业和制造业，工资的地区差距同样是扩大而非收敛的。谷书堂、唐杰等（1994）认为，导致空间上两极分化的主要的、直接的原因是人口、社会经济活动在空间上的过度集中。范剑勇（2004）将这种观点向前推进了一步，认为劳动力跨地区流动加剧了东部沿海地区的产业聚集，加速了工业化进程，扩大了地区收入差距。钟笑寒（2006）则从进入东部沿海地区的劳动力的技能角度证明，技能差异导致职业差异，职业差异扩大了工资差异，结果地区之间差距呈现出显著扩大的趋势。

在前面的章节中，我们讨论了人均 GDP 和劳均 GDP 的变动。我们的结论是：劳动力流动使得省区经济收敛。本书将所有流动劳动力看成是一个同质的群体，即他们在本区域内都提供同一单位的劳动和创造相同的产出，人均产出也是以区域内的总人口或者总劳动力人口来计算的。在国外的研究文献中，由于国外并没有户籍制度的限制，很少存在"外来户籍人口"将流入地所得汇回户籍地的情况，绝对的地区差距总是存在的。如果有一种技术能够标识外来人口在流入地所创造或者拥有的产出计入流出地，则无论是人均产出（GDP）或人均收入，都会存在明显的差距缩小，即存在趋同。萨缪尔森（Samuelson, 1948，1949）认为，商品自由贸易能实现要素价格均等，但思拉特（Slaughter, 1997）指出，要素价格均等并不意味着人均收入均等。本—戴维德和洛维（Ben-David & Loewy, 1997, 2000）的多国增长模型也证明自由贸易确实能实现人均收入收敛。

三、劳动力流动与人均收入

姚枝仲、周素芳（2003）证明了在一定的假设条件下，地区间劳动力自由流动能拉平地区差距，实现地区间人均收入均等。

假设有 A、B 两个地区，劳动力能在两地区自由流动，而商品和资本不能流动。A 为劳动力相对丰富地区，假设从 A 流入 B 的劳动力为 L^{AB}，劳动的区际流动不仅使劳动的边际生产率在 A、B 之间相等，还使资本的边际生产率在 A、B 之间也相等。令资本的边际产出为 r，劳动的边际产出为 w，则 A、B 的总产出分别为：

$$Y^A = rK^A + w(L^A - L^{AB}) \tag{7.1}$$

$$Y^B = rK^B + w(L^A + L^{AB}) \tag{7.2}$$

相对商品自由流动而言，劳动力流动降低了落后地区的总产出，提高了发达地区的总产出，因此，从总产出角度来衡量，地区差距被扩大了。假设从 A 流入 B 的劳动力成为 B 地的常住人口，则上两式也表示 A、B 两地的总收入，故人均收入为：

$$\frac{Y^A}{L^A - L^{AB}} = r \times \frac{K^A}{L^A - L^{AB}} + w \qquad (7.3)$$

$$\frac{Y^B}{L^B + L^{AB}} = r \times \frac{K^B}{L^B + L^{AB}} + w \qquad (7.4)$$

此时，A、B的人均收入差距为：

$$D = \frac{Y^B}{L^B + L^{AB}} - \frac{Y^A}{L^A - L^{AB}} = r \times \left[\frac{K^B}{L^B + L^{AB}} - \frac{K^A}{L^A - L^{AB}} \right] \qquad (7.5)$$

上式表示的人均收入差距要明显缩小。其缩小的幅度取决于劳动力流动数量 L^{AB} 所导致的两地区要素禀赋的变化。

假设A、B两地居民的偏好相同，且都为相似偏好，可以证明 L^{AB} 的流动正好可以使两地区的要素结构相同，拉平两地的人均收入，实现地区间人均收入均等。因为在相似偏好的情况下，当价格不变时，需求与收入成正比，收入的变化不会影响人们对产品的需求结构。此时，需求结构只取决于产品的价格。

假设每种产品的生产函数在A、B两地相同，由于劳动力流动使要素价格在A、B两地相同，故其产品的边际成本相同，在完全竞争市场的假设下，产品价格等于生产产品的边际成本，所以产品在A、B两地的价格也相同，结果A、B两地的需求结构也相同。

由于价格是市场出清的均衡价格，因此，需求结构相同意味着A、B两地产品的供给结构相同。也就是说，劳动力流动消除了地区之间要素禀赋的差异，从而也消除了人均收入的差异，导致地区之间人均收入均等。

以上的分析使用了非常严格的假定，现实情况当然要复杂得多，但是，劳动力流动对于消除地区之间要素禀赋差异的作用却是显而易见的，而要素禀赋差异正是地区差距的重要根源。因此，劳动力自由流动对于实现地区间人均收入均等具有非常重要的意义。下面利用前面章节中的数据对劳动力流动缩小地区收入差距的作用进行经验分析。

四、劳动力流动影响省区收入差距的经验研究

在省区经济增长收敛性研究中，本书将外省流入人口看成是流入地省份常住人口的净增加，而视流出地省份为人口的净减少，并以此人口基数来计算人均GDP或劳均GDP，得到收敛速率不同而收敛趋势相同的结论。事实上，外省流入人口在收入分配中只取得劳动收入份额，而并没有取得资本收入份额。赵凌云、向新（2001）对1979～2001年间中国经济增长的因素分析表明，长期以来中国劳动收入在整个经济中所占份额比例是较低的，其中1979～1992年平均只

有22.9%。绝大多数美国人以劳动报酬为生，或主要依靠劳动收入。茅于轼（2008）根据统计，美国的劳动收入占总价值创造的81%，非劳动收入只占19%。过去半个多世纪以来，美国劳动收入在整个国民生产总值中所占的份额一直在缓慢稳定上升，从20世纪30年代的75%左右上升到现在的81%。

以四川省和广东省为例来考察1988~2007年劳动力跨省流动对地区收入差距的影响。选择这两个省份的主要原因是其人口流动数据较为丰富，且跨省流动规模较大。考察两种情况：流动与不流动。在劳动力流动的情形下，我们假定：（1）只有劳动力流动，没有资本的流动；（2）流动劳动力只取得劳动收入而不取得资本收入；（3）本省劳动力既取得劳动收入，也取得资本收入；（4）流动劳动力依旧按户籍地计算，即流动劳动力不取得流入地的户籍身份。而在劳动力不流动的情形下，我们假定：（1）流出劳动力平均产出为本省人均产出（GDP），并以此计算不流动下的本省产出；（2）流入劳动力省份总产出的减少等于流动情形下的人均产出与流入劳动力的乘积。以劳动收入占产出25%计算的相对人均收入如图7-1所示。

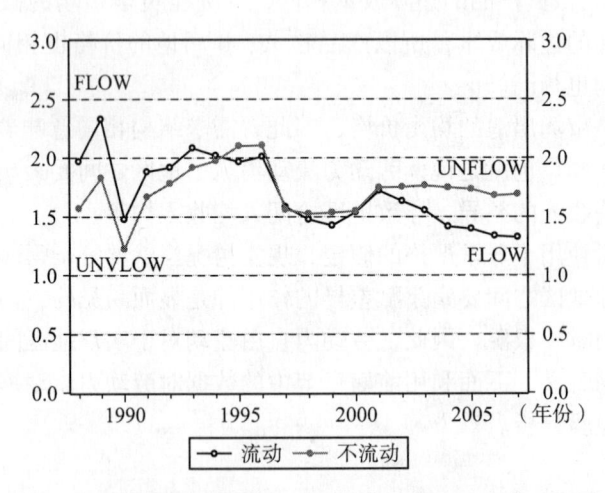

图7-1 流动与不流动情形下相对收入变动（广东：四川）

由图7-1可以看出：1988~1994年跨省流动使得省区收入差距扩大；1995~2001年劳动力的跨省流动虽然较不允许流动的情形下收入差距变小，但变动极微；2001~2007年流动情形下收入差距迅速变小，即劳动力流动确实使得地区收入差距缩小。从图中我们还可以看出，无论允许劳动力的自由流动与否，地区收入差距的变动趋势基本上是一致的，即1988~1996年，广东省人均收入差距基本上是四川省的2倍左右，而1997~2007年两省的人均收入差距缩小到 1.5 倍左右。即从长期看，劳动力流动确实使得不同地区的人均收入差距缩小。这与我们的省区经济增长收敛的结论是一致的。

第二节
城乡收入差距：理论模型

一、城乡收入差距：研究进展

人均产出和人均收入是两个完全不同的概念。虽然劳动力流动有助于缩小地区之间的产出差距，但并不意味着能够缩小地区之间的人均收入差距。其中最主要的原因是进入城镇的农民工在城镇的唯一影响产出的要素只有劳动力，而劳动力所占整个产出的比例在我国是非常低的。基本上不到30%，这就意味着即使达到要素价格均等的状态，城乡之间的收入差距至少会维持在3倍甚至更多。朱云章（江淮论坛，2007）对有关劳动力流动与收入差距关系的经验研究和理论分析分别进行了综述性的研究，并提出了三个需要进一步研究的问题：（1）劳动力流动影响收入差距的内在机制；（2）户籍制度改革与劳动力流动规模控制；（3）劳动力输出对输出地的影响。陶纪坤（经济纵横，2007）对国内城乡收入差距研究的观点进行了综述。

在中国的地区收入差距研究中，经验研究占有非常重要的地位。海尔（Hare，1999），李实和魏众（1999），李强（2001），姚枝仲和周素芳（2003），都阳和朴之水（2003），马忠东、张为民、梁在和、崔红艳（2004），孙志军和杜育红（2004），陆铭和陈钊（2004），刘安萍（2005），黄祖辉、陆建琴和王敏（2005），宫晓霞（2006），贾小玫和周瑛（2006），张立军和湛泳（2006），徐建中和于士元（2006），陈永清（2006）等主要利用国家统计局或者局部地区的调查进行了研究。在利用国家统计局进行人均收入差距的研究中有一个明显的特征，即中国城乡人均收入差距在20世纪90年代急剧地扩大。

不少学者从不同的角度探讨城乡收入差距扩大的原因。陆铭和陈钊（2004）从城市化、城市倾向的经济政策角度分析我国的城乡收入差距；刘文忻和陆云航（2006）着眼于要素积累与政府政策分析；郭剑雄和吴佩（2006）考察了内生增长要素；而张凌云（2006）则从制度性成因进行了讨论。贾思丁·林、王格伟和赵耀辉（Justin Y. Lin, Gewei Wang & Yaohui Zhao, 2004）继承了约翰森（Johnson，1948，1951，1953，1954）充分重视劳动力流动对缩小收入差距作用的主张，分别考察了中国 1985~1990 年和 1995~2000 年两个阶段劳动力流动与收入差距的关系。他们注意到中国 1985～2000 年沿海地区和内陆地区收入差距不断拉大，同时跨省劳动力流动也大规模增加。樊纲、王小鲁和张泓骏（2005）认为农民工跨地区的流动，显著缩小了地区间的收入差距，同时也缩小了城乡间的收入差距，但是由于中国劳动力流动仍然受到户籍制度等众多方面的限制，劳动力流动还没有对地区差距缩小发挥应有的更大作用。蔡昉（2005）认为迁移能够缩小城乡或地区差异的命题，中国户籍制度把城乡劳动力市场人为隔绝，农村劳动力流动大多以暂时性流动替代了永久性迁移，虽然迁移规模不断扩大，却没有带来城乡收入差距相应的缩小。约翰瓦雷和张述明（John Whalley & Shunming Zhang, 2004, 2007）把汉密尔顿—瓦雷（Hamilton-Whalley, 1984）的国际贸易模型引入中国收入不平等问题的研究：他们分别假定各地区劳动力同质、各地区劳动力效率存在差异以及城乡住房价格差异等不同条件得到三个模型，在模型中又分别考虑两地区状况、三地区状况、六地区状况和 31 个省的状况等不同情况；经过相应数据的数值模拟分析，他们发现，所有模型结果都意味着，取消阻碍劳动力流动的户籍制度，对于降低地区、城乡收入差异贡献显著。

本书认为，中国的户籍制度并没有对劳动力的流动造成太大的影响。仅从政府统计数据，我们更多地只能获得永久性流动的数据。从最近几年的统计结果来看，政府统计与实际流动之间的差异迅速缩小，也表明户籍障碍并不存在，至少也是不明显的。

二、基于新古典增长模型下的城乡收入差距

（一）基本假设

假设一：整个经济分为农业和非农业两个部门，乡村为农业部门，非农业部门分布在城镇，经济总产出为 Y。在中国是否是一个城乡分割的二元经济的划分上，国内外学者很少有不同意见。

假设二：农业部门的产出全部分配给乡村人口。有两种意见值得考虑，一方面，有文献表明，中国农村消费相当一部分（40%或以上）为农民自己生产而非由市场配置（王宏伟，2000；夏英，2002；许世卫，2002；李实，2003；李实、罗楚亮，2007）。另一方面，农村产出在通过城镇消费而实现的价值增值的绝大部分并非由农村人口所得而是流入城镇居民。按粮食、蔬菜、水果、肉类等产品的收购价格来计算农村人口收入同样存在统计数据的缺失和实际操作上的困难。考虑到两种因素可以互相抵消以及计算上的简便，在下面的两部门模型中，我们假设农业部门的产出全部归农村人口所有。

假设三：非农业部门产出在资本和劳动力之间进行分配，资本所得全部分配给城镇人口，劳动力所得按劳动人口的比例分配给农村和城镇，城市化率为 γ。事实上，我国农村人口从城镇获取收入的唯一途径是向城镇提供非农业劳动力，虽然微薄的农村居民存款可以获得利息收入，但这种收入甚至难以抵消由于通货膨胀而带来的实际损失。资本所得全部归城镇居民的主要表现形式有：（1）城镇基础公共设施，如交通、能源、市政、公园、休闲场所和住房保障，其中很多面向市民低价甚至是免费提供；（2）城镇医疗、养老、工伤、失业等保险；（3）教育。无论是教学硬件设施或者人员投入，农村无法和城镇相比，农民工子女进入城镇开办的公立学校更是难上加难。在考察城乡收入差距的时候，还没有文献将城乡居民将上述这些差距视为城镇居民分享产出的资本所得份额，本书尚属首次。这些面向城镇居民的专业化服务和保障体系，大大节约了城镇居民的时间成本，从而使城镇居民拥有比农民居民更多的闲暇或工作时间。最后，能够取得资本所得的农村劳动力，他们有更多的机会成为城镇人口。

（二）收入差距倍数模型 I：两部门（农业部门 VS 非农业部门）模型

在本模型中，假设农业产出份额全部归乡村所有。设农业产出占整个经济产出的比例为 δ，经济总产出为 Y。非农业产出为 C-D 生产函数，生产要素为资本 K 和劳动力 L。产出中资本所得的比例为 α。乡村还提供一部分劳动力进入城镇就业，城镇产出全部为非农业产出，其生产函数为：

$$F_{city} = AF(K, L) = AK^{\alpha}L^{1-\alpha} = (1-\delta)Y \tag{7.6}$$

非农业产出中乡村劳动力所得只有劳动力份额，而资本份额全部为城镇人口所得，除此之外，城镇总收入还包含城镇劳动力的劳动力份额。设城市化率为 γ，非农业劳动力中来自乡村的劳动力所占比例为 θ，则

乡村总收入：
$$\begin{aligned} Y_A &= \delta Y + (1-\alpha)\theta(1-\delta)Y \\ &= [\delta + \theta(1-\alpha)(1-\delta)]Y \end{aligned} \tag{7.7}$$

城镇总收入：
$$\begin{aligned} Y_C &= \alpha(1-\delta)Y + (1-\alpha)(1-\theta)(1-\delta)Y \\ &= [\alpha + (1-\alpha)(1-\theta)](1-\delta)Y \\ &= [1-\theta+\alpha\theta](1-\delta)Y \end{aligned} \tag{7.8}$$

设经济中总人口为 P，则乡村人口为 $(1-\gamma)P$，城镇人口为 $P\gamma$，则

乡村年人均收入：
$$y_A = \frac{[\delta + \theta(1-\alpha)(1-\delta)]Y}{(1-\gamma)P}$$

$$= \frac{\delta + \theta(1-\alpha)(1-\delta)}{1-\gamma} \cdot \frac{Y}{P} \tag{7.9}$$

城镇年人均收入：

$$y_C = \frac{[1-\theta+\alpha\theta](1-\delta)Y}{\gamma P}$$

$$= \frac{[1-\theta+\alpha\theta](1-\delta)}{\gamma} \cdot \frac{Y}{P} \tag{7.10}$$

城乡年人均收入倍数，即城镇年人均收入除以乡村年人均收入：

$$\eta_{CA} = \frac{\dfrac{[1-\theta+\alpha\theta](1-\delta)}{\gamma} \cdot \dfrac{Y}{P}}{\dfrac{\delta+\theta(1-\alpha)(1-\delta)}{1-\gamma} \cdot \dfrac{Y}{P}}$$

$$= \frac{[1-\theta+\alpha\theta](1-\delta)}{\delta+\theta(1-\alpha)(1-\delta)} \cdot \frac{1-\gamma}{\gamma} \tag{7.11}$$

城乡年人均收入倍数随着时间的变动。我们将上式改写成时间（年份 t）的方程式。

$$\eta(t) = \frac{[1-\theta(t)+\alpha(t)\theta(t)][1-\delta(t)]}{\delta(t)+\theta(t)[1-\alpha(t)][1-\delta(t)]} \cdot \frac{1-\gamma(t)}{\gamma(t)} \tag{7.12}$$

（三）收入差距倍数模型Ⅱ：全国统一大市场模型

在本模型中，(1) 乡村人口的收入完全依靠其所提供劳动力的多少，没有资本所得；(2) 资本所得全部归城镇人口所有，而且城镇人口还得到经济总产出中部分劳动收入所得。经济总产出为 Y，其生产函数为：

$$Y = AF(K, L) = AK^{\alpha}L^{1-\alpha} \tag{7.13}$$

经济中的劳动力来自乡村的劳动力所占比例为 ρ，则

乡村总收入：

$$Y_A = (1-\alpha)\rho Y \tag{7.14}$$

城镇总收入：

$$Y_C = \alpha Y + (1-\alpha)(1-\rho)Y$$

$$= [1-(1-\alpha)\rho]Y$$

$$= (1-\rho+\alpha\rho)Y \tag{7.15}$$

设经济中总人口为 P，则乡村人口为 $(1-\gamma)P$，城镇人口为 $P\gamma$，则

乡村年人均收入：

$$y_A = \frac{[(1-\alpha)\rho]Y}{(1-\gamma)P}$$

$$= \frac{\rho(1-\alpha)}{1-\gamma} \cdot \frac{Y}{P} \tag{7.16}$$

城镇年人均收入：

$$y_C = \frac{[1-\rho+\alpha\rho]Y}{\gamma P}$$

$$= \frac{[1-\rho+\alpha\rho]}{\gamma} \cdot \frac{Y}{P} \tag{7.17}$$

城乡年人均收入倍数，即城镇年人均收入除以乡村年人均收入：

$$\eta_{CA} = \frac{\dfrac{[1-\rho+\alpha\rho]}{\gamma} \cdot \dfrac{Y}{P}}{\dfrac{\rho(1-\alpha)}{1-\gamma} \cdot \dfrac{Y}{P}}$$

$$= \frac{1-\rho+\alpha\rho}{\rho(1-\alpha)} \cdot \frac{1-\gamma}{\gamma} \tag{7.18}$$

城乡年人均收入倍数随着时间的变动。我们将式（7.18）改写成时间（年份 t）的方程式。

$$\eta(t) = \frac{[1-\rho(t)+\alpha(t)\rho(t)]}{\rho(t)[1-\alpha(t)]} \cdot \frac{1-\gamma(t)}{\gamma(t)} \tag{7.19}$$

（四）城市化率（γ）对城乡收入差距倍数的影响

在新古典增长模型下，城乡人均收入差距主要受资本对产出的贡献以及城市化率的影响。很明显，当人口高度城市化之后，城乡之间的收入差距虽然在绝对值方面依然存在，但城乡个人效用应当相等。此时，人们将更多地关注城镇不同群体之间的收入差距。在城乡严重分割的二元制度安排下，中国城乡人均收入差距主要受庞大的农业人口和相对低的农业产值的影响。这种影响受以重工业化为国家主要发展方向的人为制约。20世纪80年代的改革初期，中国农业总产出占整个经济的30%，而农村人口占总人口的80%左右，城乡人均收入差距大体上为9:1。

在均衡点时，我们考察城镇化率对城乡收入差距倍数的动态影响。

模型 I：

$$\frac{\partial \eta}{\partial \gamma} = \left[\frac{(1-\theta+\alpha\theta)(1-\delta)}{\delta+\theta(1-\alpha)(1-\delta)} \cdot \frac{1-\gamma}{\gamma} \right]'$$

$$= -\frac{[1-\theta+\alpha\theta](1-\delta)}{\delta+\theta(1-\alpha)(1-\delta)} \cdot \frac{1}{\gamma^2}$$

$$= -\frac{[1-\theta+\alpha\theta]}{\dfrac{\delta}{1-\delta}+\theta(1-\alpha)} \cdot \frac{1}{\gamma^2} < 0 \tag{7.20}$$

模型Ⅱ：

$$\frac{\partial \eta}{\partial \gamma} = \left(\frac{1-\rho+\alpha\rho}{\rho(1-\alpha)} \cdot \frac{1-\gamma}{\gamma} \right)'$$

$$= -\left[\frac{1-\rho+\alpha\rho}{\rho(1-\alpha)} \right] \cdot \frac{1}{\gamma^2} < 0 \tag{7.21}$$

在模型Ⅱ中所计算的城乡人均收入差距倍数，其中隐含的假设是劳动力流动的调整速度是非常快的，即城乡就业很快能够达到均衡，即农民在城镇或者农村就业时，他们的收入所得相等，都为劳动所得。

显然，无论在模型Ⅰ还是在模型Ⅱ中，随着城镇化率的增加，城乡人均收入差距倍数会逐渐缩小。因此，加速城市化进程，将有助于缩小城乡收入差距。

我们在此并没有静态地考虑城乡收入差距，而是将永久移民以及农村城市化地区的人口动态地纳入了城镇范畴。长青（中国统计，2007）认为，从科学严谨的角度考虑，研究城乡差距不应忽视两个因素：城乡区划的不断变动和城乡生育政策的差异。目前研究城乡收入差距的基础资料就是城镇居民人均可支配收入和农村居民人均纯收入。这些资料都是政府统计部门正式对外公布的，其权威性不容置疑。因此计算城乡居民收入差距的基本公式就是以城乡居民人均可支配收入（分子）除以农村居民人均纯收入（分母），这也没什么异议。但统计上对比分析的基本要求之一是资料的相对稳定性，而城乡收入对比的这个分子与分母却是在不断变化的。收入较高的那部分农民多数变成了市民，即从"分母"跑到"分子"里来了，而留在"分母"里的，始终是收入较低的那部分农民（当然不排除有少数收入较高但坚持不"跳农门"的农民），这就成为"分数值（即城乡收入差距）"总是较大且很难缩小的一个重要原因。城乡生育政策不同可能是我国独有的政策，从这个因素考虑，即使城乡劳动者的人均收入是一样的（这当然不可能），那乡村居民的生活水平也要比城镇低30%以上。如果要在现有的实际水平上让城乡收入差距逐步缩小的话，则乡村居民的收入增长速度应比城镇快30%以上；如果要让乡村居民生活水平在未来20年内赶上城镇居民的话，则按城镇居民人均收入每年增长8%计，乡村居民人均收入每年应增长15%以上。在本书的实证研究中，将静态考察即在不变的城镇人口条件下的城乡收入差距。

我们将本部分的讨论形成定理1。

定理1：经济体中城镇化率越高，城乡年人均收入差距倍数就越小。

在模型Ⅰ中，取 $\alpha=0.5$，$\theta=0.5$，$\delta=0.2$，城市化率 γ 从 0.40 至 0.70 $[\gamma\in(0.40, 0.70)]$ 变动时 $\frac{\partial \eta}{\partial \gamma}$ 的值绘成的图形（图7-2，Model Ⅰ）；在模型Ⅱ中，取 $\alpha=0.5$，$\rho=0.7$，城市化率 γ 从 0.40 至 0.70 $[\gamma\in(0.40, 0.70)]$ 变动

时$\frac{\partial \eta}{\partial \gamma}$的值绘成的图形（图7-2，Model Ⅱ）。

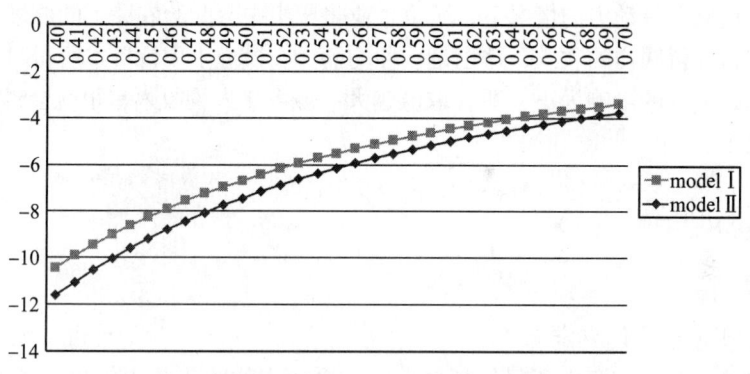

图7-2 城市化率（γ）变动对收入差距的影响

由图7-2可知，无论是模型Ⅰ或者是模型Ⅱ，城市化率对城乡收入差距的影响逐步减少，并且影响的水平趋于一致。因为随着改革的进展，城乡两部门经济会逐步变成完全的全国范围内的统一市场。当经济处于城市化初期，城市化率的变动对缩小城乡收入差距影响相当大，这也从一个侧面解释了为什么中国在20世纪90年代城乡收入差距似乎扩大了，因为在这一阶段，仅靠城市化已经很难对缩小收入差距产生较大的影响。

（五）劳资产出分配（α）对城乡收入差距倍数的影响

虽然资本要素在整个产出中所占比例在相当长的时间内似乎变动不大，我们注意到中国与欧美、日本等发达国家在劳动收入所占比例明显不同。我们认为这种不同的主要原因是产业结构的差异。发达国家产出主要来自于第三产业，而第三产业基本上以服务业为主，而服务业中劳动工资占了相当大的比例。我们发现，服务业在总产出所占的比例大致与劳动要素在总产出所占的比例相近。下面考察资本所得α变动下的模型动态：

模型Ⅰ：

$$\frac{\partial \eta}{\partial \alpha} = \left[\frac{(1-\theta+\alpha\theta)(1-\delta)}{\delta+\theta(1-\alpha)(1-\delta)} \cdot \frac{1-\gamma}{\gamma} \right]'$$

$$= \frac{\theta(1-\delta)[\delta+\theta(1-\delta)+(1-\delta)(1-\theta)]}{[\delta+\theta(1-\alpha)(1-\delta)]^2} \cdot \frac{1-\gamma}{\gamma}$$

$$= \frac{\theta(1-\delta)}{[\delta+\theta(1-\alpha)(1-\delta)]^2} \cdot \frac{1-\gamma}{\gamma} > 0 \qquad (7.22)$$

如果劳动要素在收入分配中能够占有很高的比例，则由于大量农村劳动力流入城镇，城乡人均收入差距将迅速缩小。目前，中国人均收入差距主要来源于财产性收入，劳动收入所占的比例相当低，甚至不到20%。从博弈角度来看，在农村存在大量剩余劳动力的情况下，城镇企业将产出中分配给农民工的数量大致与农民工在农村取得同样的收入，这也是一种均衡。在模型Ⅰ中，资本所得对城乡年人均收入差距倍数的影响为正，即 α 取值越大，城乡年人均收入差距就会越大。

模型Ⅱ：

$$\frac{\partial \eta}{\partial \alpha} = \left(\frac{1-\rho+\alpha\rho}{\rho(1-\alpha)} \cdot \frac{1-\gamma}{\gamma} \right)'$$

$$= \frac{1}{\rho(1-\alpha)^2} \cdot \frac{1-\gamma}{\gamma} > 0 \tag{7.23}$$

综上所述，我们有定理2。

定理2：经济中资本所得份额越大，城乡年人均收入差距倍数就越大。

在模型Ⅰ中，取 $\theta=0.7$，$\delta=0.2$，$\gamma=0.45$，资本份额 α 从0.30到0.70 [即 $\alpha \in (0.30, 0.70)$] 变动时 $\frac{\partial \eta}{\partial \alpha}$ 的值绘成的图形（图7-3，Model Ⅰ）；在模型Ⅱ中，取 $\rho=0.7$，$\gamma=0.45$，资本份额 α 从0.30到0.70 [$\alpha \in (0.30, 0.70)$] 变动时 $\frac{\partial \eta}{\partial \alpha}$ 的值绘成的图形（图7-3，Model Ⅱ）。

由图7-3可知，资本份额在经济中所占比例对城乡收入差距影响在模型Ⅰ中比模型Ⅱ影响更大。

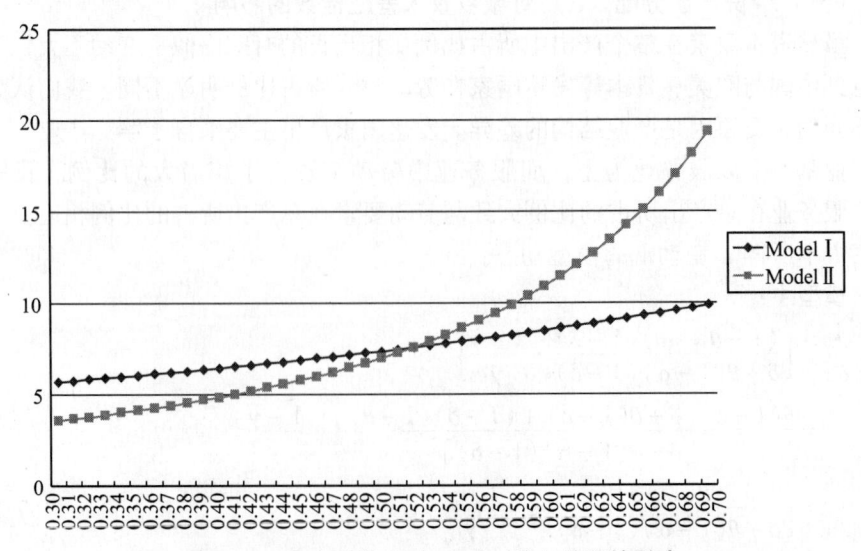

图7-3 资本所得（α）变动对收入差距的影响

(六) 农业产出份额 (δ) 对城乡收入差距倍数的影响

虽然农业产出的实现在很大程度上需要通过城镇市场的交易，我们认为将农业产出所得的收入计算在农村之内依旧是合适的。据相关研究，中国农村大约有40%的农产品是由农民自己供给的，这也意味着至少有40%的农业产出并没有按市场价格计算在农村的总收入内。

$$\begin{aligned}\frac{\partial \eta}{\partial \delta} &= \left[\frac{(1-\theta+\alpha\theta)(1-\delta)}{\delta+\theta(1-\alpha)(1-\delta)} \cdot \frac{1-\gamma}{\gamma}\right]' \\ &= -\frac{(1-\theta+\alpha\theta)}{\left[\frac{\delta}{1-\delta}+\theta(1-\alpha)\right]^2} \cdot \frac{1}{(1-\delta)^2} \cdot \frac{1-\gamma}{\gamma} < 0\end{aligned} \quad (7.24)$$

从模型Ⅰ来看，经济转型初期，农业产出占经济总产出的份额较大，城乡年人均收入差距较小，而经济转型过程也是农业产出占总产出比例不断缩小的过程，因而城乡年人均收入差距会持续扩大。这与我国在20世纪90年代城乡差距扩大而到了21世纪城乡差距缩小相吻合的。因为进入21世纪，中国农业占总产出的比例基本上维持较为固定的比例，即农业占总产出份额的变化因素对城乡收入差距倍数的影响基本上固定下来了。

在模型Ⅰ中，取 $\alpha=0.70$，$\theta=0.50$，$\gamma=0.40$，农业产出份额 δ 从 0.40 到 0.10 [即 $\delta \in (0.70, 0.30, \text{step}: -0.01)$] 变动时 $\frac{\partial \eta}{\partial \delta}$ 的值绘成的图形。图7－4表明在其他因素不变的情形下，农业产出占总产出比例减小，城乡年人均收入差距反而会缩小，意味着加大对农村投入，或者靠提升农产品的价格来调节城乡年人均收入差距的政策作用非常有限。从图7－4还可以看出，在经济转型的过程

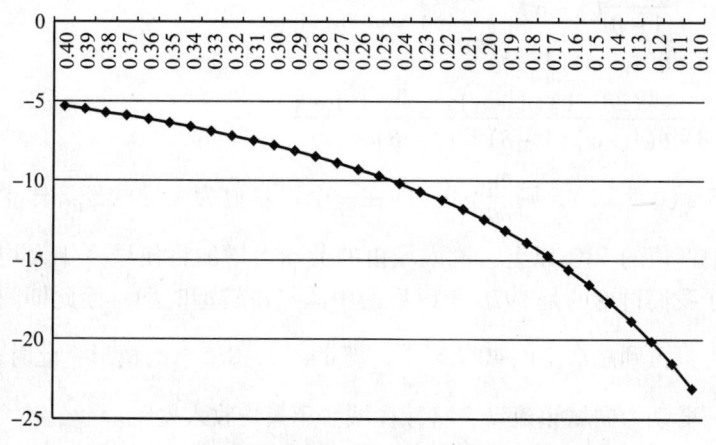

图7－4 农业产出份额 (δ) 变动对收入差距的影响

中，如果农业劳动力非农就业的增长速度慢于农业产出份额的下降速度，城乡人均收入差距还会进一步扩大。

（七）城镇外来劳动力（θ）对城乡收入差距倍数的影响

我们只考虑模型 I 中的城镇外来劳动力的问题。虽然从官方的数据来看，中国农村依旧还有相当多的剩余劳动力，但官方公布的农村外出劳动力基本上是常年性外出的劳动力，实证文献和估算研究（周晓津，2008）表明这种通过城镇调查而得出的农村常年性外出的农村劳动力只占实际外出总劳动力的一半。在经历近 30 年的高速经济增长和成功的经济改革之后，坚持认为中国农村仍然有高比例、大规模的剩余劳动力的观点，已经成为缺乏经验证据的教条，且妨碍我们对劳动力市场形势做出正确的判断（蔡昉，2007）。从总人口看，今天农村的实际人口只有总人口的 35% 左右，而从劳动人口看，操作农业的大约是 20%，一位做过比较深入调查的专家朋友，说只剩 15% 左右（张五常，2007）。

姚枝仲、周素芳（2003）证明了在一定的假设条件下，地区间劳动力自由流动能拉平地区差距，实现地区间人均收入均等。但实证研究文献和官方统计资料却显示中国在 20 世纪 90 年代城乡人均收入差距迅速扩大，姚枝仲等给出的解释是认为中国农村劳动力流动并没有形成规模。而我们的研究却表明中国农村外出劳动力的规模是非常巨大的。仅广东省在 2004 年就吸引跨省外来劳动力 4000 多万人，约占全国农村劳动力的 10%。

下面考虑模型 I 中的城镇外来劳动力占整个经济中非农劳动力比例的动态学。

$$\frac{\partial \eta}{\partial \theta} = \left[\frac{(1-\theta+\alpha\theta)(1-\delta)}{\delta+\theta(1-\alpha)(1-\delta)} \cdot \frac{1-\gamma}{\gamma} \right]'$$

$$= \frac{\frac{2\delta-1}{1-\delta}(1-\alpha)}{[\delta+\theta(1-\alpha)(1-\delta)]^2} \cdot \frac{1-\gamma}{\gamma}$$

$$= \frac{(2\delta-1)(1-\alpha)}{[\delta+\theta(1-\alpha)(1-\delta)]^2(1-\delta)} \cdot \frac{1-\gamma}{\gamma} \tag{7.25}$$

如果 $\delta \in (0.5, 1)$，则 $\frac{\partial \eta}{\partial \theta} > 0$，即在一个以农业为主导的经济体中，农业产值占经济总产值的 50% 以上，流入城镇的劳动力增加将使城乡年人均收入差距扩大。由于我们讨论的是 1978 年以后的中国经济转型时期，而此期间中国农业产出基本上只占到总产出的 40% 以下，即 $\delta \in (0, 0.5)$ 的情形，此时 $\frac{\partial \eta}{\partial \theta} < 0$，此式表明农村劳动力向城镇流动，将减少城乡年人均收入差距。

考虑到我国改革开放以来的实际情况，在模型 I 中，取 $\alpha = 0.70$，$\delta = 0.20$，

$\gamma = 0.40$，非农业劳动力所占比例 θ 从 0.30 到 0.70 ［即 $\theta \in (0.30, 0.70)$］变动时 $\frac{\partial \eta}{\partial \theta}$ 的值绘成的图形。图 7-5 表明在其他因素不变的情形下，农村劳动力流向城市，其在非农业劳动力中所占的份额的增加在初期确实可以缩小城乡年人均收入差距，但随着比例的增长，其影响逐步缩小。

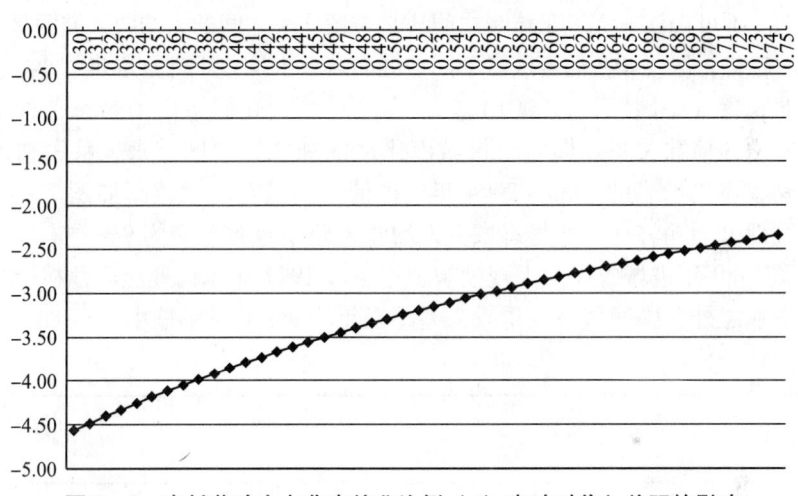

图 7-5 农村劳动力占非农就业比例（θ）变动对收入差距的影响

三、中国城乡人均收入差距的实证研究

根据前述模型，我们利用政府提供的转移劳动总数、剩余劳动力转移估计数据以及模型本身参数的变化，给出 1985~2004 年中国城乡收入差距倍数如图 7-6 所示。

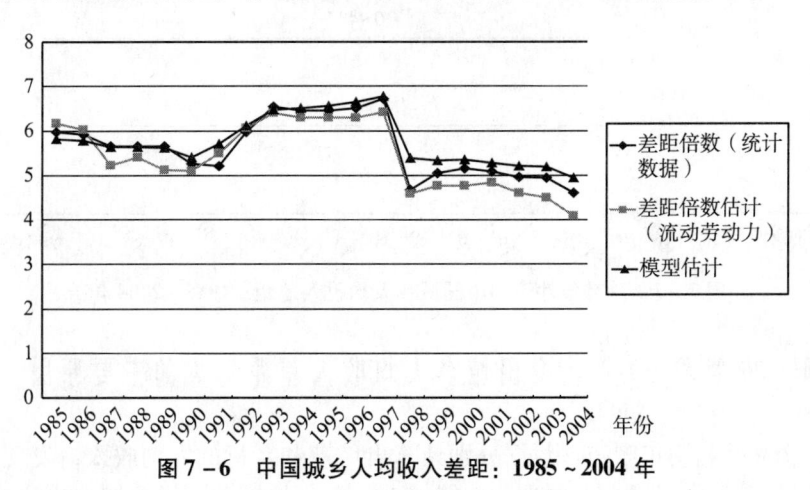

图 7-6 中国城乡人均收入差距：1985~2004 年

无论采用哪种类型的数据，三者的变动趋势是一致的。表现为20世纪80年代城乡收入差距迅速缩小，而20世纪90年代持续扩大；1998年至今逐步缩小，但速度减缓。我们认为，20世纪90年代城乡收入差距扩大的原因有可能是统计范围无法适应劳动力的大规模流动而产生的人为的现象。例如，我们看到1998年政府统计公布的中国城镇人口为41608万，比1997年增加10405万，这是根本不可能的。不可否认，无论是城乡之间还是城镇居民之间的人均收入差距呈现出持续扩大的趋势，但就城乡而言或者不同地区而言，人均差距却是逐步缩小的。

依照长青（中国统计，2007）的观点来计算，我们给出了静态条件下的城乡收入差距的倍数关系。即将农村城市化地区和农村向城市永久移民纳入"农村"范畴，本书给出的1985～2004年这种情形的城乡收入差距如图7-7所示。其中虚线部分为趋势线。即静态城乡人均收入差距年收敛率为9%左右。可以看出，除了1989年进城农民工大规模被迫返乡和1997年东南亚金融危机造成大量农民工失业之外，中国城乡人均收入差距以年均9%的速率缩小。

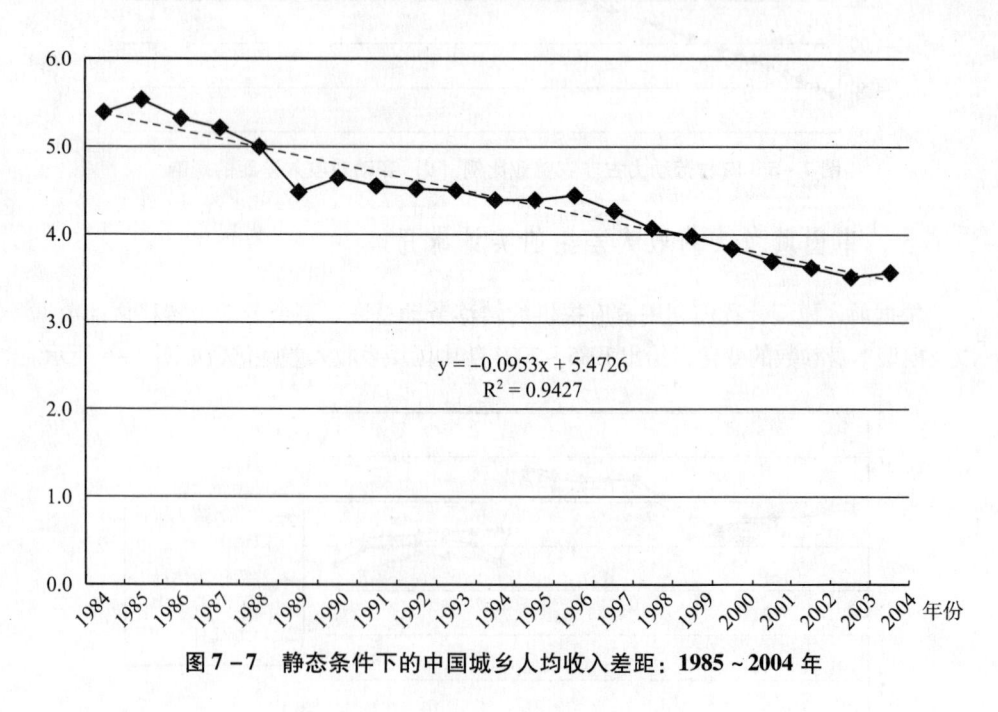

图7-7　静态条件下的中国城乡人均收入差距：1985～2004年

四、20世纪90年代中国城乡人均收入差距扩大的主要原因

不少文献利用年度统计数据分别计算出城镇和乡村的人均收入，发现20世纪90年代以来中国城乡人均收入持续扩大。本书的模型同样能够给出比较满意

的解释。到了20世纪90年代，中国劳动力供给始终处于供过于求的状态。农村改革释放出了大量的剩余劳动力，加上20世纪80年代中期开始的城镇改革，城镇经济中的隐性失业转化为显性失业。过量的劳动力供给导致中国城镇十余年名义工资基本保持不变而实质工资持续下降，即资本所得份额上升而同期劳动所得份额下降。资本份额 α 从1990年的0.70增加到1997年的0.75，总产出中劳动力所得由1990年的0.30下降到1997年的0.25。

图7-8利用前述模型 I 模拟由于资本所得份额的变动而导致城乡人均收入差距的变化。可以看出，模型所估计的城乡收入差距和利用统计数据所计算的城乡收入差距的趋势是完全一致的。

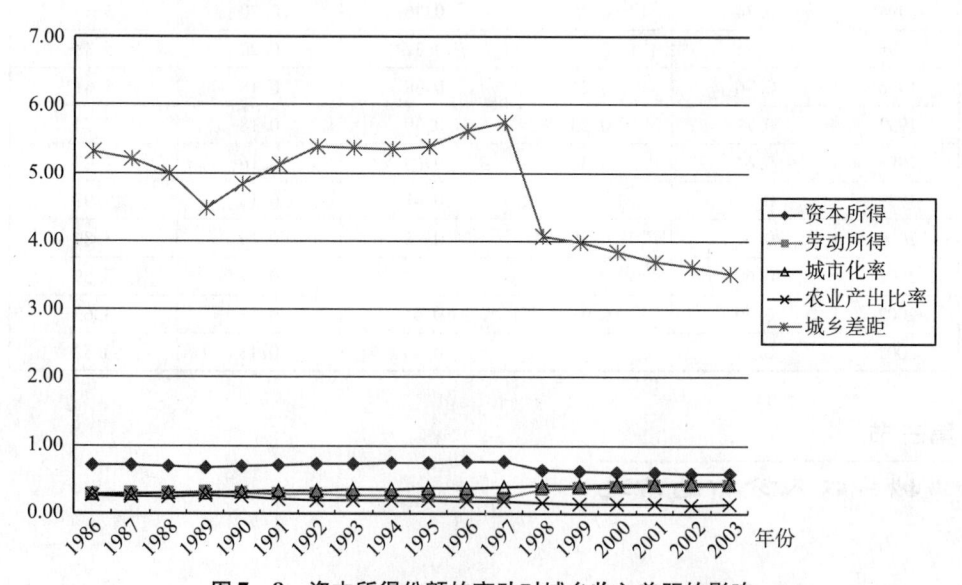

图7-8 资本所得份额的变动对城乡收入差距的影响

图7-8是根据表7-1的数据绘制的，表明中国在20世纪90年代初期，虽然城镇化率上升及农业产出占总产出比例的下降会缩小城乡收入差距，但由于资本所得份额上升导致城乡收入差距扩大程度更大。在本书的模型中，农业占总产出比例的提高非但不能缩小城乡人均收入差距，而是会扩大城乡人均收入差距，这似乎与人们通常的感觉相反。本书认为这主要是由于农业产出比例的提高需要更多的农村劳动力从事农业劳动，而农业部门和非农业部门的边际生产效率是不同的，即非农业部门的边际生产率大于农业部门的边际生产率。

表7-1　　　　资本——劳动份额变动对城乡收入差距（倍数）的影响

年份	资本所得	劳动所得	城市化率	农业产出	城乡差距
1986	0.71	0.29	0.28	0.27	5.32
1987	0.70	0.30	0.29	0.26	5.20
1988	0.69	0.31	0.30	0.25	5.00
1989	0.68	0.32	0.31	0.27	4.47
1990	0.70	0.30	0.32	0.25	4.82
1991	0.71	0.29	0.33	0.22	5.12
1992	0.72	0.28	0.34	0.20	5.39
1993	0.73	0.27	0.35	0.20	5.36
1994	0.74	0.26	0.36	0.20	5.34
1995	0.75	0.25	0.37	0.20	5.38
1996	0.76	0.24	0.38	0.18	5.61
1997	0.77	0.23	0.39	0.18	5.74
1998	0.64	0.36	0.40	0.16	4.07
1999	0.62	0.38	0.41	0.15	3.98
2000	0.61	0.39	0.42	0.14	3.84
2001	0.60	0.40	0.43	0.14	3.69
2002	0.59	0.41	0.44	0.13	3.62
2003	0.59	0.41	0.45	0.13	3.52

第三节　城乡收入分布的演进

一、渐进式改革与城乡收入分布演进

改革开放初期，中国城乡二元结构明显。城乡二元结构（奚洁人，2007）是指维持城市现代工业和农村传统农业二元经济形态，以及城市社会和农村社会相互分割的二元社会形态的一系列制度安排所形成的制度结构。即包括城乡二元经济结构和城乡二元社会结构。城乡二元结构使一国内存在着现代城市与落后农村两个不同质的相互独立运行的社会单元。1958年的《中华人民共和国户口登记条例》，标志着中国以严格限制农村人口向城市流动为核心的户籍管理制度的形成，导致了城乡两种不同的资源配置制度和城乡居民两种不同的社会身份，进而促成了城乡结构的二元性和刚性化。

中国过去虽有城乡二元结构，却没有城乡二元体制。从 20 世纪 50 年代后期起，由于计划经济体制的确立，户籍分为城市户籍和农村户籍，城乡二元体制形成了。从这时开始，城市和农村都成为封闭性的单位，生产要素的流动受到十分严格的限制。它把广大农民束缚在土地上，禁锢在农村中（厉以宁，中国经济网，2008）。这是中国计划经济体制得以巩固和维持运转的制度基础。早在 1954 年，美国著名的发展经济学家、诺贝尔经济学奖获得者刘易斯通过对印度、埃及等国家的研究后便发现，这些国家的工农业之间、城乡之间因不同的资源特征而自然形成发展不平衡的差距。这种"二元经济结构"成为发展中国家经济发展的典型特征。

同苏联的"休克疗法"改革相比，中国采取的是一种渐进式改革开放路线，这种改革开放具有以下鲜明特点（马晓河，2008）：在改革开放路径上，采取了从下到上、先易后难的路径；在改革开放顺序上，改革采取了先生产后流通、先经济后社会政治其他领域，开放采取了先东部沿海后沿江沿边和中西部地区的策略；在改革开放进程上，采取了先点后面推广的方式。从 30 年改革开放的进程看，无论经济领域还是社会、政治领域的改革开放，我们都采取了先点后面的循序渐进方式；在改革开放的利益分享结构上，采取了先改革增量，然后以增量改革带动存量改革的激励办法。

从上述改革开放的特点可以看出，我国改革开放的受益人群具有明显的阶段性和群体性。在改革开放初期，由于改革是从基层率先发动的，农民、工人从中优先获得较大利益。进入 20 世纪 90 年代以后，随着改革从生产到流通、从经济到社会、从一般部门到垄断部门的推进，改革的受益群体从农民、工人转向精英群体，而且随时间推移，精英群体从改革开放中获益越来越多，农民和工人获益相比较越少，甚至出现了边缘化倾向。改革开放受益群体的分化过程就是城乡收入增长分布演进的过程。

二、刻画城乡收入分布演进的方法

高斯分布是统计分析中最常见、最重要的一种分布。其概率密度函数：

$$f(x) = \frac{1}{\sqrt{2\pi}\sigma} \exp\left[-\frac{(x-a)^2}{2\sigma^2} \right] \tag{7.26}$$

高斯分布的概率密度函数可由两个参数决定：一个是均值，另一个是方差。

在任意时刻 t 去观察，若城乡收入的概率分布都满足高斯分布，这个随机过程就是高斯过程。如果高斯过程中的城乡之间是互不相关（统计独立）的，则其概率密度函数可写成：

$$f_n(x_1, x_2, \cdots, x_n; t_1, t_2, \cdots, t_n) = f(x_1, t_1) \cdot f(x_2, t_2) \cdots f(x_n, t_n)$$
$$= \prod_{j=1}^{n} \frac{1}{\sqrt{2\pi}\sigma_j} \exp\left[-\frac{(x-a_j)^2}{2\sigma_j^2}\right] \quad (7.27)$$

其中：$\prod$ 是连乘符号。每一次渐进式改革，城乡分化成不同群体：$x_1, x_2 \cdots x_n$。如果高斯过程中不同收入群体之间不是统计独立的，则：

$$f_n(x_1, x_2, \cdots, x_n; t_1, t_2, \cdots, t_n)$$
$$= \frac{1}{(2\pi)^{n/2}\sigma_1\sigma_2, \cdots, \sigma_n|B|^{1/2}} \cdot \exp\left[\frac{-1}{2|B|}\sum_{j=1}^{n}\sum_{k=1}^{n}|B_{jk}|\left(\frac{x_j-a_j}{\sigma_j}\right)\left(\frac{x_k-a_k}{\sigma_k}\right)\right]$$
$$(7.28)$$

其中：
$a_k = E[\zeta(t_k)]$
$\sigma_k^2 = E[\zeta(t_k) - a_k]^2$
$|B|$ 是归一化协方差矩阵的行列式，即：

$$|B| = \begin{vmatrix} 1 & b_{12} & \cdots & b_{1n} \\ b_{12} & b_{22} & \cdots & b_{2n} \\ \vdots & \vdots & \ddots & \vdots \\ b_{n1} & b_{n2} & \cdots & 1 \end{vmatrix}$$

$|B|_{jk}$ 是行列式 $|B|$ 中元素 b_{jk} 的代数余子式。
b_{jk} 的归一化协方差函数：
$$b_{jk} = \frac{E\{[\zeta(t_j) - a_j] \cdot [\zeta(t_k) - a_k]\}}{\sigma_j \sigma_k}$$

幸运地，要对这种令人头痛的复杂的密度函数进行非参数估计，现有的计量软件如 Eviews 和 Matlab 都可以比较容易地实现。

三、中国城乡收入分布的演进

改革初期，中国居民收入可以简单地分为两个群体：城镇居民和农村居民，其基于高斯正态分布的 Kernel 密度函数估计如图 7-9（a）所示。在改革的初始状态，中国城乡收入分布呈现明显的双峰状态（Twin-Peaks）。进入改革早期阶段（相当于我国 1978~1981 年），城乡人均收入群体开始分化，城市和乡村中都有一部分人先富起来，但城乡人均收入差距依旧显著，城乡群体分明；表征城乡居民收入分布的密度函数值 h 增加 [图 7-9（b）]。由于中国农村改革要早于城市，因此农村一部分人先富起来 [图 7-9（c）]；由于东部及沿海农村发展速度高于全国平均水平，一部分农村及城郊农民进城，如果他们的农民身份不变，此时城乡人均收入差距显然会缩小［图7-9（d）］。至图7-9（f），在固定农民身份的情况下，部分农民收入超越城市，进入富人阶层，中国开始形成中产阶层。

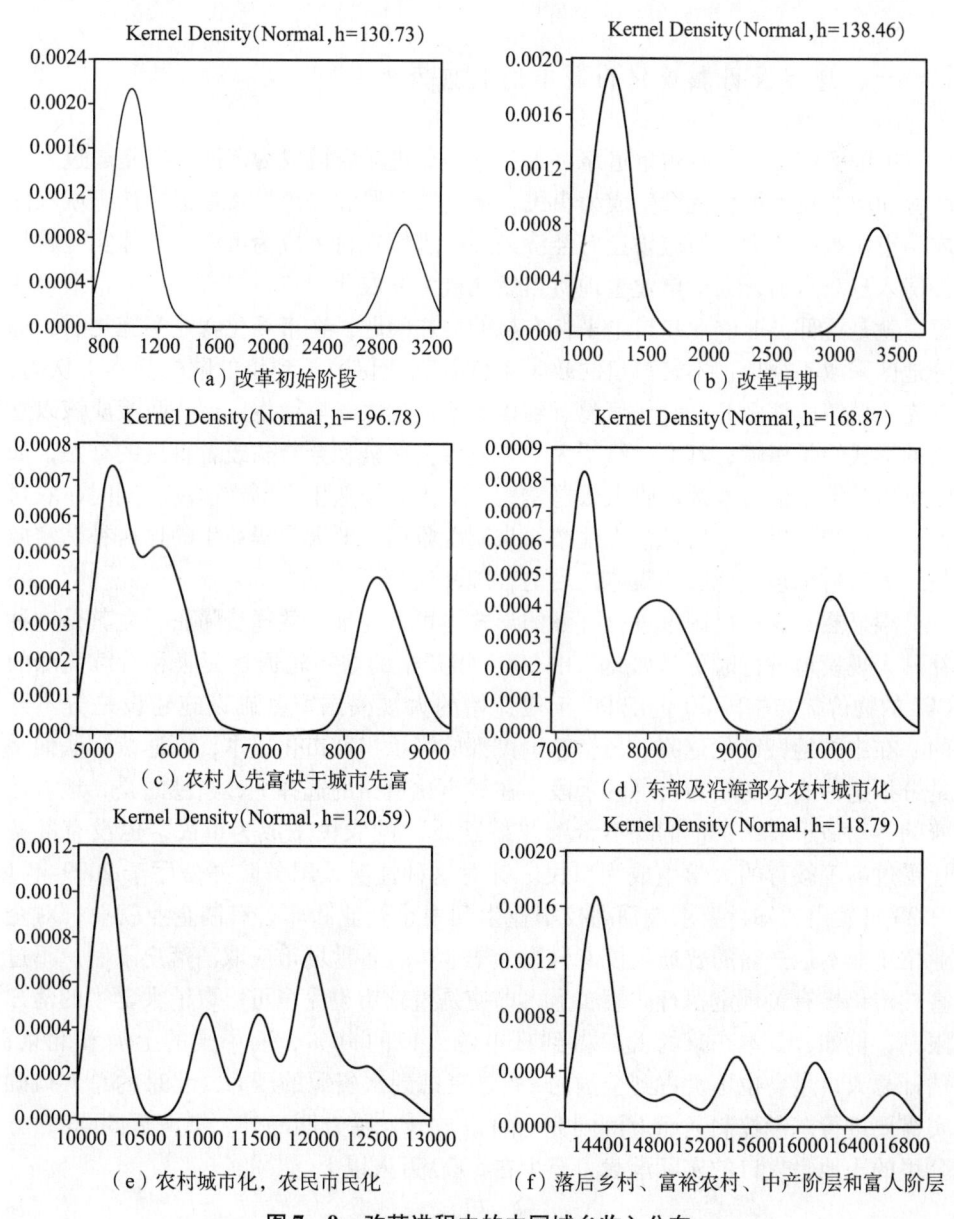

(a) 改革初始阶段

(b) 改革早期

(c) 农村人先富快于城市先富

(d) 东部及沿海部分农村城市化

(e) 农村城市化，农民市民化

(f) 落后乡村、富裕农村、中产阶层和富人阶层

图7-9 改革进程中的中国城乡收入分布

第四节

缩小城乡差距对策：统筹发展

一、理顺农村城镇化和城市的长远发展

中国实施城市化有两条道路可走：一是让进城农民成为市民；二是通过大学教育和职业技术教育让学生成为市民。从进城农民和城市发展考虑，让进城农民成为市民难度较大，但应该让有经济条件的进城农村人成为市民，具体实施就是买房入户。目前，大学毕业生理所当然地成为非农业户口，但有一点非常值得注意，就是这部分非农业户口中来自农村的居住问题。在市场化就业实施之后，部分地区采取不征地、不转户口的政策来弥补就业保障不到位的缺失。本书认为，首先，城镇应该敞开接收任何愿意到该地落户的大学毕业生，这一政策应该以立法的形式给予保障；其次，给予大学毕业生住房公积金贷款或者直接的补贴，如限价房政策不但对本地低收入人群实用，对大学毕业生也同样适用。同时，农村大学生进城之后，其所承包土地按原来制度收回，对大学毕业生的住房补贴实质是对其农村承包土地收归集体之后的合理补偿。

很显然，这种由国家进行补贴的形式不可避免地导致通货膨胀，尤其是这种补贴大规模地进行时更是如此。由2007年开始的新一轮通货膨胀和持续高涨的CPI的物价，与中国20世纪90年代开始的大规模国家基础设施建设是分不开的。在中国的城市化道路上，全体国民都应当承担城市化成本，而通货膨胀似乎是分担这种成本的较为公平的手段。在城市化道路的选择上，遗憾的是，地方政府的行动似乎表明：他们既不希望"低素质"的农民工成为市民，也没有准备让受过高等教育的大学生成为市民。针对这种情况，国务院办公厅于2009年1月23日发出通知，要求鼓励高校毕业生到中小企业和非公有制企业就业，对企业招用非本地户籍的普通高校专科以上毕业生，各地城市应取消落户限制，不过直辖市仍按有关规定执行。事实上，即使是直辖市也完全可以取消大学生的落户限制，例如，日本东京的人口占到日本总人口的10%，而中国的上海和北京，估计总人口最高也不会占到全国的2%。考虑到水资源的压力，北京的总人口确实需要进行总量控制，而上海则完全可以放开，除崇明岛外，上海近5000平方公里的土地，人口的实际承载力至少在5000万人以上。

二、统筹发展城乡基础教育

2009年2月27日，全国妇联发布《全国农村留守儿童状况研究报告》显示：农村留守儿童总数约5800万，其中14周岁以下的农村留守儿童约4000多万。留守儿童集中分布在四川、安徽、河南、广东、湖南等省，大部分省份的农村留守男童多余于农村留守女童，超过半数的农村留守儿童不能和父母中的任何一方在一起生活，这些孩子大部分由受教育程度偏低的祖父母照顾。留守儿童面临的突出问题是：亲情缺失、生活抚育、教育监护和安全保护等问题。

教育关系到国家的未来，应该让城镇敞开接收受教年龄段的农村学生，地方政府给予学校或者学生家长直接的财政补贴。只要流动儿童本人及其家长愿意，流入地公立学校都应该无条件接收，让所有流动儿童享受与本地儿童平等的义务教育和非义务阶段教育。城镇应该实行只要有孩子的地方就有公立学校，永久的校舍不够，政府应该考虑临时租用场地作为办学之用。流入地政府办学支出，可以直接抵免向国家和上级政府的税收。只要把教育办好了，进城人心才能安定。目前，由于户籍制度等一系列城乡分割制度的存在，进城农民和其他流动人口，他们每年将大量的劳动收入所得带回户籍地购买或者建造房屋，仅此一项，中国农村和中西部中小城市空置房高达50%以上，已经造成数以万亿计的直接投资损失。进城务工的农民将大部分的劳动收入用于农村建房，收入较高的群体则大量在县城和小城镇购买房屋以备将来自住或者投资。统筹发展城乡基础教育，第一出发点是实现教育平等权，第二可以矫正人们对城市化合理预期从而引导人们理性投资。我们完全有条件在中国中西部实现无留守儿童的教育发展目标。

另外，我们完全可以参照会计师和律师管理的方式对教师进行执教管理。取得教师从业资格的人员，完全可以组建类似事务所的机构直接从事正规的教育工作，只要有场地，就应该支持这种以教师为主的教育活动。我们现今的民办教育，实质上以资本为主，我们应该以人为本为主。城镇教育资源的短缺，与我们的教育官本化管理有直接的关系，教育产业化更多地以资本而非人力资源为依托。教育机构的事务所方向的改革，比以资本为主导的教育产业化更加能够提高师资和教育水平，同时还能解决相当数量的师范毕业生的就业问题。政府可以规定不同学科的教师比例，以保证国家教育方针和政策的顺利实施。

三、取消户籍制度，允许自由迁移

现有城市应该敞开接收来自任何地区流入人口入户，将户籍制度的功能弱化，不再与城市福利挂钩。我们完全不用担心完全开放户籍会造成城市人口的迅猛增长。其一，经过30多年的改革与发展，农村剩余劳动力基本上消化干净；其二，即使允许进城人员家属进入城镇，全国最多也只会增加约3000万；其三，根本不需要担心人口的涌入，而是担心人家不愿意来。也不用担心进城人员居无定所，因为中国城镇有超过120亿平方米的小产权房，按人均20平方米计算，可以容纳6亿人口。我国户籍制度的表面成本并不高，但正是由于户籍制度的存在，数以亿计的农村进城劳动力由于预期无法取得城市永久居留权，他们往往将在城镇劳动所得改造、新建或者在户籍地购买房屋。我们小样本和小范围的调查表明，平均每个进城劳动力在农村和户籍地城镇改造、新建、购买以房屋为主的投资为2万元。我国中西部大部地区和沿海省份相对落后地区都是如此。农村、小城镇、县城，甚至地级市，房产空置随处可见。将户籍制度的取消和教育、居住、医疗和其他社会保险同步进行改革，有助于扭转和减少这种固定资产净损失的形式的投资。必须明确的是，上述无效投资的背后，是数以千亿计的原材料、能源、人力的巨大浪费和环境污染压力持续上升的主要原因。

四、全面推行农地制度改革

近年来，集体林权制度改革引发的绿色变革，在福建、江西、浙江和辽宁轰轰烈烈展开，给这些地方的新农村建设和人民生活带来了又一次翻天覆地的变化。各省紧紧抓住中央深化农村改革的机遇，认真落实《中共中央国务院关于加快林业发展的决定》，开展了一场以"明晰产权、减轻税费、放活经营、规范流转、统分结合、配套改革"为主要内容的林业产权制度改革。但我国的林权制度改革很不彻底，应该突破承包的限制，推行全面的农地、林地等土地私有化改革。

例如，重庆博士农业科技园作为九龙坡区的重点农业项目，廉价租用乡郊良田千亩，兴建别墅，向市民出售（新华网、网易、新浪网等，2007）。就在各地产商翘首盼望农村土地私有化的来临时，2007年12月11日，国务院召开会议，指出国家耕地紧缺、土地使用粗放，并严禁"以租代征"，将农业用地转为建设用地，禁止市民购买小产权房。房产开发侵占耕地并由此导致未来农产品供应短缺，这可能是国家管理层最为担心的问题，也是社会公众支持政府严惩此类违反现行法律的主要原因。从经济学观点看来，重庆农博园项目无疑是各界对提高土地利用率保障各方利益的有益尝试。在保持开发区或者"别墅区"80%土地依旧农用的情况下（区别是有明确的隔离标志），如可以通过立法来规定租用土地的农产品单位产出，达不到产出标准的给予一定的处罚。类似重庆农博园房地产项目完全可以沿高速公路或者高等级公路两旁展开，以节省中国日益减少的耕地，大幅度提升土地的利用率和产出率。

五、统筹社会保障

相对于统筹基础教育而言，统筹社会保障可以分阶段进行：（1）建立面向所有非农产业就业人员的失业保险和医疗保险；（2）吸收进入城镇就业3年以上的农民工参加养老保险；（3）为已经进入城镇落户并将承包土地一次性出让的农民提供最低生活保障。

第八章

劳动力流动、失业与增长

长期以来，中国官方唯一定期发布的失业率为"城镇登记失业率"，由于该数据仅把那些到就业服务机构求职登记的城镇无工作者视为失业人员，其结果受到官方、学界以及国际社会的广泛质疑。许多学者认为城镇登记失业率很大程度上不能反映失业率这一宏观经济重要指标，纷纷提出了自己的研究结果，其相对和绝对变动范围非常之大（8%~35%）。

倾向中国整体失业率被大大低估的人们认为，中国官方公布的失业率只统计了城镇失业情况，并没有包括现在农村的1.5亿剩余劳动力。出于对农村剩余劳动力高估的认识，冯兰瑞（1998）、冯兰瑞和陈敬（2004）、萧灼基（2002）认为1998年中国失业率超过30%。中国劳动保障部劳动科学研究所根据对国内学者和官员的问卷调查，认为2001年中国城镇实际失业率达到7%。其中，官员的估计较低（接近6%），学者的估计较高（高于8%）；而中国国家计委宏观经济研究院估计2001年的真实失业率突破9%；国务院发展研究中心根据抽样调查并综合有关数据推算，20世纪90年代中期以来，城镇真实失业率在10%以上，其中1997年和1998年的真实失业率达13%~15%。

美国卡托研究所的中国问题专家多恩估计，到2002年年底，中国城市和农村的总失业率可能达到10%，其中，农村的失业率在10%~15%。美国普林斯顿大学的程晓农博士估计，中国城市的实际失业率达到20%，而中国内地中小城市的失业率都在30%以上。2004年"竞争战略之父"迈克尔·波特博士来华主持战略论坛时也特别指出中国失业率很高且上升很快。中国港台媒体、学界基本一致认为中国整体失业率是一个人们深谙却说不出的数字。

本章考察中国的城乡剩余劳动力向流动劳动力转变，并在此基础上推算中国30年来的总失业率。我们研究的目的并非要否定官方的劳动就业与失业的统计结果和结论，而是在很大程度上我们要利用官方数据和结论。通过考察人口流动来判定中国的总失业率，进而把握中国经济增长的动态过程并提出相应的政策建议是我们研究的主要目的。

第一节 剩余劳动力：流动与沉淀

一、国内外剩余劳动力研究现状与进展

刘易斯（Lewis, 1954）论证了转型期经济中剩余劳动力的存在。先于他的罗森斯蒂因—罗丹（Rosenstein-Rodan, 1943）和纳克斯（Nurkse, 1953）也持有类似观点。舒尔茨（Schulz, 1964）通过研究印度流行病爆发后农业产出波动否定印度农业有大量边际产出为零的剩余劳动力的观点，而森（Sen）却认为舒尔茨的"自然实验"并不能否定印度农业有大量剩余劳动力。弗雷瑟（Fleisher）认为中国的经济并不是一个满足劳动力市场均衡条件的经济。相反，他认为一个传统的两部门经济模型能够更好地解释中国经济。在这个两部门中，非农业生产部门获得比较高的收入，因而更愿意留在当前的工作上，而同时，农业部门的收入水平非常的低（Fleisher, 1997）。拉尼斯和弗（Ranis and Fei, 1961, 1963）、乔根森（Jorgenson, 1961, 1970）和卡尔多（1975）进一步讨论了农业部门的发展和农业技术进步、农产品剩余等因素对劳动力迁移的影响。这些修正和补充使二元经济理论日趋完善，从而成为发展经济学的著名理论，即刘易斯—拉尼斯—费模型（Lewis-Ranis-Fei）。扩展的刘易斯模型的核心思想是经济发展过程伴随着劳动力及农业剩余从传统农业部门转移至现代工业部门。工业部门的扩展能力取决于农业的生产条件。其特别重要的结论是：如果农业部门没有剩余（劳动力剩余和农业产出剩余），工业部门的增长将是非常困难的。

国内外学者对中国城乡剩余劳动力进行了大量的研究（见表8-1），使用的估算方法（农业边际产出为零法、耕地劳动力比例法、生产要素优化模型和均衡条件法、农业技术需求法、国际比较法、直接观察法）和估算结果均不尽相同，人们的估计结果从4600多万（刘建进，1997）到20538万（胡鞍钢，2000），往往相差甚远。

表8-1　　　　　　　　　中国农村剩余劳动力估算　　　　　　　单位：亿人

估算者	年份	估算方法	估算结果
陈锡康（1992）	1990	农业边际产出为零法	0.98
刘建进（1997）	1994	生产资源配置的优化模型和均衡条件	0.85
王城（1996）	1995	农业边际产出为零法	1.38
侯鸿翔等（2000）	1996	农业边际产出为零法	1.1567

续表

估算者	年份	估算方法	估算结果
王红玲（1998）	1997	改进的生产要素配置优化模型	1.173
胡鞍钢（2000）	2000	耕地劳动比例法	2.0538
陈杨乐（2001）	2000	劳均播种面积推算法	1.6554
谢培秀（2004）	2000	农业技术需求法	1.3
李子奈（2000）	2000	国际比较法	1.6
王检贵、丁守海（2005）	2005	古典测算方法	0.46
程名望（2007）	2005	中国农村固定观察点办公室	1.5~1.7
蔡昉（2007）	2007	基于统计数据直接推算	1.2
马晓河、马建蕾（2007）	2007	农业生产所实际需要的劳动力	1.1423
郭金兴（2007）	2007	古典测算方法	1

毫无疑问，上述文献中关于中国农村剩余劳动力的估计都是正确的。问题是，人们所估算出来的这些剩余劳动力实质上并不真正剩余，原因是他们已经成为流动劳动力。不可否认的是，如果农村的土地和城镇各类企业本身都达到最优配置，中国依然可以释放更多的剩余劳动力，达到这个最优的过程就是中国持续的改革。自2004年开始蔓延全国的"民工荒"打破了官方、学者长期以来中国拥有无限劳动力供给的直觉判断。数据的缺失和官方已有流动劳动力数据似乎依旧支持中国农村拥有1.5亿~2亿的剩余劳动力的结论。面对自2004年开始全国范围内的"民工荒"现象，研究者们十分自然的反应是，这种现象发生在一个劳动力无限供给的二元经济条件下，只能是短期的、结构性的、暂时的，而不可能是真正的劳动力总量供给不足（樊纲，2005）。而做出这种反应的根源在于，无论是学者或政策研究者，抑或是政府官员和社会各界人士，长期以来形成一个根深蒂固的认识，即中国拥有无穷无尽的劳动力供给，更具体地说，农村存在大量且无法吸收殆尽的剩余劳动力，而且这一事实似乎永远不会改变（蔡昉，2007）。从总人口看，今天农村的实际人口只有总人口的35%左右，而从劳动人口看，操作农业的大约是20%，一位做过比较深入调查的专家朋友，说只剩15%左右（张五常，2007）。在经历近30年的高速经济增长和成功的经济改革之后，坚持认为中国农村仍然有高比例、大规模的剩余劳动力的观点，已经成为缺乏经验证据的教条，且妨碍我们对劳动力市场形势做出正确的判断。采取直接观察农村劳动力加总数量、年龄结构和就业分布的方法，估算出目前农村只有不到1.2亿剩余劳动力，剩余比例是23.5%，其中一半超过40岁（蔡昉，2007）。

事实上，自2004年开始，中国农村中的农业劳动力乡外就业的比例就基本上维持在70%左右。来自中西部各省农民工的就业调查表明，70%的农民工家庭的农业收入为零（张宗益，2008）。以此来计算，中国农村中从事农业生产的总劳动力只有1.5亿左右，其中还有20%的劳动力从事兼业生产。

二、转型经济剩余劳动力供给边界

按照庾德昌（1989）所提供的数据，早在1986年年底，中国农村非农化的劳动力就已经占到农村总劳动力的37.15%。按这一增长趋势（年增长率5%~7%）推算，1988年年底，中国农村劳动力中非农就业估计值则为2.25亿~2.4亿。皆川勇（1991）引用较早前国家统计局出版的统计年鉴，认为中国早在1987年就有5亿城市人口，比1982年的2.1亿增加了2.9亿。当时国家统计局是根据城市管辖范围来计算的，其中包括很多虽然称作"城市人口"却是实在的农村人口。如果将非农化劳动力计算在内，这一数据恰好能够反映中国城市化的真实水平。张庆五（1991）估计，1989年年末中国实际有2亿多农业人口转移到非农业领域。

上述推算表明，中国农村劳动力在20世纪90年代初实际上就只有不到2亿的农业劳动力。这一结论是相当有意义的。首先，证明了户籍制度对农村劳动力流动的制约是十分有限的，至少也是不明显的。其次，以此为出发点，中国官方一直以来难以启齿的包括农村在内的整体失业率和一些学者高估的失业率将画上句号，自改革开放以来中国城镇劳动力的吸纳能力相当强劲，农村剩余劳动力远小于人们所估计。再其次，诺贝尔经济学奖获得者刘易斯的二元经济理论关于零失业的假设在我国得到很好的事实支持，因为转型期的中国失业率实际上是很低的。最后，一直以来的城市流动人口高犯罪率假象得以揭示，由于我们的流动人口统计数据在很大程度上只是登记第二产业的从业人数，意味着大多数城市的外来人口远少于实际外来人口，城市流动人口高犯罪率的结论实际上是不成立的。我们的研究有助于人们深刻理解和刻画中国由农业社会向现代城市社会转型的经济巨变，中国的剩余劳动力在转型期实质上都从隐性失业显性化为流动劳动力。

中国农业劳动力的非农化转移是以日益增长的流动人口为标志的。正是由于观测到这种以农村劳动力为主的流动人口迅速增长，同时农业产出并没有降低，表明转型经济中确实存在过剩劳动力。经济转型期的中国剩余劳动力是随着制度改革和技术进步而逐年释放出来的，劳动力流动规模的短期波动符合托达罗模型和推拉理论。就中国劳动力转移的宏观进程看，整个转移进程完全符合刘易斯模型；如果将刘易斯模型看成描述一国宏观经济数据的时间序列，那么托达罗模型就是表现为这一时间序列上的波动，或者说是冲击。这种流动劳动力的波动，为我们下面的DEA研究提供了基础。

从前面的研究中的经验证明：在中国经济转型的过程中，某些年份的剩余劳动力接近于零。这给了我们下述的DEA分析方法一个重要的启示：数据包络存在一个边界，即经济体中剩余劳动力的供给存在一个最大值，这个最大值就是剩余劳动力为零的年份。这也导出了我们下面模型所用的基本假设：（1）转型期的中国符合刘易斯二元经济理论的基本假设；（2）转型期经济中的过剩劳动力供给有一个最大的供给上限（边界）；（3）过剩劳动力的转移是以流动劳动力为标志和特征的，在经济最好的年份，总能将经济中剩余劳动力全部利用。这一假设实际上是刘易斯二元经济理论中不存在失业的假设，只是我们认为中国1978~2007年这30年中至少有一年剩余劳动力全部显性化为流动劳动力。流动人口的城镇和农村来源使得我们的估算模型不但能够包含农村中的剩余劳动力，也能够包含来自城镇的剩余劳动力。

三、转型期经济剩余劳动力估计模型：DEA 分析法

我们采用一种数据驱动（the Data-driven Approach）的分析方法，即数据包络分析法（DEA）。作为一种非参数的统计方法，DEA 方法已成为经济、管理、决策分析等领域中的一个重要方法。在我们的模型中，经济体包含如下几个宏观变量：城乡剩余劳动力（RL）、外来劳动力（OL）、本地常住劳动力（LL）、非户籍永久移民劳动力（FL）。下面我们首先给出这四个变量的定义。

城乡剩余劳动力（RL）：在提供产出（GDP）的组织中，由于制度变革或者技术进步，劳动力的绝对减少并不减少组织的产出。我们称这部分存在于经济转型期间绝对减少而不影响产出的城乡劳动力为城乡剩余劳动力。

外来劳动力（OL）：在流入地工作生活，而其户籍在外地乡镇的劳动力。

本地常住劳动力（LL）：在本地工作生活，而其户籍在本地乡镇的劳动力。

非户籍永久移民劳动力（FL）：在流入地工作生活，而其户籍在外地乡镇的劳动力，这种劳动力并不随着宏观政策或者其他因素的影响而离开其流入地。

关于非户籍永久移民劳动力（FL）的定义与官方统计文献中的外来常住人口的概念是不同的。官方定义的外来常住人口是指流入地工作、生活半年以上，户籍在外地乡镇的外来人口。而非户籍永久移民劳动力是指并不随宏观经济周期波动、政策变更或者政治事件而回流至流出地的外来劳动力。因此，每个省区每时点上的劳动力数据集可以表示为：

$\{[RL_t^i, OL_t^i, LL_t^i, FL_t^i], t = 1988, 1989, \cdots, 2007, i = 1, 2, \cdots, 31\}$

进一步地，将劳动力数据集以时期（年份）t 为横轴的二维空间里表示。很明显，RL 在不同时期比较稳定，在全国流动人口较多的年份，其隐性化规模就减少，而在全国流动人口较少的年份，其隐性化规模就增加。设经济体中在时期 t 时可转移的劳动力规模为 $TL_t(t = 1988, 1989, \cdots, 2007)$，非本地户籍外来劳

动力为 $OL_t(t=1988，1989，\cdots，2007)$，则时期 t 中显性化的剩余劳动力规模为 $OL_t(t=1988，1989，\cdots，2007)$，隐性化的剩余劳动力规模为 $TL_t - OL_t(t=1988，1989，\cdots，2007)$。

隐性失业显性化流动劳动力时，从已有的研究结果看，大部分认为流动劳动力劳动参与率和失业率都要低于本地户籍的常住人口。显然，利用后述章节估算方法，我们可以得出各时期全国流动人口规模。因此，如何确定各时期可转移劳动力规模就成为问题的关键。幸运地，不同时期的劳动力数据集显然是一个凸锥，即我们可以大致确定流动劳动力规模的边界。我们将这个边界数据集称为可转移的劳动力规模 $TL_t(t=1988，1989，\cdots，2007)$。实证分析中的具体方法，我们将在后述部分进行详细讨论。

四、转型期剩余劳动力：两阶段模型

依据中国人口转型的不同阶段，我们将整个估算分成两个部分：1978～1988年和1988～2007年。前者是省内转移（流动）为主，后者主要表现为跨省转移。根据庚德昌（1989）、张纯元（1994）、铁水映（2000）、杨云彦（1989）、张庆五（1985，1987，1992）和《中国农村社会经济典型调查（1985）》（中国社会科学出版社，1987）中的数据，本书推算出中国1978～1988年中国总流动人口规模如图8-1所示。

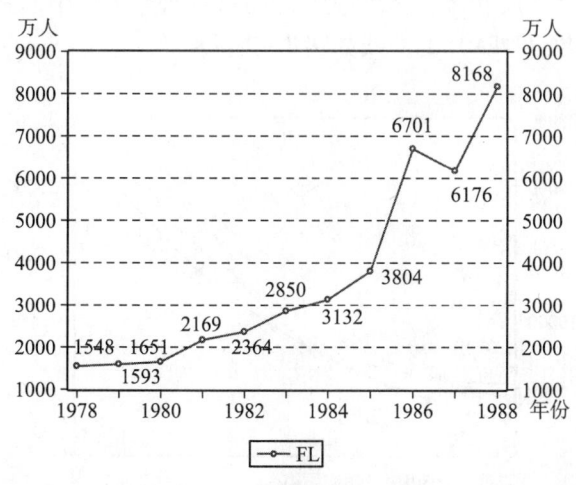

图8-1 中国流动人口规模

根据对1988年特定推算，我们将流动人口规模历年趋势线水平上移至流动人

劳动力流动视野下的中国区域经济增长研究

口最高的年份，如果平移后的趋势线依旧小于1988年实际流动人口数据，我们再将其向上平移。很明显，平移后的趋势线高于1988年的中国跨乡镇流动人口数据。我们称向上平移后的曲线为转型经济剩余劳动力供给上限曲线（Transferable Labor，TL），这与刘易斯理论所描述的情形完全一致。我们称转型经济剩余劳动力供给上限曲线在各年与该年总流动人口之差就是经济体中尚未转移的劳动力，这才是真正的剩余劳动力（RL）。我们将趋势线向下平移至实际流动人口数最低点，就达到转型期经济接收剩余劳动力下限，即转型过程中经济体能够接收剩余劳动力的历年最小值。转型期剩余劳动力接收下限实际就是非户籍永久性迁移劳动力。真正的流动人口是转型期实际剩余劳动力供给曲线与接收下限曲线的差值。经济体中剩余劳动力是一个动态的概念，它的最大可供给量随着农业技术进步而增加。

由图8-2可以看出，1978~1988年这11年间，中国以劳动力为主的人口流动呈现指数化的增长，无论是用托达罗模型、推拉理论，还是用系统动力学模型，都可以拟合出这一阶段流动人口的增长曲线。在整个转型期中，托达罗模型是不适合的。因为经济无法吸收长期的指数化（爆发式）增长的劳动力供给。这种指数化剩余劳动力释放的后果，就是中国长达十余年的"民工潮"。"民工潮"是转型经济过程中，随着制度变革的有效激励和农业技术的进步，农村隐性失业显性化为流向城镇或发达地区的流动人口，由于经济无法满足爆发式流动劳动力就业增长需求而导致的较长期震荡式城乡人口流动现象。将乡内转移的农村劳动力计算在内，我们重新估计了可转移劳动力供给上限（NTU）、可转移劳动力供给趋势（NTT）、可转移劳动力供给下限（外来人口中的常住人口，NTL）以及实际转移总数（NTA）的曲线如图8-2所示。

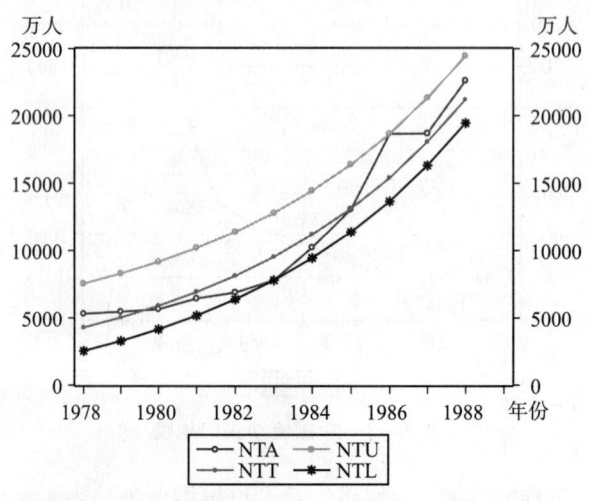

图8-2 中国农村劳动力非农化转移：1978~1988年

可转移劳动力供给上限即经济体中剩余劳动力最大值曲线：
$TL_t = 2890.2 \times e^{0.1759 \times (t-1977)} + 3967.23$，$t = 1978$，…，1988
$R^2 = 0.9502$ (8.1)
实际劳动力供给拟合曲线为：
$OL_t = 2890.2 \times e^{0.1759 \times (t-1977)}$，$t = 1978$，…，1988
$R^2 = 0.9502$ (8.2)
可供劳动力下限曲线（常住化外来人口）为：
$FL_t = 2890.2 \times e^{0.1759 \times (t-1977)} - 1563.07$，$t = 1978$，…，1988
$R^2 = 0.9502$ (8.3)

图 8-2 中的 NTA 就是非农化转移规模。因此，劳动办供给上限与非农化转移规模之差就是真正的剩余劳动力，或者称为隐性失业的劳动力。我们所估算出的常住化外来劳动力与官方公布的暂住人口数据是相当接近的，这实际上是一条外来劳动力沉淀曲线。韩长赋（2006）曾给出了农民工城乡流动和人口城市沉淀的概念模型，我们的研究则给出了一条自 1978 年改革开放以来的外来人口在城镇的沉淀曲线。官方的数据仅局限于调查年份，而没有调查的年份则缺失数据，我们的沉淀方程有助于恢复这些缺失的数据。根据前面章节中的流动人口数据加上乡内转移的劳动力，应用同样的方法，采用对数模型来求出可转移劳动力供给上限、可转移劳动力供给趋势和可转移劳动力供给下限的指数化曲线（见图 8-3）。

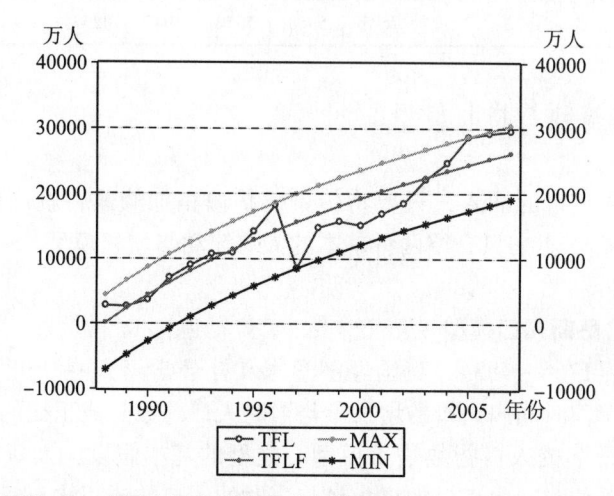

图 8-3 中国农村劳动力非农化转移与沉淀：1988~2007 年

劳动力流动视野下的中国区域经济增长研究

可转移劳动力供给上限（MAX），即经济体中剩余劳动力最大值曲线：

$TFL = -62187.71548 + 25977.7494 \times LOG(T) + [4313.54178]$ (8.4)

实际劳动力供给拟合曲线为：

$TFL = -62187.71548 + 25977.7494 \times LOG(T)$
　　　　6938.194　　2318.413

R-squared = 0.874609 (8.5)

可供劳动力下限曲线（常住化外来人口，即图8-3中的MIN）为：

$TFL = -62187.71548 + 25977.7494 \times LOG(T) - [7083.666779]$ (8.6)

图8-2和图8-3中的剩余劳动力供给上限与实际转移的劳动力之差，就是通常所说的剩余劳动力，也称隐性失业的劳动力。由于两阶段模型使用不同的拟合曲线，因此我们对此按接口处的最大值进行调整。本书给出1978~2007年中国经济转型期的剩余劳动力如表8-2所示。

表8-2　　　转型期剩余劳动力规模（两阶段模型）：1978~2007年

年　份	1978	1979	1980	1981	1982	1983	1984	1985	1986	1987
剩余劳动力（万人）	3247	3787	4420	3968	4567	4598	5435	5530	0	4122
年　份	1988	1989	1990	1991	1992	1993	1994	1995	1996	1997
剩余劳动力（万人）	1984	5044	5598	1816	230	0	531	253	521	4905
年　份	1998	1999	2000	2001	2002	2003	2004	2005	2006	2007
剩余劳动力（万人）	3572	3750	7641	5988	5552	3947	3252	2412	1803	1551

五、人口流动与增长模型

短期内外来人口的涌入，只要将传染病扩散稍加修改，就可以建立类似于Logistic流入模型。本书只介绍两种基本的人口流动与增长模型。

（一）马尔萨斯人口模型

马尔萨斯（1766~1834，英国经济学家和社会学家）在研究百余年的人口统计时发现：单位时间内人口的增加量与当时人口总数是成正比的。马尔萨斯于1798年提出了著名的人口指数增长模型。模型的基本假设：人口的增长率是常数，或者说，单位时间内人口的增长量与当时的人口数成正比。

以 $N(t)$ 表示第 t 年时的人口数，$N(t+\Delta t)$ 就表示第 $t+\Delta t$ 年时的人口数。$N(t)$ 是整数，为了利用微积分这一数学工具，将 $N(t)$ 视为连续、可微函数。

这样有：

$$\frac{N(t+\Delta t)-N(t)}{\Delta t}=kN(t) \tag{8.7}$$

其中 k 为人口的增长率，当 $\Delta t \to 0$ 时，由上式得：

$$\frac{\mathrm{d}N(t)}{\mathrm{d}t}=kN(t) \tag{8.8}$$

设初始条件为 $t=0$ 时，$N(0)=N_0$，马尔萨斯人口按几何级数增加（或按指数增长）的结论就是来源于方程（8.8）。方程（8.8）称为马尔萨斯人口发展方程。

（二）逻辑斯蒂克人口模型

这里将考虑自然资源和环境对人口的影响。以 N_m 记自然资源和环境条件所能允许的最大人口数。把人口增长的速率除以当时的人口数称为人口的净增长率。按此定义，在马尔萨斯人口模型中净增长率等于常数：

$$\frac{1}{N(t)}\frac{\mathrm{d}N(t)}{\mathrm{d}t}=k \tag{8.9}$$

在马尔萨斯后，荷兰数学家威赫尔斯特（Verhulst）提出一个新的假设：人口的净增长率随着 $N(t)$ 的增加而减小，且当 $N(t) \to N_m$ 时，净增长率趋于零。因此人口方程可写成：

$$\frac{\mathrm{d}N(t)}{\mathrm{d}t}=r\left[1-\frac{N(t)}{N_m}\right]N(t) \tag{8.10}$$

其中，r 为常数。模型（8.10）称为逻辑斯蒂克人口模型。

马尔萨斯模型对于 1800 年以前的欧洲人口拟合得较好。而此处的逻辑斯蒂克模型对于 1790～1930 年间的美国人口拟合较好，但对于 1930 年以后的人口估计不准。但是逻辑斯蒂克模型在生物总数分析中还是有其广泛的应用的。

六、转型期剩余劳动力：Logistic 模型

将不同时期的转移劳动力连接成线，我们发现其竟然是一条逻辑斯蒂人口转移模型。事实上，如果将刘易斯—拉尼斯—费模型中的横轴看成为年份，整个转化过程也非常符合逻辑斯蒂人口转移模型。根据流动人口数据（乡内流动、跨乡流动），我们给出逻辑斯蒂人口转移模型如下：

$$TL_t=\frac{36432}{1+69\times e^{-(t-1978)\times 0.20086}} \tag{8.11}$$

在前面的研究中,我们将 30 年改革划分成两个阶段:农村改革和城市改革。农村改革顺利完成后,中国以农村为主的劳动力流动达到 1988 年的历史顶峰,这一阶段的流动劳动力呈现指数化增长。

其中 r 为常数。模型 (8.11) 称为逻辑斯蒂克人口模型。本书绘出了中国 1978~1988 年的 Logistic 曲线及剩余劳动力供给上限与供给下限。如图 8-4 所示,其中转移劳动力总数是本书的推算值。

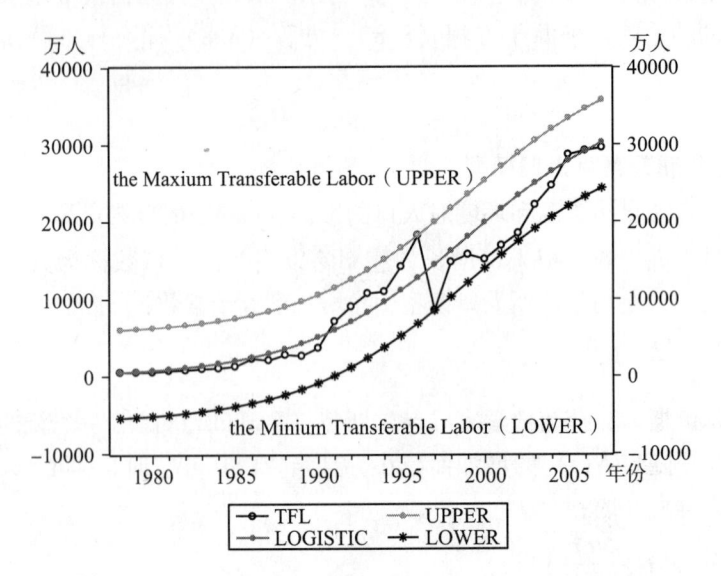

图 8-4 中国农村劳动力非农化转移与沉淀:1978~2007 年

利用 Logistic 转移模型,本书估算 1978~2007 年剩余劳动力规模如表 8-3 所示。

表 8-3　　转型期剩余劳动力规模(Logistic 模型):1978~2007 年

年　份	1978	1979	1980	1981	1982	1983	1984	1985	1986	1987
剩余劳动力(万人)	8991	9033	9078	8417	8307	7774	7617	6895	2682	4024
年　份	1988	1989	1990	1991	1992	1993	1994	1995	1996	1997
剩余劳动力(万人)	1430	4086	3892	1361	527	42	1186	1433	0	8401
年　份	1998	1999	2000	2001	2002	2003	2004	2005	2006	2007
剩余劳动力(万人)	3957	4806	7243	7253	7411	5385	4364	1725	2435	3160

七、利用 HP 滤波来计算剩余劳动力

利用上述构建 Logistic 转移模型的原理与方法，本书利用 HP 滤波将劳动力的非农转移分解成趋势成分和波动成分（见图 8-5）。

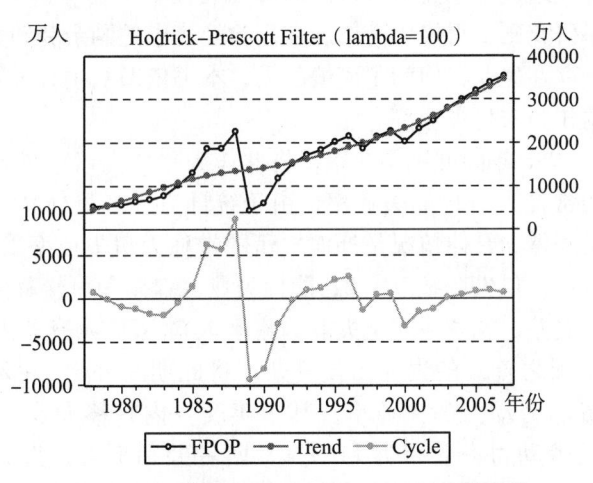

图 8-5 中国农村劳动力非农转移的 HP 滤波

从图 8-5 可以看出，中国农村劳动力非农转移的趋势（Trend）非常明显，而分解后的波动成分（Cycle）在零值线以下的可以看做是真正的剩余劳动力：(1) 1980~1985 年的剩余劳动力主要来自于农村包田到户的改革所释放；(2) 1989~1992 年的剩余劳动力来自于政治动荡和经济的周期性调整；(3) 1997~2003 年的剩余劳动力主要来自于东南亚的金融危机的冲击。

第二节

中国总失业率测度

计算总失业率的主要难点在于历年剩余劳动力的估计。而国内关于剩余劳动力规模的估计都是一种静态的估计，并且没有考虑到劳动力的流动。在本章第一节中，我们利用 DEA 分析方法通过考察流动就业对整个转型期的剩余劳动力进行了非常谨慎的估计。由于我们尽量利用官方的权威数据而没有利用自己的估算数据，因此估计出来的剩余劳动力规模是偏高的。两种不同的模型所计算的结果的主要差别在于改革初期和最后几年。在逻辑斯特（Logistic）模型中，我们认

劳动力流动视野下的中国区域经济增长研究

为1978~1985年剩余劳动力规模应该是高估。这也从侧面表明了农村制度改革的巨大威力：隐藏在农业中的剩余劳动力几年内就基本上得到释放。1997~2003年的剩余劳动力则更多地体现出城乡剩余劳动力的实质，其主要原因来自于1997年的亚洲金融风暴。本书的计算表明此次风暴对中国经济的影响远远超过官方的估计。

既然我们已经通过考察流动人口的高峰低谷测算了历年的城乡剩余劳动力，对同期的失业率研究则变得极为简单。在剔除经济中的剩余劳动力之后，一般可以认定农村中不存在失业，但为了谨慎起见，本书依旧利用官方同期公布的城镇失业的调整数据作为农村失业率。

已知1978~1988年间城镇待业率，将此作为常住人口（外地户籍的常住人口和本地户籍的常住人口）的失业率，由于统计口径和群体特征的不同，对这一失业率进行了调整，具体情况是外地户籍的常住人口失业率采用城镇待业率，而本地户籍的常住人口失业乘以1.2；隐性失业人口则为可转移劳动力供给上限与实际流动人口之差，视其为完全失业；流动人口（实际流动人口曲线与可转移劳动力供给下限之差）的失业比较复杂，将此期间外出1~2个月的劳动力所占比例视为流动劳动力的失业率，其中年度乡内转移失业率为10.7%，本年度跨乡转移的劳动力失业率为11.9%，两者差别不大，为简便计算，本书取11%为流动人口失业率。由此本书利用两阶段模型估算的1978~1988年11年间的隐性失业（RUMP）、常住失业（GUMP）、流动失业（FUMP）的人数如图8-6所示。

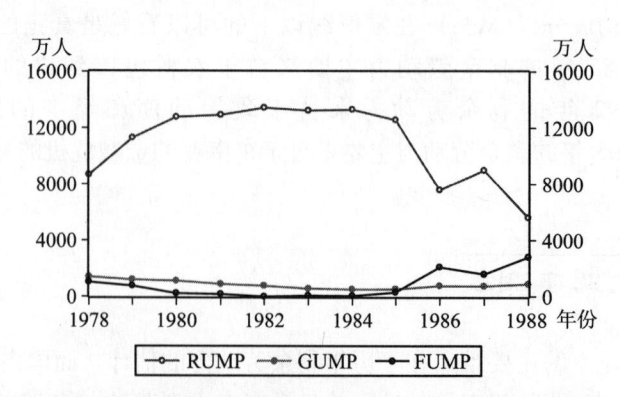

图8-6 两阶段模型下中国失业人数估计：1978~1988年

根据国家统计局不同年份的经济活动人口总数，本书估算出两阶段模型下1978~2007年中国整体失业率（IUMP_2STG）、不包含隐性失业人口的整体失业率（UMP_2STG）以及城镇登记失业率（CUMP）如图8-7所示。

· 174 ·

第八章 劳动力流动、失业与增长

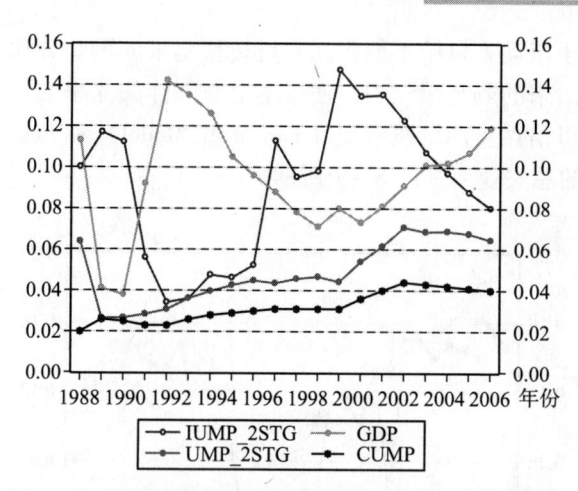

图8-7 两阶段模型下中国整体失业率：1978~1988年

长期以来，我国流动人口的失业率基本没有多大的改变，具体表现在暂住1个月内的劳动力占总外出劳动力的8%~12%，为简便计算，本书估计1988~2007年的流动失业率取10%。由于本书已经充分考虑和分解了中国总体劳动力的情况，因此这种简单地取10%作为历年流动失业率是可以的，因为其对整体失业率估计的误差影响相当小。本书估算的1988~2007年20年间的隐性失业、外来常住失业、流动失业和本地户籍常住失业的人数如图8-8所示。

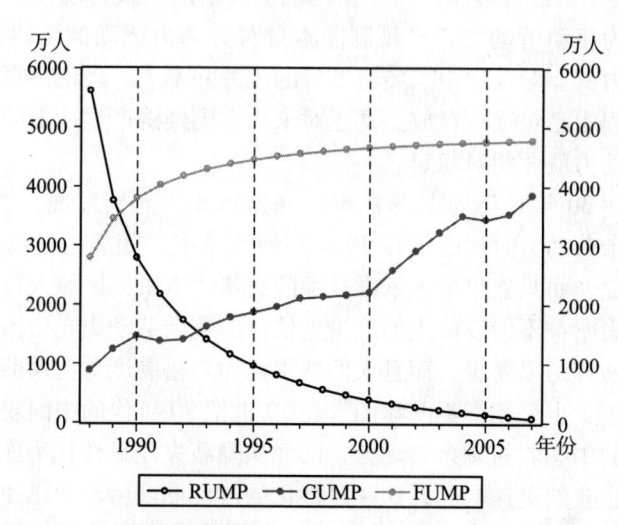

图8-8 两阶段模型下中国失业人数估计：1988~2007年

中国的流动人口主要以劳动力为主，所以本书直接将估算得来的人口作为劳动力来看待。由于流动人口中不但包括农村转移出来的剩余劳动力，也包括城镇企业改革所释放出来的剩余劳动力，使得本书对整体失业率的估计具备相当的准确性、可靠性和可信性。两阶段模型（Two Stage Model）和 Logistic 模型（Logistic Model）计算的总失业率如图 8-9 所示。

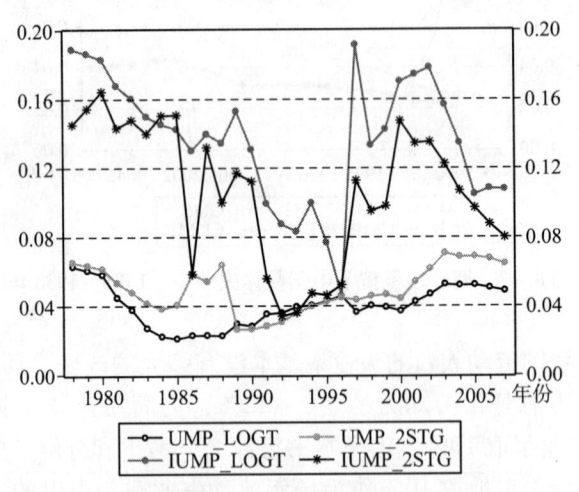

图 8-9　中国整体失业率与 GDP 增长：1978~2007 年

结论 1：在中国经济转型过程中，理论上高估的剩余劳动力基本上全部从隐性失业显性化为流动劳动力。户籍制度本身对劳动力流动的阻碍作用相当不明显。剩余劳动力就业对今后中国经济发展的压力并不大，理论估算的剩余劳动力在经济转型过程中已经逐步释放。真正对未来中国经济产生冲击的是如何使数以亿计的流动劳动力就业相对稳定。

在经历长达 30 年和年均 10% 的经济高速增长，人们发现，中国取之不尽、用之不竭的剩余劳动力时代已经在 2004 年悄然结束，随后的经济增长不能靠剩余劳动力的释放，而只能更多地依靠技术的进步。本书的区域人口估算方法和实际的估算结果表明：不但以前人们理论上估算的剩余劳动力在中国经济转型期过程中远比实质估算结果要少，而且人们通常认为户籍制度对流动劳动力的阻碍作用也是不存在至少也是相当不明显的。在 20 世纪 80 年代的中国农村改革完成之后，理论估算的中国农村剩余劳动力，已经从隐蔽失业显性化为庞大的流动劳动力。随着乡镇企业的迅速崛起，这种显性化的流动剩余劳动力迅速沉淀为常住化的劳动力。自 1978~1988 年这 11 年间，以农村剩余劳动力为主的非农转移（隐性失业显性化）与以乡镇企业为主的劳动力接纳，两者基本同步化呈现指数化增长，但两者的差距仍旧高达 5000 万。我们观察到这种显性化的剩余劳动力流动，并在高峰低谷之间，我们计算出了剩余劳动力的存在和历年规模。1986年开始的城镇改革，加上20世纪90年代以来的以优质高产杂交水稻和优质高产小麦为标志的农业技术变革，整个中国城乡剩余劳动力完全显性化为流动劳动力。这期间的流动劳动力不但包括农村继续释放出来的剩余劳动力，也包括已经沉淀和常住化的原转移至乡镇企业的劳动力再转移，还包括城镇改革释放出的剩余劳动力，这三股流动剩余劳动力合流，演化出长达15年（1988~2002年）之久的人口流动大潮。

结论2：在中国经历30年的以市场化为导向的改革之后，无论是否将剩余劳动力计入失业人口，中国的整体失业率都保持6%~10%。剩余劳动力的显性化，流动劳动力也逐步沉淀为常住劳动力，中国正日益由城乡二元经济走向一元经济。将劳动力流动因素考虑在内，中国城乡差距远比人们所想象的要小。

在改革开放的初始阶段，即1978~1985年，将农村剩余劳动力计入失业人口是值得商榷的。正是我们的制度改革，剩余劳动力才得以真正的释放。在我们的模型中，剩余劳动力接近全部转化为流动劳动力的年份有1986年、1992~1996年。这对我们的整体失业率的估算也产生相当大的负面影响，因为我们计算的隐性失业接近于零，而流动劳动力的失业率我们统一以10%来估算。即使是我们完全认为是失业的隐性失业劳动力，他们基本上也为整个经济提供养活自己的产出，即产出与消费相等。这也许是我们的模型最重要的不足。我们认为，反映中国经济转型期的Logistic劳动力流动与沉淀模型能够反映中国经济增长的整体失业的实际情况，无论是否考虑剩余劳动力对整体失业率的影响，该模型都能较好地拟合我们所估算的数据并能对经济现象做出较好的解释。

表8-4 中国失业率与GDP增长率：1978~2007年

年份 YEAR	L曲线估计失业率（%） LUMP	两阶段估计（%） UMP	GDP增长率（%） GDP	总失业率（%） TUMP	城镇登记失业率（%） CUMP
1978	14.53	6.55	6.00	12.80	5.30
1979	15.45	6.34	7.00	13.67	5.10
1980	16.45	6.14	7.80	14.62	4.90
1981	14.31	5.33	5.20	12.27	3.80
1982	14.79	4.79	9.10	12.70	3.20
1983	13.98	4.14	10.90	11.73	2.30
1984	15.05	3.83	15.20	12.73	1.90
1985	15.09	4.06	13.90	12.41	1.80
1986	5.84	5.84	8.80	2.22	2.00

续表

年份 YEAR	L曲线估计 失业率（%） LUMP	两阶段估计 （%） UMP	GDP增长率 （%） GDP	总失业率 （%） TUMP	城镇登记失业率 （%） CUMP
1987	13.19	5.42	11.60	9.12	2.00
1988	10.01	6.38	11.30	4.88	2.00
1989	11.70	2.65	4.10	2.89	2.60
1990	11.23	2.66	3.80	2.78	2.50
1991	5.59	2.84	9.20	2.56	2.30
1992	3.42	3.07	14.20	2.56	2.30
1993	3.61	3.61	13.50	2.89	2.60
1994	4.75	3.97	12.60	3.11	2.80
1995	4.62	4.25	10.50	3.22	2.90
1996	5.23	4.49	9.60	3.33	3.00
1997	11.28	4.36	8.80	3.44	3.10
1998	9.53	4.57	7.80	3.44	3.10
1999	9.81	4.66	7.10	3.44	3.10
2000	14.75	4.42	8.00	3.44	3.10
2001	13.45	5.41	7.30	4.00	3.60
2002	13.53	6.16	8.10	4.44	4.00
2003	12.26	7.07	9.10	4.89	4.40
2004	10.71	6.85	10.10	4.78	4.30
2005	9.71	6.88	10.20	4.67	4.20
2006	8.78	6.76	10.70	4.56	4.10
2007	8.01	6.45	11.90	4.44	4.00

第三节　总失业率与奥肯定律

一、失业与增长：有关奥肯定律的争论

哈里斯和托达罗等人（Harris, J. R. and Todaro, M. P., 1970）认为在二元经济条件下，如果正规部门需求扩张使正规部门工资上升，可能会通过吸引更多的劳动力进入城市或正规部门，而不会使城镇失业率下降。受长期计划经济和意识形态的影响，虽然早在1988年中国就存在较为严重的失业问题，但直到20世

纪90年代中期开始,中国的失业问题才得到国内外经济学界的广泛关注。不少文献认为奥肯定律在中国是不适用、偏离或以特殊形式存在的。得出此类结论的文献基本上是通过 GNP、GDP 与城镇登记失业率来建构模型,从而认定中国总量经济增长与城镇登记失业率之间的关系明显偏离奥肯定律。即使分别用各产业的就业指数代替传统的失业率指标,奥肯定律也只适用于第一和第二产业,但仍然不适用于第三产业。在第三产业是吸纳就业的主要产业的情况下,奥肯定律不适用于第三产业也就意味着不适用于中国经济。张车伟(2005),蔡昉和王美艳(2004),孙敬水、陈娜(2007)等人的研究都认为奥肯定律并不适用于中国经济。蔡昉(2007)进一步讨论了奥肯定律在中国失灵的问题。王忠(2006)的研究认为,中国经济增长与就业之间的关系是与发达国家相似的,经济增长创造了大量的就业岗位。但是,由于人口转变、城镇化和下岗失业,城镇劳动力市场每年新增大量劳动力,使得就业与失业之间的关系与发达国家有较大的差异,这是中国经济快速增长而失业率同时上升的根本原因。

邹薇(2003)认为奥肯定律在中国基本适用,只是由于失业统计数据的不足,中国经济对奥肯定律有所偏离。林秀梅、王磊(2007)选取我国改革开放以来(1978~2004年)的年度 GDP 增长率与城镇登记失业率数据,使用 HP 滤波方法将我国的 GDP 增长率和失业率数据分解为趋势部分和波动部分,并应用门限估计法对变量的波动部分进行回归。结果发现,在以往的研究中被人们认为严重背离奥肯定律的我国经济增长和失业率的互逆关系,在我国存在非线性的表现形式,产出的变动可以引起失业率的非对称性的变动。具体来看,当经济处于衰退期(产出缺口为负)时,经济增长和失业之间存在互逆的关系;当经济处于扩张期(产出缺口为正)时,经济增长对失业有正向的拉动效应,且当期失业率受到前两期失业率的影响。

二、二元经济结构下的奥肯定律

杨旭等(2007)从理论上推导出二元社会下的奥肯定律,以及二元社会下潜在经济增长率的定义,并在此基础上用实际数据对中国奥肯定律进行了测算,同时得到了我国1986~2004年间的潜在经济增长率。

将我国的生产分解为两大部门:农业部门(YA)和非农业部门(YI)。而总产出是这两个部门分别实现的,因此有:

$$Y = YA + YI \tag{8.12}$$

具体的生产函数形式假设为 $YA = aNA$、$YI = bNI$,其中 a、b 分别代表农业部门、非农业部门的劳动生产率;NA、NI 分别代表农业部门、非农业部门的劳动投入数量（或者称为就业数量）。式（8.12）可以写成：

$$Y = a \times NA + b \times NI \tag{8.13}$$

上式两端对时间求导得：

$$\dot{Y} = \dot{a} \times NA + a \times \dot{NA} + \dot{b} \times NI + b \times \dot{NI} \tag{8.14}$$

两端同除以 Y，得：

$$\frac{\dot{Y}}{Y} = \frac{\dot{a}}{a} \times \frac{aNA}{Y} + \frac{NA \times a}{Y} \times \frac{\dot{NA}}{NA} + \frac{\dot{b}}{b} \times \frac{bNI}{Y} + \frac{bNI}{Y} \times \frac{\dot{NI}}{NI} \tag{8.15}$$

令 $\theta_{NA} = \dfrac{a \times NA}{Y}$，表示农业产出占总产出的份额；$\theta_{NI} = \dfrac{b \times NI}{Y}$，表示非农业部门产出占总产出的份额；$\theta_{NA} + \theta_{NI} = 1$，表示两个部门的份额之和等于1。将它们代入式（8.15），得到带有时间标志的增长率：

$$g_{Y,t} = \theta_{NA,t} \times (\zeta_{a,t} + na_t) + \theta_{NI,t} \times (\zeta_{b,t} + ni_t) \tag{8.16}$$

根据式（8.16），产出增长率与就业变化率之间的关系被反映在农业与非农业这两个部门中，即农业部门就业增长率 na_t 和非农业部门就业增长率 ni_t。其中，非农业部门就业者的增长（ΔNI）由3个部分组成，一是城镇失业人员的变动 $\Delta U = U_t - U_{t-1}$；二是非农部门的人口增长 $\Delta LI = LI_t - LI_{t-1}$（简单地，可以假设：人口等于劳动人口）；三是农业部门转移过来的劳动力 M_t。因此，有：

$$\Delta NI = NI_t - NI_{t-1} = -\Delta U + \Delta LI + M_t \tag{8.17}$$

与一元经济的本质区别是 M_t 对产出的影响。在一元经济中，各部门的劳动生产率相差不大，进入非农业部门所增加的产出与流出农业部门所减少的产出相抵，从而对总的产出没有影响。但在二元经济中，两个部门的劳动生产率相差悬殊，M_t 使非农部门的产出增加很大，而使农业部门的产出减少很小，从而对总产出影响很大。

对式（8.17）两端同除以 NI_{t-1}，右边的分子分母同乘以 LI_{t-1}，就得到离散形式的非农业部门的就业增长率（同样用 ni_t 来表示）：

$$ni_t = \frac{\Delta NI}{NI_{t-1}} = \frac{LI_{t-1}}{NI_{t-1}} \left(-\frac{\Delta U}{LI_{t-1}} + \frac{\Delta LI}{LI_{t-1}} + \frac{M_t}{LI_{t-1}} \right) \tag{8.18}$$

当 $\dfrac{LI_{t-1}}{NI_{t-1}} \approx 1$ 时，式（8.18）所刻画的"非农业部门就业增长率"就约等于"非农业部门就业率的变化"，从而可得：

$$ni = -\Delta u_I + \eta_I + m \tag{8.19}$$

同理，农业部门的就业率为：

$$na = -\Delta u_A + \eta_A - m \tag{8.20}$$

将式（8.19）、式（8.20）代入式（8.16），得：

$$g_Y = \theta_{NA} \times (\zeta_a - \Delta u_A + \eta_A - m) + \theta_{NI} \times (\zeta_b - \Delta u_I + \eta_I + m) \tag{8.21}$$

经整理,式(8.21)可转化为以下形式:

$$g_Y = \zeta - (\theta_{NA}\Delta u_A + \theta_{NI}\Delta u_I) + (\theta_{NI} - \theta_{NA})m + \eta \tag{8.22}$$

其中,$\zeta = (\theta_{NA}\zeta_{NA} + \theta_{NI}\zeta_{NI})$ 约等于"总体劳动生产率的变化率";$\eta = (\theta_{NA\eta_a} + \theta_{NI}\eta_b)$ 约等于"总体上因人口增加导致的总劳动力增加率"。

根据式(8.22)可以总结出二元经济下的奥肯定律,而且可以得到潜在的经济增长率。有趣的是,在二元结构下,潜在的经济增长率可以有不同的定义。详情参阅杨旭等(2007)对我国潜在经济增长率的测算方面的文献。

三、奥肯(Okun)法则:中国省区实证分析

将图 8-9 中按顺序分别以序列名 UMP1、NUMP1、UMP2、NUMP2 以及 GDP 的增长率导入 Eviews 5 中,绘制的失业率与 GDP 增长的关系如图 8-10、图 8-11 所示。很明显,中国的总失业率与 GDP 增长率之间存在负相关,这与奥肯法则完全相符。

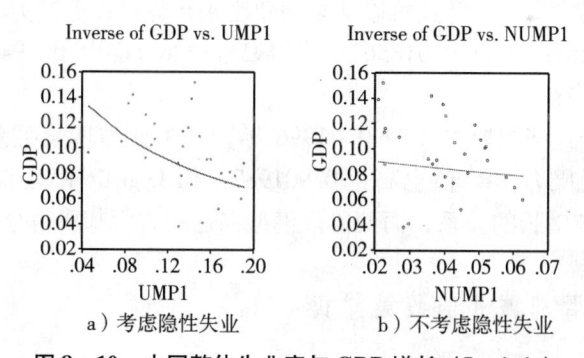

图 8-10 中国整体失业率与 GDP 增长(Logistic)

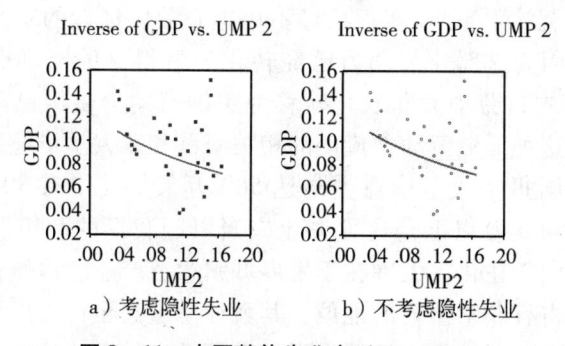

图 8-11 中国整体失业率(Two Stage)

我们可以看出，Logistic 模型不考虑隐性失业时的整体失业率曲线平缓，而考虑隐性失业时的整体失业率与两阶段模型中用不同方程估算的曲线的曲率相同。究其产生差别的原因，主要是 Logistic 模型更符合较长期的劳动力流动曲线。事实上，Logistic 模型在经济转型早期的劳动力流动也是一种指数化增长，而在经济转型的第二阶段（就中国而言是城市改革阶段），劳动力流动是一种对数化增长。经验方程（8.10）实际上也给出了我国剩余劳动力供给的最大值。

在进一步的分析中，本书首先探讨 Logistic 模型下失业率（LUMP）与经济增长（GDP）之间的关系。从长期看（1978~2007年），两者（式8.23）虽然呈现明显的负相关，但 R^2 值（方括号内数字）太少，解释能力软弱。

LUMP = 0.1516511068[0.024338] − 0.4738509312 × GDP[0.246868]

R^2 = 0.116281 (8.23)

而在短期内，考察新一轮经济周期（2000~2007年），失业率与经济增长率呈现更加明显的负相关关系（式8.24），R^2 值也相当具有解释力。奥肯定律本身就是考察失业与经济增长的短期而非长期关系，另外是由于 2000~2007 年间的数据本身精确度提高，并且可以从多种角度来估算流动劳动力。

LUMP = 0.254939069[0.018567] − 1.495518286 × GDP[0.194658]

R^2 = 0.907728 (8.24)

考察另一个经济周期内（1990~1996年）的失业与增长关系，线性回归结果也同样具有说服力，R^2 值也高达 0.901987。但 Logistic 模型很难解释 1978~1989 年的失业与增长的关系，而两阶段模型在这一方面却取得令人信服的结果。

四、有关劳动就业的政策建议

中国农村的剩余劳动力就业的关键问题是如何将已经显性化的隐性失业常住化（或者使之沉淀下来）。我们已经不用担心数以亿计的剩余劳动力的所带来的就业压力，因为这部分劳动力已经转化为看得见的流动劳动力，并且自 2004 年开始，以农村劳动力非农化转移为主的劳动力供给已呈紧张之势。我们更应该关注与这种低端劳动力流动的相关问题和以大学毕业生为主的失业问题。近年来，我国每年大学毕业生高达 500 万人，其中有 30% 毕业即失业，累积下来估计在 400 万以上，这种失业应当引起我们的政策制定者的高度关注。要使流动就业常住化，关键在于发展城镇第三产业。以城镇个体就业在我国的城镇就业中占有非常重要的地位，其就业总量甚至比工厂更多。我们必须明确，第三产业中，劳动力市场要求受过高等教育的人才远低于对受过较少教育的人员的需求。因此，城市的发展完全没有必要追求高端产业的发展，市场会自然推动高端产业的出现；离开了低技能劳动力支撑，高端产业的发展就会难以为继。一个既有不识字的农民，也有从事航天研发的劳动力供给体系，比全部只有会软件开发、动画制作的城镇劳动力供给体系更有效率、更有可能实现可持续发展。

第九章

结　　语

改革开放以来，我国各省区经济都呈现高速增长的态势，即使从全球范围内来看，这种高速增长也是十分令人瞩目的。如何把握中国经济转型期中的区域增长和区域差异这个关系到区域均衡发展的问题，到目前为止，虽然也有不少真知灼见，但系统地研究两者之间关系的文献可谓凤毛麟角，从劳动力跨省流动的角度来研究的文献尚处于空白阶段。一个可行的研究思路是，把现代经济增长理论、分析工具同我国 30 多年来的改革开放实践有机地结合起来，从生产要素特别是劳动力流动的角度来考察区域增长与区域差异，以及研究在什么条件下，区域间的非均衡增长的结果是人均经济差距的逐步缩小，从而达成区域均衡发展的目的。由于生产要素的流动往往呈现出相似的流向和同比例流动规模的特征，以劳动力跨区域流动为主要线索，可以形成分析中国省区经济的增长和区域差异之间的基本框架，从而把现代经济理论与我国经济增长和发展的实践结合起来。在本章，我们将从创新贡献、政策建议和进一步研究方向等三个方面进行概述。

第一节　创新贡献

在劳动力流动规模的分析中，本书发现，无论是国家统计机构还是调查研究文献所提供的劳动力流动规模数据，长期内都符合二元经济向一元经济的转变过程中的 Logistic 曲线，但国家统计机构的数据无法表明经济增长的波动性和周期性。本书开发了区域人口规模估计的多种方法，并利用这些方法将不同的人口数据进行有机、连累和一致的整合，明晰了官方和文献所提供的劳动力流动规模数据之间的联系和区别，从而理清了中国各省区以及重要城市自改革开放以来的劳动力流动全景，为后续研究提供了有力的实证数据支持。本书的劳动力跨省流动规模也为国家统计局最新发布的结果所证实。

改革开放以来，中国省区经济高速增长是一个不争的事实。本书第四章在省区增长的比较研究中独辟蹊径，利用刚性数据对省区 GDP 这一重要指标进行数据恢复和重构，从而有效地"挤出"了部分省区 GDP 中所包含的"水分"，然后，通过分析省区 GDP 在 1985~2007 年占全国份额的百分比变动，找出了带动中国经济持续增长的省级增长中心和区域增长中心，从崭新的途径找出了中国经济的增长极。

在第五章中，本书通过建立省区增长溢出效应模型来进一步探讨区域增长中心的带动作用，从理论和实证的角度研究了中国省区增长的推动效应。本书发现：推动中国经济长期增长的动力来自四个区域增长中心：长三角是增长的主要核心，广东和北京是增长的两翼，川渝经济区为中国增长的尾翼。区域之间的经济联系更多地围绕上述四个核心地理区域进行的。长三角、珠三角和北京地区的增长带动效应是十分明显的，具体表现在这些核心地理区域的经济率先增长，随后是周边省区的跟随增长，即核心增长区域的省区经济占全国比重先上升再相对下降的过程，中国整体经济呈现出波浪式增长现象。

本书发现，中国省区经济的极化式增长并没有导致增长发散的人均收入差距的扩大。在考虑了劳动力等生产要素的流动规模之后，中国省区经济长期而言是收敛的，地区差距和城乡收入差距是逐步缩小的。在省区增长收敛的研究中，本书利用了已有的增长收敛理论与方法，注重考察劳动力的跨省区流动规模因素对省区增长收敛的影响。在城乡收入差距的分析中，本书以现代经济增长理论为依据，将城市人均收入的资本所得概念扩大化，即城市人均年收入的资本所得不仅仅看做是可见资本所得，也将因教育、医疗、保险、城镇基础设施、居民补贴等影响人均差距的因素看做是城镇拥有资本的必然结果，这突破了一般文献的分析只能考察这些影响因素的一个或几个的缺陷，从而更加准确地把握城乡收入差距的实质和趋势。

本书第八章讨论了中国的总失业率。本书发现，如果考虑到城乡剩余劳动力的流动就业，中国的总失业率并没有人们通常认为的那么高企，波动范围在 6%~10%。经过 30 多年的改革开放，中国经济正日益转向以非农就业为主的一元化经济。本章的研究结果，保证了前述各章实证结果的稳健性。

第二节

政策建议

本书的研究表明：区域经济总量的非均衡增长，并不必然导致增长极理论所预言的区域人均差距的持续扩大，相反，劳动力等生产要素的流动使得区域差距逐步缩小，从而有力地保证了区域均衡发展。生产要素的自由流动将进一步优化其在全国范围内的配置和布局，从而为中国经济的长期增长提供充分的物质和人力资源保证，真正实现区域经济的均衡发展，迎来中国经济和城市化进程的崭新的发展阶段。

我们认为，户籍制度无疑阻碍了劳动力要素的自由流动，也带来不少社会问题。但从中国中西部省份近年来高速发展的事实来看，户籍制度似乎为中西部的快速发展保留了一个重要的机遇：农村劳动力回流的可能性与现实性加大。然而，现有农民工大量流入的地区必须加快改革户籍管理制度，完善农民工的公共服务，不断降低城镇户籍的福利含量，逐步让户口与福利脱钩，还原户籍的人口登记功能，突破以户籍与福利合一的社会管理制度，允许符合落户条件的农业转移人口逐步转为城镇居民。考虑到农民工市民化进程中农民工对市民化成本的支付能力，我们认为，另一个途径是在维持现有户籍福利含量水平（不再提高）的前提下（维持既得利益），将有限公共财力集中用于（第一步）以较低公共服务水平迅速覆盖所有常住人口，然后（第二步）逐步提高常住人口公共服务水平的办法，渐进地实现福利意义上的农民工市民化。

随着"民工荒"加剧，中国越来越多的城市对农民工市民化政策有所松动，不少城市通过对农民工打分的方式推进农民工渐进市民化。例如，广东省中山市对外来人口（含农民工）的学历有较高要求，其隐含的推论是高学历外来人口在本地获取足够的收入以支付其市民化成本的能力较强；同在珠三角的东莞市则规定三年纳税达10万元即可入户东莞，该政策隐含的推论也是纳税额较高的外来人口（含农民工）同样具备支使其市民化成本。显然，我们的研究有助于国内城市地方政府在制定农民工市民化时提供一个成本的约束。

第三节

进一步研究方向

本书在现代经济增长理论的基础上探讨了中国发达省区经济增长带动问题，即发达省区增长溢出对周边省边的影响，建立了这种影响的空间效应模型。本书的研究结果表明，中国经济存在四个增长中心：长三角、珠三角、北京市和川渝经济区。其中长三角的苏沪浙经济规模最大、增长周期基本同步、一体化程度也最高、辐射区域也最广；珠三角增长中心的增长溢出辐射主要体现在对中南、西南地区的省级影响；北京增长中心的溢出影响主要体现在华北区域；川渝经济区主要影响西南地区，且影响程度非常有限。本书的研究结果显示，传统的辽宁、山东两省对周边省区的影响非常有限，表现在周边省区劳动力等生产要素的流入规模和持续程度非常微弱。本书在这一方面的进一步研究可以分为两个方向：综合经济区域划分和区域合作的理论基础；跨省区的区域合作和开发与全国范围内的经济增长中心的增长驱动的宏微观机制。

本书在区域劳动力估计的基础上研究了中国整体失业率问题。2008年世界范围内的金融风暴所导致的高失业率为人们提供了进一步研究的契机。如何建立适合全国的失业率调查和估计体系，并在此基础上探讨国家振兴经济走出困境的投资需求—就业—增长等一系列重大宏观经济管理问题。本书可以作为研究应对全球金融风暴的起点和方向。

以本书研究为基础，可以展开对中国未来新城市建设的一系列问题研究：城市化成本、户籍制度成本。由于以户籍管理制度为代表的一系列区域分割制度的存在，中国庞大的外出务工劳动力强烈预期返乡养老，因此将大部分外出务工的劳动所得投向以房屋为代表的固定资产投资，这种低效率投资严重损害经济的长期发展，这种行为的另一个重要影响就是资源的耗竭和环境的破坏。值得注意的是，中国中西部广大省份，包括广大农村和大部分中小城镇，以及发达省区的偏远农村和远离中心城市的中小城镇，都存在这种低效投资行为。因此，后续进一步研究可从城市化房屋市场入手，研究城乡住房建设的微观机制、宏观模型以及小产权住房改革及其相关影响。

参考文献

中文参考文献

[1] 蔡昉, 白南生. 中国转轨时期劳动力流动 [M]. 北京: 社会科学文献出版社, 2006.

[2] 蔡昉, 都阳. 中国地区经济增长的趋同与差异 [J]. 经济研究, 2000 (10): 30 – 37.

[3] 蔡昉, 王美艳. 中国城镇劳动参与率的变化及其政策含义 [J]. 中国社会科学, 2004 (4).

[4] 蔡昉. 破解农村剩余劳动力之谜 [J]. 中国人口科学, 2007 (2).

[5] 蔡昉. 区域差距, 趋同与西部开发 [J]. 中国工业经济, 2001 (2).

[6] 蔡昉. 为什么"奥肯定律"在中国失灵——再论经济增长与就业的关系 [J]. 宏观经济研究, 2007 (1).

[7] 陈安平, 李国平. 中国地区经济增长的收敛性: 时间序列的经验研究 [J]. 数量经济技术经济研究, 2004 (11).

[8] 程名望. 中国农村劳动力转移动因与障碍的一种解释 [J]. 经济研究, 2006 (3).

[9] 戴维·罗默. 高级宏观经济学 (第二版) [M]. 索洛增长模型 pp. 1 – 36; 新增长理论 pp. 87 – 136. 王根蓓译, 上海: 上海财经大学出版社, 2004.

[10] 邓曲恒, 古斯塔夫森. 中国的永久移民 [J]. 经济研究, 2007 (4).

[11] 广州市流动人口研究课题组. 广州流动人口研究 [M]. 广州: 中山大学出版社, 1991.

[12] 湖南劳动力转化与人口流动课题组. 湖南省劳动力的转化与人口流动 [J]. 社会学研究, 1995 (3).

[13] 金相郁. 区域经济增长收敛的分析方法 [J]. 数量经济技术经济研究, 2006 (3).

[14] 进文. 中国人口转变与经济增长的实证分析 [J]. 经济学 (季刊), 2004 (3).

[15] 李坤望, 陈雷. APEC 经济增长收敛性的经验分析 [J]. 世界经济,

2005 (9).

[16] 李永浮, 鲁奇, 周成虎. 2010 年北京市流动人口预测 [J]. 地理研究, 2006 (1).

[17] 厉以宁. 论城乡二元体制改革. 中国经济网 (www.ce.cn), 2008-1.

[18] 廖世同, 廖世添. 广东省人口流动趋势及其导向 [J]. 中国人口科学, 1989 (6).

[19] 林光平, 龙志和, 吴梅. 我国地区经济收敛的空间计量实证分析: 1978-2002 [J]. 经济学 (季刊). 第 4 卷增刊 2005 (10).

[20] 林秀梅, 王磊. 我国经济增长与失业的非线性关系研究 [J]. 数量经济技术经济研究, 2007 (6).

[21] 林毅夫, 刘明兴. 中国的经济增长收敛与收入分配 [J]. 世界经济, 2003 (8).

[22] 刘强. 中国经济增长的收敛性分析 [J]. 经济研究, 2001 (6).

[23] 刘树成, 李强, 薛天栋, 中国地区经济发展研究 [M]. 北京: 中国统计出版社, 1994.

[24] 刘志鸿, 徐现祥. 趋同研究的最新进展 [J]. 经济学动态, 2005 (12): 70-74.

[25] 马晓河. 渐进式改革 30 年: 经验与未来 [J]. 中国改革, 2008 (9): 12-15.

[26] 孟连, 王小鲁. 对中国经济增长统计数据可信度的估计 [J]. 经济研究, 2000 (10).

[27] 苗苗. 基于人工神经网络的剩余流动人口定量分析 [D]. 博士学位论文, 2007.

[28] 彭国华. 我国地区经济的长期收敛性——一个新方法的应用 [J]. 管理世界, 2006 (9).

[29] 钱陈, 史晋川. 城市化, 结构变动与农业发展——基于城乡两部门的动态一般均衡分析 [J]. 经济学 (季刊) 第 6 卷. 第 1 期. 2006 年 10 月.

[30] 钱小英. 我国失业率的特征及其影响因素分析 [J]. 经济研究, 1998 (10).

[31] 沈坤荣, 马俊经. 中国经济增长的"俱乐部收敛"特征及其成因研究 [J]. 经济研究, 2002 (1).

[32] 孙敬水, 陈娜. 我国经济增长与就业关系的实证分析——奥肯定律的重新审视 [J]. 经济问题探索, 2007 (4).

[33] 孙久文. 我国区域经济问题研究的未来趋势 [J]. 中国软科学, 2004

(12).

[34] 滕建州，梁琪. 中国区域经济增长收敛吗？——基于时序列的随机收敛和收敛研究 [J]. 管理世界，2006 (12).

[35] 涂萍. 我国隐蔽性失业问题的探讨 [J]. 经济科学，1989.

[36] 王西玉，崔传义，赵阳，马忠东. 中国二元结构下的农村劳动力流动及其政策选择 [J]. 管理世界，2000 (5).

[37] 王志刚. 质疑中国经济增长的条件收敛性 [J]. 管理世界，2004 (3).

[38] 王忠. 经济增长与失业关系研究：凡登定律的一个视角 [J]. 中国社会科学院研究生院学报. 2006年9月. 第5期 (总155期)。

[39] 魏后凯，中国地区经济增长及其收敛性 [J]. 中国工业经济，1997 (3)：31 - 37.

[40] 我国大城市吸收农村劳动力课题组（主持人：蔡昉）. 经济转轨，劳动力市场发育与民工流动——中国大城市吸收农村劳动力研究 [J]. 中国农村观察，1996 (5).

[41] 吴玉鸣. 中国省域经济增长趋同的空间计量经济分析 [J]. 数量经济技术经济研究，2006，23 (12)：101 - 108.

[42] 吴忠民. 转型经济下中国的城市失业及劳动力流动 [J]. 经济学（季刊）. 第2卷第4期. 2003 - 7.

[43] 奚洁人主编. 科学发展观百科辞典 [M]. 上海：上海辞书出版社，2007.

[44] 徐现祥，李郇. 中国城市经济增长的趋同分析 [J]. 经济研究，2004 (5)：40 - 48.

[45] 徐现祥，李郇. 中国省区经济差距的内生制度根源 [J]. 经济学（季刊），2005。(10)：81 - 100.

[46] 徐现祥，舒元. 物质资本人力资本与中国地区双峰趋同 [J]. 世界经济，2005·(1)：47 - 57.

[47] 徐现祥，舒元. 中国省区增长分布的演进 [J]. 经济学（季刊），2004，3 (3)：619 - 638.

[48] 许召元. 区域间流动人口对经济增长和地区差距的影响 [D]. 博士学位论文，2007 - 8.

[49] 杨旭，李隽，王哲昊：对我国潜在经济增长率的测算——基于二元结构奥肯定律的实证分析 [J]. 数量经济技术经济研究，2007 (10).

[50] 姚先国，刘湘敏. 劳动力流迁决策中的迁移网络 [J]. 浙江大学学报：人文社会科学版，2002.

[51] 姚枝仲,周素芳. 劳动力流动与地区差距 [J]. 世界经济, 2003 (4).

[52] 于洪彦,许松山. 论统计数字 [J]. 吉林财贸学院学报. 1990 年第 5 期。

[53] 岳希明,张曙光,许宪春编. 中国经济增长速度（研究与争论）[M]. 北京：中信出版社, 2005.

[54] 岳希明. 我国现行劳动统计的问题 [J]. 经济研究, 2005 (3).

[55] 曾湘泉,于泳. 中国自然失业率的测量与解析 [J]. 中国社会科学, 2006 (4).

[56] 张车伟,吴要武. 城镇劳动供求形势与趋势分析 [J]. 中国人口科学, 2005 (5).

[57] 张鸿武. 我国地区经济增长的随机性趋同研究——基于综列数据单位根检验 [J]. 数量经济技术经济研究, 2006 (8).

[58] 张焕明. 扩展的 Solow 模型的应用——我国经济增长的地区性差异与趋同 [J]. 经济学（季刊）第 3 卷. 第 3 期. 2004 - 4.

[59] 张胜,郭军,陈金贤. 中国省际长期经济增长绝对收敛的经验分析 [J]. 世界经济, 2001 (6).

[60] 赵伟,马瑞永. 中国经济增长收敛性的再认识——基于增长收敛微观机制的分析 [J]. 管理世界, 2005 (11).

[61] 赵永亮. 中山大学博士学位论文（2008 年）第十章：区域规划与体制创新——边界溢出效应.

[62] 赵忠. 中国的城乡移民——我们知道什么,我们还应该知道什么？[J]. 经济学（季刊）. 第 3 卷第 3 期. 2004 - 4.

[63] 中宏产业数据库 [DB],中宏数据库 [DB]. http：//edu1. macrochina. com. cn.

[64] 周皓. 从迁出地,家庭户的角度看迁出人口——对 1992 年 38 万人调查数据的深入分析 [J]. 中国人口科学, 2001.

[65] 周天勇. 托达罗模型的缺陷及其相反的政策含义——中国剩余劳动力转移和就业容量扩张的思路 [J]. 经济研究, 2001 (3).

[66] 周晓津. 隐性失业、劳动力流动与整体失业率估计：1978 - 2007 [J]. 西部论坛, 2011, 21 (01)：6 - 12.

[67] 周晓津. 重庆市剩余劳动力转移与统筹城乡发展战略 [J]. 重庆蓝皮书（2009 年卷）.

[68] 邹薇. 经济趋同的计量分析与收入分布动态学研究 [J]. 世界经济, 2007 (6).

[69] 邹薇. 中国经济对奥肯定律的偏离与失业问题研究 [J]. 中国经济评

论, 2003 (4).

[70] 左大培, 杨春学著. 经济增长理论模型的内生化历程 [M]. 北京: 中国经济出版社, 2007.

外文参考文献

[1] A Neo-Schumpeterian Approach to Why Growth Rates Differ A Neo-Schumpeterian Approach to Why Growth Rates Differ Fulvio Castellacci Revue économique, Vol. 55, No. 6, Innovation, Structural Change and Growth (Nov., 2004), pp. 1145 – 1169.

[2] Aghion, Philippe, Eve Carloli, and Cecilia GarciarPenalosa, "Inequality and Economic Growth: The Perspective of the New Growth Theories", Journal of Economic Literature, 1999, 37, pp. 1615 – 1660.

[3] Alvin Hansen on Economic Progress and Declining Population Growth Population and Development Review, Vol. 30, No. 2 (Jun., 2004), pp. 329 – 342.

[4] Andrew Mason, Saving, Economic Growth, and Demographic Change, Population and Development Review Vol. 14, No. 1 (Mar., 1988), pp. 113 – 144.

[5] Anselin L. 1988. Spatial Econometrics, Methods and Models, Kluwer Academic, Boston, MA.

[6] Anselin L. and Florax R. J. G. M. 1995. New Directions in Spatial Econometrics, Springer-Verlag, Berlin, Germany, pp. 3 – 18.

[7] Anselin, L. 2000. "Computing environments for spatial data analysis", Journal of Statistical Planning and Inference, 97, pp. 113 – 139.

[8] Athanasios Vamvakidis, Regional Integration and Economic Growth, The World Bank Economic Review Vol. 12, No. 2 (May, 1998), pp. 251 – 270.

[9] Barro, Robert J. and Xavier Sala-i-Martin, "Convergence across States and Regions", Brookings Papers on Economic Activity, 1991, 1, pp. 107 – 182.

[10] Barro, Robert J., "Inequality and Growth in a Panel of Countries", Journal of Economic Growth, 2000, 5, pp. 5 – 32.

[11] Becker, Gary S. Edward L. Glaeser and Kevin Murphy, "Population and Economic Growth", American Economic Review, 1999, 89, pp. 145 – 149.

[12] Borts, G. and J. Stein, 1964. "Economic growth in a free market". New York: Columbia University Press.

[13] Dale W. Jorgenson, Surplus Agricultural Labour and the Development of a Dual Economy, Oxford Economic Papers New Series, Vol. 19, No. 3 (Nov., 1967),

pp. 288 – 312.

[14] David E. Bloom; Jeffrey G. . Demographic Transitions and Economic Miracles in Emerging Asia Williamson The World Bank Economic Review Vol. 12, No. 3 (Sep. , 1998), pp. 419 – 455.

[15] Dongchul Cho, Industrialization, Convergence, and Patterns of Growth Southern Economic Journal Vol. 61, No. 2 (Oct. , 1994), pp. 398 – 414.

[16] Dowrick, S. and M. Rogers, "Classical and Technological Convergence: Beyond the Solow-Swan Growth Model", Oxford Economic Papers, 2002, 54, pp. 369 – 385.

[17] Evans, Paul, "Using Cross-Country Variances to Evaluate Growth Theories", Journal of Economic Dynamics and Control, 1996, 20, pp. 1027 – 1049.

[18] Frank C. Lee, Convergence across Canadian Provinces, 1961 to 1991 Serge Coulombe; The Canadian Journal of Economics Vol. 28, No. 4a (Nov. , 1995), pp. 886 – 898.

[19] Galor, Oded and David N. Weil, "Population, Technology, and Growth: From Malthusian Stagnation to the Demographic Transition and Beyond", American Economic Review, 2000, 90, pp. 806 – 828.

[20] Ghali, M. , M. Akiyama and J. Fujiwara, 1978. "Factor mobility and regional growth", Review of Economics and Statistics, 65, pp. 483 – 487.

[21] Gordon L. Clark, Dynamics of Interstate Labor Migration Annals of the Association of American Geographers Vol. 72, No. 3 (Sep. , 1982), pp. 297 – 313.

[22] Groen, Jan J. J. & Kleibergen, Frank, 2003. "Likelihood-Based Cointegration Analysis in Panels of Vector Error-Correction Models," Journal of Business & Economic Statistics, American Statistical Association, Vol. 21 (2), pp. 295 – 318, April.

[23] GU, Edward X. , "From Permanent Employment to Massive Lay-offs: The Political Economy of 'Tran-sitional Unemployment' in Urban China (1993 – 1998)", Economy and Society, 1999, 28 (2), pp. 281 – 299.

[24] Harris, John and Michael Todaro, "Migration, Unemployment and Development", American Economic Review, 1970, 60, pp. 126 – 142.

[25] Im, K. , Pesaran, H. , and Shin, Y. , (2003). Testing for unit roots in heterogeneous panels. Journal of Econometrics, 115, pp. 53 – 74.

[26] Islam, N. , "Growth Empirics: A Panel Data Approach", Quarterly Journal of Economics, 1995, 110, pp. 1127 – 1170.

[27] J. C. Berthelemy, Economic Growth, Convergence Clubs, and the Role of Financial Development A. Varoudakis Oxford Economic Papers New Series, Vol. 48, No. 2 (Apr., 1996), pp. 300 – 328.

[28] Johansen S. (1991), Estimation and Hypothesis testing of Cointegration Vectors in Gaussian Vector Autoregressive Models, Econometrica 59, pp. 1511 – 1580.

[29] John Pitchford, Population and Optimal Growth, Econometrica Vol. 40, No. 1 (Jan., 1972), pp. 109 – 136.

[30] John W. Meyer; John Boli-Bennett; Christopher, Convergence and Divergence in Development Chase-Dunn Annual Review of Sociology Vol. 1 (1975), pp. 223 – 246.

[31] Kaldor, Nicholas, "A Model of Economic Growth", Economic Journal, 1957, 57, pp. 591 – 624.

[32] Kaldor, Nicholas, "Capital Accumulation and Economic Growth", In A. Lutz Friedrich and Douglas C. Hague editors, Proceedings of a Covarence Held 6y the International Economics Association, London: Macmillan, 1963.

[33] Kapetanios, G., Pesaran, M. H. and Yamagata, T., 2006. Panels with nonstationary multifactor error structures. Cambridge Working Papers in Economics 0651, University of Cambridge.

[34] Kelejian, Harry H & Prucha, Ingmar R, 1999. "A Generalized Moments Estimator for the Autoregressive Parameter in a Spatial Model", International Economic Review, Department of Economics, University of Pennsylvania and Osaka University Institute of Social and Economic Research Association, vol. 40 (2), pp. 509 – 533, May.

[35] King, Robert G. and Sergio Rebelo, "Transitional Dynamics and Economic Growth in the Neoclassical Model", American Economic Review, 1993, 83, pp. 908 – 931.

[36] Kremer, Michael, "Population Growth and Technological Change: One Million B. C. to 1990", Quarterly Journal of Economics, 1993, 108, pp. 681 – 716.

[37] Krugman, Paul, 1998. "Space: The Final Frontier", Journal of Economic Perspectives, American Economic Association, Vol. 12 (2), pp. 161 – 174, Spring.

[38] Lee, Kevin, M. Hashem Pesaran and aron Smith, "Growth and Convergence in a Multi-Country Empirical Stochastic Stochastic Solow Model", Journal Ap-

plied Econometrics, 1996, 12, pp. 357 – 392.

［39］Lin J. Y. , "Rural Reform and Agricultural Growth in China", American Economic Review, 1992, 82, pp. 34 – 51.

［40］Lopez-Bazo E. , Vaya E. , Moreno R. and Surinach J. 1998. "Growth, Neighbor, Grow, Grow … Neighbor be Good!", Working paper, Department of Econometrics, Statistics and Spanish Economy, University of Barcelone, Barcelona, Spain.

［41］M. Hashem Pesaran, 2006. "Estimation and Inference in Large Heterogeneous Panels with a Multifactor Error Structure", Econometrica, Econometric Society, Vol. 74 (4), pp. 967 – 1012.

［42］M. Hashem Pesaran, 2007. "A simple panel unit root test in the presence of cross-section dependence", Journal of Applied Econometrics, John Wiley & Sons, Ltd. , Vol. 22 (2), pp. 265 – 312.

［43］Malthaus, Thomas R. , An Essay on the Principle of Population, 1798, London: W. Pickering, 1986.

［44］Mankiw N. , Romer D. and Weil D. 1992, "A contribution to the empirics of economic growth", Quarterly Journal of Economics, 107, pp. 407 – 437.

［45］O'Neil, D. , "Education and Income Growth: Implications for Cross-Country Inequality", Journal of Political Economy, 1995, 103, pp. 1289 – 1301.

［46］Pasaran, M. H. & Im, K. S. & Shin, Y. , 1995. "Testing for Unit Roots in Heterogeneous Panels", Cambridge Working Papers in Economics 9526, Faculty of Economics, University of Cambridge.

［47］Paul M. Romer, Capital, Labor, and Productivity Brookings Papers on Economic Activity. Microeconomics Vol. 1990 (1990), pp. 337 – 367.

［48］Pesaran, M. H. , 2004. General diagnostic tests for cross section dependence in panels. CESIFO Working Papers, No. 1233.

［49］Pesaran, M. H. , 2006. Estimation and inference in large heterogeneous panels with a multifactor error structure. Econometrica, 74, pp. 967 – 1012.

［50］Pesaran, M. Hashem, 2004. "General Diagnostic Tests for Cross Section Dependence in Panels", IZA Discussion Papers 1240, Institute for the Study of Labor (IZA).

［51］Peter A. Rogerson, New Directions in the Modelling of Interregional Migration Economic Geography Vol. 60, No. 2, New Directions in Regional and Interregional Modeling (Apr. , 1984), pp. 111 – 121.

[52] Quah, D., "Twin Peaks: Growth and Convergence in Models of Distribution Dynamics", the Economic Journal, 1996, 106, pp. 1045 – 1055.

[53] R. Hodrick and E. C. Prescott "Post-war U. S. business cycles: An Empirical investigation, mimeo", Pittsbursh: Carnegie-Mellon Unirersity, 1980.

[54] Robert Walker; Mark Ellis; Richard Barff, Linked Migration Systems: Immigration and Internal Labor Flows in the United States, Economic Geography Vol. 68, No. 3 (Jul., 1992), pp. 234 – 248.

[55] Roberto Patricio Korzeniewicz; Timothy Patrick Moran, World-Economic Trends in the Distribution of Income, 1965 – 1992 The American Journal of Sociology Vol. 102, No. 4 (Jan., 1997), pp. 1000 – 1039.

[56] Romer, Paul M., "The Origins of Endogenous Growth", Journal of Economic Perspectives, 1994, 8, pp. 3 – 22.

[57] Ron Martin; Peter Sunley, Slow Convergence? The New Endogenous Growth Theory and Regional Development Economic Geography Vol. 74, No. 3 (Jul., 1998), pp. 201 – 227.

[58] Ryan R. Brady, 2007. "Measuring the persistence of spatial autocorrelation: How long does the spatial connection between housing markets last?", Departmental Working Papers 19, United States Naval Academy Department of Economics.

[59] Sean Holly & M. Hashem Pesaran & Takashi Yamagata, 2006. "A Spatio-Temporal Model of House Prices in the US", IZA Discussion Papers 2338, Institute for the Study of Labor (IZA).

[60] Smith, D. 1974. "Regional growth: interstate and intersectoral factor reallocations", Review of Economics and Statistics, 56, pp. 353 – 359.

[61] Smith, D. 1975. "Neoclassical growth models and regional growth in the US", Journal of Regional Science, 15, pp. 165 – 181.

[62] Solow, Robert M., "A Contribution to the Theory of Economic Growth", Quarterly Journal of Economics, 1956, 70, pp. 65 – 94.

[63] Solow, Robert M., "Growth Theory and After", American Economic Review, 1988, 78, pp. 307 – 317.

[64] Swan, Trevor W., "Economic Growth and Capital Accumulation", Economic Record, 1956, 32, pp. 334 – 361.

[65] Tamura, R., "Income Convergence in an Endogenous Growth Model", Journal of Political Economy, 1991, 99, pp. 522 – 540.

[66] Uzawa, Hirofumi, "Optimal Growth in a Two-Sector Model of Capital

Accumulation", Review of Economic Studies, 1964, 31, pp. 1 – 24.

[67] Wu, Harry X. and Li Zhou, "Rural-to-Urban Migration in China", Asian-Pacific Economic Literature, 1996, 11, pp. 54 – 67.

[68] Wu, Zhongmin, "Regional Unemployment, Rural-to-Urban Migration and the Economic Reforms of China", Department of Economics, University of Southampton PhD Thesis, 2001.

[69] Yongmiao Hong, Chihwa Kao, Wavelet-Based Testing for Serial Correlation of Unknown Form in Panel Models, Econometrica, Vol. 72, No. 5 (Sep., 2004), pp. 1519 – 1563.

后 记

"三农"问题是关系到中国社会结构转型有序推进和构建和谐社会的重要问题。中国共有 4.4 亿农民工,其中本乡区域内就业 0.8 亿,省内农民工 2.1 亿,跨省农民工 1.5 亿。从劳动力流动大视野出发,理清了劳动力流向及其规模,中国区域经济增长的悖论和疑团就会迎刃而解。在跨省流动增长的同时,中国农村劳动力也持续地流向本省的二三产业,为本省的经济提供增长动力。本书最重要的创新意义在于弄清楚了中国劳动力在省级区域的流动规模。

从本书初稿完成到出版发行,历时两年之久,期间经历的生离死别令我刻骨难忘。从一个有着十年放牛经历的娃到获得博士学位,我的父母为我的成长费尽心血。博士毕业后我对母亲说:"娘,您送我读书大概用掉 20 头猪钱,从今年开始我每年还您和老爸一头猪钱,20 年还清"。如今广州的土猪 20 元一千克,我琢磨着每年给父母 5000 元,让他们享 20 年清福。令人遗憾的是,2010 年 3 月,我突发不祥之梦,梦见的左下边的一只犬牙掉了。我的父亲,在经历六个多月的辗转治疗之后于国庆日离开我们。子欲养而亲不待,我谨以此书纪念我的父亲。

本书能够得以出版,我要由衷地感谢广州市委宣传部的出版资助。我要特别感谢广州市委宣传部理论处郭德焱处长和丁艳华女士,正是在他们的鼓励和支持下,本书才得以进一步完善和如期出版。

我还要感谢经济科学出版社的段钢编辑。从交付初稿到修改定稿,我们经过无数次的交流与沟通,从书稿内容、表现形式、用词规范到封面设计,我们都精益求精。在段钢编辑的督促和支持下,我得以按时交付书稿。

本书重点对劳动力流动规模和省级区域经济增长进行了系统的研究,这只是作出了初步探索,希望能够起到抛砖引玉的作用,并期望与广大读者及学界同行加强交流与合作,使这一研究进一步深入,从而为我国经济发展转型作出理论和实践上的些许贡献。

周晓津
2011 年 7 月 18 日于广州海珠